浙江省新时代美丽乡村实践研究
——以绍兴市“六美”乡村为例

郑嫣然　刘　雷　编著

中国农业科学技术出版社

图书在版编目（CIP）数据

浙江省新时代美丽乡村实践研究：以绍兴市“六美”乡村为例 / 郑嫣然，刘雷编著 . -- 北京：中国农业科学技术出版社，2022.5

ISBN 978-7-5116-5732-9

Ⅰ . ①浙…　Ⅱ . ①郑… ②刘…　Ⅲ . ①农村－社会主义建设－研究－绍兴　Ⅳ . ① F327.553

中国版本图书馆 CIP 数据核字（2022）第 059476 号

责任编辑　穆玉红　李美琪
责任校对　王　彦
责任印制　姜义伟　王思文

出 版 者　中国农业科学技术出版社
北京市中关村南大街 12 号　　邮编：100081
电　　话　（010）82106626（编辑室）　（010）82109702（发行部）
（010）82109707（读者服务部）
网　　址　https://castp.caas.cn
经 销 者　各地新华书店
印 刷 者　北京建宏印刷有限公司
开　　本　170 mm × 240 mm　1/16
印　　张　15.5
字　　数　260 千字
版　　次　2022 年 5 月第 1 版　2023 年 1 月第 1 次印刷
定　　价　88.00 元

《浙江省新时代美丽乡村实践研究
——以绍兴市“六美”乡村为例》

编著人员

主　　编　郑嫣然　刘　雷

副 主 编　张　剑　赖齐贤　吴永华　王　寅

参编人员　（以姓氏笔画为序）

冯　帅　周晓宇　洪淑月

黄　瑞　程　艳

前　言

改革开放以来，浙江经济高速发展，曾经的资源小省一跃成为经济大省；物质富裕已不再是农村生活“幸福感”的唯一衡量标准，逐渐富裕起来的农村居民，对生存发展环境和农村生态尤为关注，对自身是否享受与城市居民均等化的基础设施和公共服务配套尤为敏感。“全面建成小康”、建设“物质富裕精神富有”的现代化浙江，广大农村居民绝不能掉队，农村建设与城市建设必须比肩齐飞。于是一场历时 10 年的“美丽接力”在浙江农村“星火传递”。

2003 年开始，浙江启动“千村示范、万村整治”工程（简称“千万工程”），把农民反映最强烈的环境脏乱差问题作为突破口，至 2007 年，经过 5 年的努力，对全省 10 303 个建制村进行初步整治，并把其中的 1 181 个建制村建设成“全面小康建设示范村”。这一过程称为“示范引领阶段”，是浙江“美丽接力”决胜起跑的关键一棒，它为深化“千万工程”、建设美丽乡村开好了头、引好了路，不仅促进了村容整洁、乡风文明，推动了生产发展和农民增收，还带动了统筹城乡、利民惠民的系列工程在农村“开花结果”。浙江农村局部面貌发生了“大”的变化。

从这一阶段开始，浙江“美丽乡村”建设“一届接着一届干、一年接着一年抓，一级抓一级，层层抓落实”的推进机制开始形成。省委、省政府每年围绕一个重点，召开“千万工程”现场会。省委主要领导亲自做报告，抓检查、抓推进、抓落实。以政府主导和农民主体并重、投入机制不断健全的城乡共建共享帮扶模式在浙江推开。

2008 年起，浙江在“千万工程”树立“示范美”的基础上，按照城乡基本公共服务均等化的要求，把“全面小康建设示范村”的成功经验深化、扩大至全省所有乡村。这一过程称为普遍推行阶段，是浙江“美丽接力”的第二次交棒。以生活垃圾收集、生活污水治理等工作为重点，浙江从源头上推进农村环境综合整治，逐步形成了农民受益广泛、村点覆盖全面、运行机制完善的整治建设格局。截至 2012 年，浙江又完成环境综合整治村 1.6 万个，农村面貌发生了“整体”的变化。

2010 年，浙江省委、省政府进一步做出推进“美丽乡村”建设的决策，浙江“美丽接力”进入了深化提升阶段。按照生态文明和全面建成小康社会的要求，浙江明确了“美丽乡村”从内涵提升上推进“科学规划布局美、村容整洁环境美、创业增收生活美、乡风文明身心美”和“宜居、宜业、宜游”的建设要求，成功培育了35个美丽乡村创建先进县。农村面貌逐步发生“质”的变化。

10年，从树立“示范美”、力争“大家美”，到提升“内涵美”“农村令城市更向往”的主题一脉相承。浙江新农村建设呈现了树品牌、惠民生的特点。各地结合本土地域特征、产业特色和人文特点，在“美丽乡村”总品牌下，创造了一批接地气、振精神、高立意、容易记的地域性乡村“金名片”。这让“美丽乡村”建设得以与“本土化”建设有机结合。秀山丽水、金色平湖；自在舟山、潇洒桐庐；梦留奉化，幸福江山等，这些名字或与地域名称巧相对，或与地理地貌、人文民俗相关联。它们朗朗上口，韵味绵绵，一定程度上促进了农村特色产业发展和农民增收。

10年，浙江新农村建设初步形成了以“美丽乡村”建设总规划为龙头，系列专项规划相互衔接的规划体系。原本面广、点散、任务重的农村整治工作不再杂乱无序，相反梳理出脉络与重点。“一幅蓝图到底”，让乡村建设有根可依、有脉可循。设计单位和市县规划设计中心、县乡村干部相互“捆绑”。这一“倒逼”模式，促使各级政府和有关人员更加重视“美丽乡村”的建设规划。一来避免了地方做“甩手掌柜”，将责任“一脚踢”给规划设计单位；二来促成了相关规划因地制宜，便于“落地”。

10年，浙江新农村建设以点为基、串点成线、连线成片，铸就了农村整体面貌的焕然一新。整乡整镇环境整治，整体推进区域性路网、管网、林网、河网、垃圾处理网和污水处理网等一体化建设。浙江以县域为单位建设“美丽乡村样板区”，把重要交通沿线打造成“风景长廊”，把村庄建设为特色景点，把农户庭院雕琢为“精致小品”，成功打造了35个美丽乡村先进县、80条景观带和300多个特色精品村落，共同描绘了“富饶秀美、和谐安康”的锦绣浙江。

10年，浙江新农村建设坚持人口集聚和促进公共服务相衔接，加快构筑梯次合理、衔接紧密的城乡体系。把中心村作为统筹发展的基础节点和推进基本公共服务均等化的有效载体，加快推进村庄整治从“治脏治乱”向“治小治散”并重转型。同时，加快公共资源要素向农村，特别是中心镇村集聚；促进产业布局合理化、人口居住集中化和公共服务均等化。浙江实现了等级公路、邮站、电话、宽带等“村村通”；广播电视“村村响”；农村用电“户户通、城乡同价”。中心村的链接点作用，正引导、辐射带动周边的行政村，打造融公交、医疗、卫生、教育、文化、社保于一体的30分钟公共服务圈。

环境日益秀美，基础设施和公共服务配套加速完善，“美丽乡村”共建共享的成果惠及百姓。在绿浪翻滚、竹海深处的浙江省安吉县天荒坪镇大溪村，青砖绿瓦的古朴民宅掩映在群山之中，游人络绎不绝前来领略“美丽乡村”的风采。越来越多的人发现，浙江农村建设得真美。“农村让城市更向往”的理想照进了现实。

本书在浙江美丽乡村建设的大背景下，重点研究绍兴“六美”乡村，从浙江乡村振兴的理论出发，重点对绍兴市、越城区、柯桥区、上虞区、诸暨市、嵊州市、新昌县等区域的新时代乡村建设规划进行分析研究，总结经验。

书稿的撰写以作者的实践研究为基础，同时参考了相关的理论知识，在此向各位文献的作者表示由衷感谢，由于自身水平有限，书中如存在疏漏之处，敬请广大读者批评指正。

作 者

2021 年 8 月

目 录

第一章 浙江省乡村振兴和新时代美丽乡村的建设背景

第一节 乡村振兴战略的提出

一、乡村振兴战略兴起

2017年10月18日，习近平总书记在党的十九大报告中提出实施乡村振兴战略，强调“三农”（农业、农村、农民）问题是关系国计民生的根本性问题，必须始终把解决好“三农”问题作为全党工作的重中之重。要坚持农业农村优先发展，按照产业兴旺、生态宜居、乡风文明、治理有效、生活富裕的总要求，建立健全城乡融合发展体制机制和政策体系，加快推进农业农村现代化。

2017年12月29日，中央农村工作会议首次提出走中国特色社会主义乡村振兴道路，让农业成为有奔头的产业，让农民成为有吸引力的职业，让农村成为安居乐业的美丽家园。2018年1月2日，中央一号文件《中共中央国务院关于实施乡村振兴战略的意见》发布，指出没有农业农村的现代化，就没有国家的现代化。

二、乡村振兴战略的目标任务

按照党的十九大提出的决胜全面建成小康社会、分两个阶段实现第二个百年奋斗目标的战略安排，实施乡村振兴战略的目标任务。

到2020年，乡村振兴取得重要进展，制度框架和政策体系基本形成。农业综合生产能力稳步提升，农业供给体系质量明显提高，农村一二三产业融合发展水平进一步提升；农民增收渠道进一步拓宽，城乡居民生活水平差距持续缩小；现行标准下农村贫困人口实现脱贫，贫困县全部摘帽，解决区域性整体贫困；农村基础设施建设深入推进，农村人居环境明显改善，美丽宜居乡村建设扎实推进；城乡基本公共服务均等化水平进一步提高，城乡融合发展体制机制初步建立；农村对人才吸引力逐步增强；农村生态环境明显好转，农业生态服务能力进一步提高；以党组织为核心的农村基层组织建设进一步加强，乡村治理体系进一步完善；党的农村工作领导体制机制进一步健全；各地区各部门推进乡村振兴的思路举措得以确立；到2035年，乡村振兴取得决定性进展，农业农村现代化基本实现。农业结构得到根本性改善，农民就业质量显著提高，相对贫困进一步缓解，共同富裕迈出坚实步伐；城乡基本公共服务均等化基本实现，城乡融合发展体制机制更加完善；乡风文明达到新高度，乡村治理体系更加完善；农村生态环境根本好转，美丽宜居乡村基本实现；到2050年，乡村全面振兴，农业强、农村美、农民富全面实现。乡村振兴的最终目标，就是要不断提高村民在产业发展中的参与度和受益面，彻底解决农村产业和农民就业问题，确保当地群众长期稳定增收、安居乐业（新华社，2018）。

第二节 乡村振兴战略的定位

习近平总书记在党的十九大报告中首次提出实施乡村振兴战略。乡村振兴战略成为十九大报告提出的七大战略之一，并被写入党章。2017年12月召开的中央经济工作会议将实施乡村振兴战略作为围绕推动高质量发展需要做好的八项重点工作之一。同月召开的中央农村工作会议和随后出台的2018年中央一号文件专门为此进行了重大决策部署，并明确要求走中国特色社会主义乡村振兴道路。科学理解并实施乡村振兴战略的重大理论和政策问题，有利于我国更好地推动农业全面升级、农村全面进步、农民全面发展，也有利于更好地决胜全面建成小康社会、全面建设社会主义现代化国家。自党的十九大以来，关于实施乡村振兴战略的研究文章越来越多，但就总体而言，深化相关理论和政策研究，在实施乡村振兴战略方面仍然具有重要性和紧迫性。

一、新时代“三农”工作总抓手

习近平总书记和党中央关于实施乡村振兴战略的思想，是习近平新时代中国特色社会主义思想在“三农”领域的集中体现，也是科学把握社会主义现代化建设规律和工农关系、城乡关系演变趋势，结合中国特色社会主义进入新时代的阶段特征和社会主要矛盾变化，推动“三农”领域理论创新、实践创新和制度创新的丰硕成果。提出实施乡村振兴战略，在中国“三农”发展史上具有里程碑式的重要意义。实施乡村振兴战略，是新时代中国做好“三农”工作的总抓手，也是当前科学处理工农城乡关系的行动指南。

（一）建设社会主义新农村的升级版

2005 年 10 月召开的中共十六届五中全会通过了《中共中央关于制定国民经济和社会发展第十一个五年规划的建议》，明确提出“建设社会主义新农村是我国现代化进程中的重大历史任务。要按照生产发展、生活宽裕、乡风文明、村容整洁、管理民主的要求，坚持从各地实际出发，尊重农民意愿，扎实稳步推进新农村建设”。国民经济和社会发展“十一五”规划纲要、“十二五”规划纲要，实际上都是用建设社会主义新农村统领“三农”工作。国民经济和社会发展“十三五”规划纲要要求“提高社会主义新农村建设水平”。在过去的十余年中，中国在推进社会主义新农村建设方面取得了丰硕成果，为实施乡村振兴战略打下了扎实基础。而实施乡村振兴战略无论是从中央重视程度、实施保障措施的力度，还是从总体要求和内涵的丰富度来看，相对于党的十六届五中全会提出的建设社会主义新农村，都有明显的提升。2018 年中央一号文件明确提出实施乡村振兴战略“是决胜全面建成小康社会、全面建设社会主义现代化国家的重大历史任务，是新时代‘三农’工作的总抓手”。2018 年中央一号文件明确要求强化乡村振兴的规划引领和法治保障，并在坚持和完善党对“三农”工作的领导方面出台了许多空前得力的举措。这些都是建设社会主义新农村不可比拟的。

实施乡村振兴战略的总要求是“产业兴旺、生态宜居、乡风文明、治理有效、生活富裕”。相对于建设社会主义新农村的总要求，顺应中国特色社会主义进入新时代发展要求的新变化，实施乡村振兴战略的总要求突出了推进“三农”高质量发展的方向，“升级版”色彩更加浓厚，具体总结如下。

用“产业兴旺”代替“生产发展”，不仅突出了推进供给侧结构性改革的主线作用，而且丰富了农村产业发展的内涵；不仅更加重视绿色兴农、质量兴农，而且更加重视实现农业农村经济多元化发展，重视对新型产业发展方式的接纳和包容。如构建农村一二三产业融合发展体系，大力发展乡村特色产业，鼓励在乡村地区兴办环境友好型企业，引导工商资本参与乡村振兴，倡导产业链一体化和现代农业产业体系建设等。

用“生态宜居”代替“村容整洁”，不仅要求更高，而且视野更开阔，顺应了人民对美好生态环境和生态服务需要不断提高的趋势，凸显了建设人与自然和谐共生的现代化的自觉性和“让农村成为安居乐业的美丽家园”的目标要求。

联系党的十九大报告的有机体系，在实施乡村振兴战略的新语境下重申“乡风文明”，实际上要求将坚持农村文化自信与推进农村文化繁荣兴盛结合起来，将农村文化传承发展中的“不忘本来、吸收外来、面向未来”结合起来，培育向上向善、孝老爱亲而又独具魅力的乡村精神、乡村价值、乡村力量和道德规范，提升农民精气神，提升乡村社会的文明度。

实施乡村振兴战略，用“治理有效”代替“管理民主”，内涵更丰富，寓意更深刻，更加突出了从重视过程向重视结果的转变，更加突出了走乡村善治之路的要求，是习近平新时代中国特色社会主义思想将推进国家治理体系和治理能力现代化作为全面深化改革总目标的重要内容在“三农”领域的具体化。

在实施乡村振兴战略中，“生活富裕”被放在总要求的最后，并代替新农村建设总要求中的“生活宽裕”，有利于突出实施乡村振兴战略的目标导向。而且相对于新农村建设总要求中的“生活宽裕”，“生活富裕”可以更好地兼容“决胜全面建成小康社会、进而全面建设社会主义现代化强国”新征程中农民日益增长的美好生活需要。

（二）顺应当前社会主要矛盾变化的迫切要求

1981 年召开的十一届六中全会指出，我国社会的主要矛盾是人民日益增长的物质文化需要同落后的社会生产之间的矛盾。习近平总书记在党的十九大报告中提出，中国特色社会主义进入新时代，我国社会主要矛盾已经转化为人民日益增长的美好生活需要和不平衡不充分的发展之间的矛盾。与之前所说的“物质文化需要”相比，“美好生活需要”范围更广、要求更高、内涵更丰富。如对农产品、食品消费的需求日益走向安全化、优质化和多样化，并以分层化、个性化、体验化作为需求多样化的主要表现。在继续要求农业农村提供产品贡献、市场贡献、要素贡献、外汇贡献的同时，城乡居民对农业农村提供优质生态产品和休闲旅游、科技教育、文化传承等功能的需求也在明显上升，甚至要求通过促进农业农村经济的多样化发展，广聚农村人气，增加农村对优质资源、优质要素和优质人才的吸引力。城乡之间、工农之间发展不平衡，农业、农村、农民发展不充分，成为中国不平衡不充分发展最突出的表现。因此，顺应社会主要矛盾的变化，迫切要求实施乡村振兴战略，借此激活农业、农村、农民的发展潜能，提升农业、农村的多重功能和价值，更好地解决涉及“三农”且较为突出的发展不平衡不充分问题，满足人民日益增长的美好生活需要。

在当前乃至今后相当长的时期内，中国在总体上仍处于工业化、信息化、城镇化深入发展的过程中。从国际经验来看，在此过程中容易因优质资源、要素和人才大量外流甚至单向流失，导致农业萧条、农村衰败、农民发展停滞，导致“三农”发展机会和权益边缘化，甚至成为现代化进程的“落伍者”。近年来，虽然中国的“三农”工作取得了突出成就，但在部分地区类似现象已开始形成，甚至比较严重。当前在农产品质量、效益、竞争力方面亟待解决的问题已引起广泛关注，在此无须赘言。农村留守儿童、留守妇女、留守老人的问题在总体上比较严重，村庄空心化、人口老龄化、农户农业经营副业化、农村劳动力老弱化、农村经济单一化问题迅速凸显。在许多农村地区，水源污染问题久难缓解，部分地区甚至越来越严重；滥施化肥和农药、生活垃圾和农业废弃物乱排乱放、居民点甚至民居布局凌乱等现象时有发生。人口，尤其是青壮年人口大量外流，导致许多乡村人气和活力下降，部分村庄甚至日趋破败。诸如此类的问题，一方面是对日益严重、亟待解决的农业农村发展不平衡不充分问题的生动诠释；另一方面直接影响城乡居民，特别是农民美好生活需要的满足。就总体而言，当前农业仍是国民经济的“短腿”，农村仍是国家发展的“短板”，农民仍是“保证全体人民在共建共享发展中有更多获得感”的“薄弱环节”。从抓重点、补短板、强弱项和推进高质量发展的战略要求出发，积极实施乡村振兴战略，将坚持农业农村优先发展同坚持城乡融合发展有机结合起来，推进“三农”全面振兴，对于解决当前社会主要矛盾具有较强的现实针对性。

（三）决胜全面小康、全面建设社会主义现代化强国的客观需要

党的十九大吹响了决胜全面建成小康社会、进而全面建设社会主义现代化国家的冲锋号。全面建成小康社会，农民的全面小康不可或缺。实现农民的全面小康，离不开农业农村发展的坚实支撑。仅从农民收入来看，离开了稳定增长的农业收入，农民收入的增长会根基不牢甚至“地动山摇”。2016 年在全国农民人均可支配收入中，工资性收入、经营净收入、财产净收入、转移净收入分别占 40.6%、38.3%、2.2% 和 18.8%；其中来自第一产业的经营净收入占 26.4%。在东北等人均耕地面积较多的地区，来自第一产业的经营净收入仍占农民人均纯收入的 50% 甚至 60% 以上。总体而言，没有稳定的农业收入，农民收入的整体稳定增长必然难度大增，甚至很容易化为“泡影”。习近平总书记早就提出，“中国要强，农业必须强；中国要美，农村必须美；中国要富，农民必须富”。实施乡村振兴战略，推进

“三农”“强、美、富”，是决胜全面建成小康社会的当务之急。

“三农”问题是关系国计民生的根本性问题，作为一个农业、农村、农民“体量”都比较大的国度，推进“三农”现代化是全面建设社会主义现代化国家不可或缺的重要内容。无论是到2035年基本实现社会主义现代化，还是到21世纪中叶把中国建成富强民主文明和谐美丽的社会主义现代化强国，都要求农业、农村、农民成为现代化进程的“共商共建共享者”。如果农业、农村、农民在现代化进程中“掉队”或“落伍”，基本实现社会主义现代化的目标就会落空，富强民主文明和谐美丽的社会主义现代化强国也很难真正落地。到21世纪中叶，即使城镇化率达到80%，中国仍有2.5亿左右的人口生活在农村。届时，如果一边是繁荣发达的城市，一边是破败萧条的农村，建设富强民主文明和谐美丽的社会主义现代化强国就会成为空谈，新发展理念中的协调、共享理念就容易落空，因不同社会等级、不同社会分层差距过大可能导致的“社会断裂”现象也很容易成为现实。在此背景下，社会整合协调机制和可持续发展机制难以有效形成，社会矛盾、社会冲突和社会不稳定现象极易出现。通过实施乡村振兴战略，广泛调动广大农民的积极性、主动性、创造性，同时广泛激发全社会力量支持乡村振兴，就可以调动一切积极因素、广聚社会资源，向“三农”发展聚焦发力，加快农业农村现代化进程，协调推动农村产业兴旺、生态宜居、乡风文明、治理有效、生活富裕；就可以不断提升农民的获得感、幸福感和安全感，促进“三农”发展赶上国家现代化特别是非农产业、城市、市民发展的步伐。届时，工农互促共荣、城乡融合互补的新型工农城乡关系就会逐步形成。因此，2018年中央一号文件提出，实施乡村振兴战略，是实现“两个一百年”奋斗目标的必然要求，是实现全体人民共同富裕的必然要求。

（四）由中国共产党神圣使命决定

长期以来，党坚持“始终把实现好、维护好、发展好最广大人民根本利益作为党和国家一切工作的出发点和落脚点”。尤其是党的十八大以来，党提出并坚持了以人民为中心的发展思想，强调坚持“创新、协调、绿色、开放、共享”的新发展理念。习近平总书记在党的十九大报告中明确提出，“增进民生福祉是发展的根本目的。必须多谋民生之利、多解民生之忧，在发展中补齐民生短板、促进社会公平正义”；要“保证全体人民在共建共享发展中有更多获得感，不断促进人的全面发展、全体人民共同富裕”“让改革发展成果更多更公平惠及全体人民”“使人民获得感、幸福感、安全感更加充实、更有保障、更可持续”。2017年12月召开的中央农村工作会议是党中央就实施乡村振兴战略进行谋篇布局的一个重要会议，规格之高前所未有，中央重视前所未有。该会在部署实施乡村振兴战略时，明确要求把维护农民群众根本利益、促进农民共同富裕作为出发点和落脚点，促进农民持续增收，不断提升农民的获得感、幸福感、安全感。习近平总书记反复强调，实施乡村振兴战略要深刻认识其重要性和必要性，坚定信心、咬定目标、苦干实干、久久为功，真正做到扎扎实实。可见，实施乡村振兴战略是由党的神圣使命决定的，是党对全国人民特别是广大农民的庄严承诺。

二、实施乡村振兴战略的首要任务是推进产业兴旺

在党的十九大报告中，习近平总书记提出了实施乡村振兴战略的总要求，即“产业兴旺、生态宜居、乡风文明、治理有效、生活富裕”，“产业兴旺”位居其首。2017 年 12 月召开的中央农村工作会议提出，“农业强不强、农村美不美、农民富不富，决定着亿万农民的获得感和幸福感，决定着我国全面小康社会的成色和社会主义现代化的质量。”推进乡村产业兴旺，实现农业强、农村美、农民富就有了扎实的基础和强劲的依托；反之，如果无法推进乡村产业兴旺，实现农业强、农村美、农民富就成为无源之水、无本之木，到 2020 年全面建成小康社会也容易成为空谈。在当前乃至 21 世纪中叶把我国建成富强民主文明和谐美丽的社会主义现代化强国前，发展仍是解决中国一切问题的基础和关键。发展首先是产业发展，是经济发展。就多数乡村地区而言，如果产业不兴旺，即便再“生态宜居、乡风文明”，广大农民也不可能“看着美景跳着舞”就能实现乡村振兴。这无异于天方夜谭，也缺乏可持续性。

实施乡村振兴战略要坚持乡村全面振兴，是涵盖党的建设、乡村经济建设、政治建设、文化建设、社会建设和生态文明建设的全面振兴，借此激活乡村的经济价值、文化价值、社会价值和生态价值等多重功能和价值。实施乡村振兴战略首先需要激活乡村的经济价值。这是增强广大农民获得感、幸福感、安全感的坚实支撑，不仅有利于农民更好地就地就近实现就业增收，也有利于农民规避异地城镇化可能带来的家庭人口空间分离和留守儿童、留守妇女、留守老人问题，更好地实现就地就近城镇化。2018 年 3 月 8 日，习近平总书记在参加十三届全国人大一次会议山东代表团审议时提出，实施乡村振兴战略要从产业振兴、人才振兴、文化振兴、生态振兴、组织振兴 5 个方面着手，产业振兴同样被放在首位。乡村经济建设不等于

乡村政治建设、文化建设、社会建设、生态文明建设，乡村产业振兴也不能代替乡村的人才振兴、文化振兴、生态振兴、组织振兴，但乡村经济建设或产业振兴对其他 4 个方面建设或振兴的重要影响甚至决定作用仍是比较明显的。因此，就全国总体和多数地区而言，把推进乡村产业兴旺作为实施乡村振兴战略的“首要任务”，是比较符合实际的。

相对于建设社会主义新农村的要求，即“生产发展、生活宽裕、乡风文明、村容整洁、管理民主”，在实施乡村振兴战略的总要求中，用“产业兴旺”代替“生产发展”，突出了以推进供给侧结构性改革为主线的要求，突出了用现代产业发展理念和组织方式改造农业农村产业的趋势。如确保粮食安全是实施乡村振兴战略的前提，也是推进产业兴旺不可动摇的根基。推进粮食产业兴旺要求摒弃片面追求增产的传统粮食安全观，进一步落实以我为主、立足国内、确保产能、适度进口、科技支撑的国家粮食安全战略和确保谷物基本自给、口粮绝对安全的粮食安全战略底线，积极推进粮食产业加快实现由生产导向向消费导向的转变，由追求数量安全向追求数量、质量安全统筹兼顾转变。在此基础上，政府要按照增加有效供给、减少无效供给的要求，拓宽实现粮食安全的视野；通过树立大农业观、大食物观，向统筹山水林田湖草系统治理要粮食安全，拓展实现粮食安全的选择空间；要在推进粮食安全从基于产量向基于产能转变的同时，按照抓重点、补短板、强弱项的要求，将加强粮食综合生产能力与加强粮食综合流通能力建设有效结合起来，积极实现从“向增加粮食产能要安全”到“向增强粮食综合供给能力要安全”的转变。

用“产业兴旺”代替“生产发展”，还突出了推进乡村产业多元化、综合化发展的方向。仍以推进粮食产业兴旺为例，要结合质量兴粮、绿色兴粮、服务兴粮、品牌兴粮推进机制和支持政策，鼓励新型农业经营主体、新型农业服务主体带动小农户延伸粮食产业链、打造粮食供应链、提升粮食价值链；积极培育现代粮食产业体系，鼓励发展粮食加工业、流通业和面向粮食产业链的生产性服务业，促进粮食产业链创新力和竞争力的提升。要结合推进农业支持保护政策的创新和转型，深入实施藏粮于地、藏粮于技战略，通过全面落实永久基本农田特殊保护制度、加快划定和建设粮食生产功能区、大规模推进农村土地整治和高标准农田建设、加强农村防灾、减灾、救灾能力建设等举措，夯实粮食生产能力的基础，帮助粮食生产经营主体更好地实现节本增效和降低风险，将保障粮食安全建立在保护粮食生产经营主体种粮营粮积极性的基础上。结合优化粮食仓储的区域布局和加强粮食物流基础设施建设等措施，全面提升粮食产业链和粮食产业体系的质量、效益和可持续发展能力，为“把中国人的饭碗牢牢端在自己手中”打下扎实基础。

推进乡村产业兴旺，必须注意发挥涉农企业家的骨干甚至“领头雁”作用。离开了企业家的积极参与，推进乡村产业兴旺就如同汽车失去了引擎。加快构建现代农业产业体系、生产体系、经营体系，推进农村一二三产业融合发展，提高农业创新力、竞争力和全要素生产率，新型农业经营主体、新型农业服务主体的作用举足轻重。他们往往是推进质量兴农、绿色兴农、品牌兴农、服务兴农的主力军，也是带动农业延伸产业链、打造供应链、提升价值链的“拓荒者”或“先锋官”。发展多种形式的农业适度规模经营，也离不开新型农业经营主体、新型农业服务主体的积极作用和支撑带动。这些新型农业经营主体、新型农业服务主体带头人，往往是富有开拓创新精神的涉农企业家。各类投资农业农村产业发展的城市企业、工商资本带头人，往往资金实力强、发展理念先进、也有广阔的市场和人脉资源。他们作为企业家，不仅可以为发展现代农业、推进农业农村产业多元化和综合化发展带来新的领军人才和发展要素，还可以为创新农业农村产业的发展理念、组织方式和业态、模式，为拓展和提升农业农村产业的市场空间、促进城乡产业有效分工协作提供更多的“领头雁”，更好地带动农业农村延伸产业链、打造供应链、提升价值链。推进乡村产业兴旺，为许多乡村新产业、新业态、新模式的成长带来了“黄金机遇期”，也为城市企业、工商资本参与乡村振兴提供了可以发挥比较优势、增强竞争优势的新路径。

支持各类企业家在推进乡村产业兴旺中建功立业，关键是优化其成长发育的环境，帮助其降低创新创业或推进产业兴旺的门槛、成本和风险。要结合农业支持政策的转型，加强对新型农业经营主体、新型农业服务主体的倾斜性和制度化支持，引导其将提高创新力、竞争力、全要素生产率和增强对小农户发展现代农业的带动作用有机结合起来。要结合构建农村一二三产业融合发展体系和加快发展农业生产性服务业，鼓励专业大户、家庭农场、农民合作社、农业产业化龙头企业等新型农业经营主体或农业企业、农资企业、农产品加工企业向新型农业服务主体或农村产业融合主体转型，也可转型成长为农业生产性服务综合集成商、农业供应链问题解决方案提供商，带动其增强资源整合、要素集成、市场拓展提升能力，进而提升创新力和竞争力，成为推进乡村产业兴旺的领军企业或中坚力量。结合支持这些转型，引导传统农民、乡土人才向新型职业农民转型，鼓励城市人才或企业家“下乡”转型为新型职业农民或农业农村产业领域的企业家。

政府要结合支持上述转型，鼓励企业家和各类新型经营主体、新型服务主体、新型融合主体等在完善农业农村产业利益链中发挥骨干带动作用。政府应通过鼓励建立健全领军型经营（服务）主体—普通经营（服务）主体—普通农户之间，以及农业农村专业化、市场化服务组织与普通农户之间的利益联结和传导机制，增强企业家或新型经营主体、新型服务主体、新型融合主体对小农户增收和参与农业农村产业发展的辐射带动力，更好地支持小农户增强参与推进乡村产业兴旺的能力。近年来，各地蓬勃发展的各类复合型农村产业融合组织，如发源于安徽宿州的农业产业化联合体、发源于四川崇州的农业共营制、发源于浙江的现代农业综合体，以及2017年中央一号文件要求大力推广的“生产基地＋中央厨房＋餐饮门店”“生产基地＋加工企业＋商超销售”等产销模式在此方面进行了积极的探索。部分高效生态循环的种养模式、部分“互联网＋”“旅游＋”“生态＋”模式，也让农民特别是小农户在合理分享全产业链增值收益和带动农民提升发展能力方面进行了积极尝试。

发展现代农业是推进乡村产业兴旺的重点之一，至少在今后相当长的时期内，就总体和多数地区而言，推进乡村产业兴旺要着力解决农村经济结构农业化、农业结构单一化等问题，要通过发展对农民就业增收具有较强吸纳、带动能力的乡村优势特色产业和企业，特别是小微企业，丰富农业农村经济的内涵，提升农业农村经济多元化、综合化发展水平和乡村的经济价值，带动乡村引人才、聚人气、提影响，增加对城市人才、资本等要素“下乡”参与乡村振兴的吸引力。因此，推进乡村产业兴旺，应该采取发展现代农业和推进农业农村经济多元化、综合化“双轮驱动”的方针，二者都应是推进乡村产业兴旺的战略重点。当然，发展现代农业要注意夯实粮食安全的根基，也要注意按照推进农业结构战略性调整的要求，将积极推进农业结构多元化与大力发展特色农业有效结合起来。

推进农业农村经济多元化、综合化，要注意引导农村一二三产业融合发展，鼓励农业农村经济专业化、特色化发展；也要注意引导城市企业、资本和要素“下乡”积极参与，发挥城市产业（或企业，下同）对乡村产业高质量发展的引领辐射带动作用。但哪些产业或企业适合布局在城市，哪些产业或企业适合布局在乡村或城郊地区，实际上有个区位优化选择和经济合理性问题。如果不加区分地推进城市企业进农村，不仅有悖于工业化、城镇化发展的规律，也不利于获得集聚经济、规模经济和网络经济效应，从而影响乡村经济乃至城乡经济的高质量发展。按照推进乡村振兴和区域经济高质量发展的要求，适宜“下乡”的企业应具有较强的乡村亲和性，能与农业发展有效融合，能与乡村或农户利益有效联结，有利于带动农业延伸产业链、打造供应链、提升价值链；或在乡村具有较强的发展适宜性、比较优势或竞争力，甚至能在城乡之间有效形成分工协作、错位发展态势。如乡村旅游业、乡村商贸流通业、乡村能源产业、乡村健康养生和休闲娱乐产业、农特产品加工业、乡土工艺品产销等乡村文化创意产业、农业生产性服务业和乡村生活性服务业，甚至富有特色和竞争力的乡村教育培训业等。当然，不同类型地区由于人口特征、资源禀赋、区位条件、发展状况和发展阶段不同，适宜在乡村发展的产业也有较大区别。

需要注意的是，推进农业农村产业多元化、综合化发展，与推进农业农村产业专业化、特色化并不矛盾。多元化和综合化适用于宏观层面和微观层面，而专业化和特色化主要是就微观层面而言的。宏观层面的多元化和综合化可以建立在微观层面的专业化、特色化的坚实基础之上。通过推进农业农村产业多元化、综合化和专业化、特色化发展，带动城乡各自“回归本我、提升自我”，形成城乡特色鲜明、分工有序、优势互补、和而不同的发展格局。

2018 年中央一号文件提出，要“大力发展文化、科技、旅游、生态等乡村特色产业，振兴传统工艺。培育一批家庭工场、手工作坊、乡村车间，鼓励在乡村地区兴办环境友好型企业”。这些产业能有效推进农业农村经济多元化、综合化，容易形成比较优势和竞争力，也容易带动农民就业、创业和增收。有些乡村产业的发展不仅可以促进农业农村经济多元化、综合化和专业化、特色化发展，还可以为“以工促农”“以城带乡”提供新的渠道。应在支持其发展的同时，鼓励城市产业更好地发挥对乡村关联产业发展的引领带动作用。如鼓励城市服务业引领带动农业生产性服务业和乡村生活性服务业发展。在当今世界，加强对农产品地产地销的支持已经成为国际趋势。其中一个重要原因是，支持农产品地产地销可以带动为农场、企业提供服务的储藏、加工、营销等关联产业发展，并通过促进农产品向礼品或旅游商品转化，带动农业价值链升级。这是按照以工促农、以城带乡、城乡融合、互补共促原则构建新型工农城乡关系的重要路径。但有些城市产业“下乡”进农村可能会遭遇“水土不服”，导致发展质量、效益、竞争力下降；还有些产业“下乡”，容易破坏农村资源环境、生态和文化，影响可持续发展。对于这些城市企业“下乡”，政府不仅不应鼓励，还应通过乡村产业准入负面清单等，形成有效的“屏蔽”机制，防止其导致乡村价值的贬损。

中国各地乡村资源禀赋各异，发展状况和发展需求有别。随着工业化、信息化、城镇化和农业现代化的推进，各地乡村发展和分化走势也有较大不同。在此背景下，推进乡村产业兴旺也应因地制宜、分类施策，在不同类型地区之间形成各具特色和优势、分工协作、错位发展的格局。

近年来，在农业农村政策中，各种产业发展的载体和平台建设日益受到国家重视。如作为产业发展区域载体的粮食生产功能区、重要农产品生产保护区、特色农产品优势区、现代农业产业园、农村产业融合发展示范园、农业科技园区、电商产业园、返乡创业园、特色小镇或田园综合体、涉农科技创新或示范推广基地、创业孵化基地，作为产业组织载体的新型农业经营主体、新型农业服务主体、现代农业科技创新中心、农业科技创新联盟和近年来迅速崛起的农业产业化联合体、农业共营制、现代农业综合体等复合型组织，以及农产品销售公共服务平台、创客服务平台、农特产品电商平台、涉农科研推广和服务平台、为农综合服务平台与全程可追溯、互联共享的追溯监管综合服务平台等。这些产业发展的载体或平台往往瞄准了影响乡村产业兴旺的关键环节、重点领域和瓶颈制约，整合资源、集成要素、激活市场，甚至组团式“批量”对接中高端市场，实现对农业农村产业的连片性、集群化、产业链一体化开发，集中体现现代产业发展理念和组织方式，有效健全产业之间的资源、要素和市场联系，是推进农业质量变革、效率变革和动力变革的先行者，也是推进农业农村产业多元化、综合化发展的示范者。以这些平台或载体建设为基础推进产业兴旺，不仅有利于坚持农业农村优先发展和城乡融合发展，还可以为推进乡村产业兴旺和乡村振兴的高质量发展提供重要结点，为深化相关体制机制改革提供试点试验和示范窗口，有利于强化城乡之间、区域之间、不同类型产业组织之间的联动协同发展机制。

前述部分载体和平台的建设与运营，对于推进产业兴旺甚至乡村振兴能起到画龙点睛的作用。如许多地方立足资源优势推进产业开发，到一定程度后，公共营销平台、科技服务平台等建设往往成为产业兴旺的瓶颈制约。增加的产品供给能在多大程度上转化为有效供给，对于产业发展的质量、效益和竞争力，往往具有关键性的影响。如果公共营销平台或科技服务平台建设跟不上，立足资源优势推进产业开发的过程就很容易转化为增加无效供给甚至“劳民伤财”的过程。不仅难以实现推进产业兴旺的初衷，还可能形成严重的资源浪费、生态破坏和经济损失。在此背景下，加强相关公共营销平台或科技服务平台建设，就成为推进乡村产业兴旺的“点睛之笔”。通过财政金融甚至政府购买公共服务等措施加强对相关公共营销平台或科技服务平台建设的支持，可以收到“四两拨千斤”的效果。

加快构建现代农业产业体系、生产体系、经营体系，在推进农业供给侧结构性改革中占据重要地位。鉴于近年来相关研究文献较多，笔者对此不再赘述，只强调积极发展农业生产性服务业和涉农装备产业的重要性与紧迫性。需要指出的是，农业生产性服务业是现代农业产业体系的重要组成部分，是将现代产业发展理念、组织方式和科技、人才、资本等要素植入现代农业的通道，也是增强新型农业经营（服务）主体农业创新力、竞争力的重要途径，对于推进农业高质量发展、实现服务兴农具有重要的战略意义。根据世界银行 WDI 数据库数据计算，当前中国农业劳动生产率不及美国、日本等发达国家的 3%，与发达国家差距较大。其原因固然很多，但中国农业装备制造业不发达难辞其咎，成为中国提升农业质量、效率和竞争力的瓶颈约束。实施质量兴农、绿色兴农、品牌兴农战略，必须把推进涉农装备制造业的发展和现代化放在突出地位。无论是在农业生产领域还是在农业产业链方面，情况都是如此。

许多在国内行业处于领先地位的农产品加工企业的设备都是从国外引进的国际一流设备，国内缺乏国际一流的设备加工制造和配套服务能力。这就很容易导致国内农产品加工企业的加工设备在引进时居于国际一流水平，但很快就会沦落为国际二流甚至三流水平。可见，农业装备水平的提高和结构升级，是提升农业产业链质量、效率和竞争力的关键所在，也是增强农业创新力的重要依托。随着农产品消费需求升级，农产品、食品消费日益呈现个性化、多样化、绿色化、品牌化、体验化的趋势，但在中国农业产业链，许多农业装备仍处于以“傻、大、黑、粗”为主的状态，难以满足农产品、食品消费个性化、多样化、绿色化、品牌化、体验化的需求，制约农产品、食品市场竞争力和用户体验的提升。近年来，中国部分涉农装备制造企业积极推进现代化改造和转变发展方式，推进智能化、集约化、科技化发展，成为从餐桌到田间的产业链问题解决方案的供应商，也是推进质量兴农、绿色兴农的“领头羊”，对于解决农业发展的宏观调控、农业供应链和食品安全治理等问题也发挥了重要作用。实际上，农业装备制造业的发展和转型升级滞后，不仅会影响农业质量、效率和竞争力的提升，在许多行业也已经成为影响可持续发展的紧迫问题。如随着农业劳动力成本的提升和农产品价格波动问题的加剧，部分水果、蔬菜，特别是核桃、茶叶等山地特色农业的发展越来越多地陷入“采收无人”“无人愿收”的困境。广西等地的经验表明，特色农机的研发制造和推广对于发展特色农业具有画龙点睛的作用。

推进农业农村经济多元化、综合化主要是发展问题，但在此发展过程中也要注意沿着推进供给侧结构性改革的方向，把握增加有效供给、减少无效供给和增强供给体系对需求体系动态适应、灵活反应能力的要求，创新相关体制机制和政策保障，防止“一哄而上”“一哄而散”和“大起大落”问题的发生。政府要注意尊重不同产业的自身特性和发展要求，引导乡村优势特色产业适度集聚集群集约发展，并向小城镇、产业园区、中心村、中心镇适度集中；或依托资源优势、交通优势和临近城市的区位优势，实现连片组团发展，提升发展质量、效率和竞争力，夯实其在推进乡村产业兴旺中的结点功能。

第三节 坚持乡村振兴工作的四大导向

实施乡村振兴战略，已经成为新时代做好“三农”工作的总抓手，也是协调工农城乡关系的行动指南。在此背景下，科学理解并推进乡村振兴的重大战略导向，对于更好地实施乡村振兴战略具有重要意义。笔者认为，推进乡村振兴的重大战略导向，主要包括 3 个方面，即坚持高质量发展、坚持农业农村优先发展、坚持城乡融合发展。

一、坚持高质量发展

习近平总书记在党的十九大报告中提出，“我国经济已由高速增长阶段转向高质量发展阶段”“必须坚持质量第一、效益优先，以供给侧结构性改革为主线，推动经济发展质量变革、效率变革、动力变革”。2017 年中央经济工作会议提出，推动高质量发展是当前和今后一个时期确定发展思路、制定经济政策、实施宏观调控的根本要求。实施乡村振兴战略是建设现代化经济体系的六项主要任务之一，尽管实施乡村振兴战略涉及的范围实际上超出经济工作，但推动乡村振兴高质量发展应该是实施乡村振兴战略的基本要求和重大导向之一。仔细品读党的十九大报告中关于新时代中国特色社会主义思想和基本方略的内容，我们不难发现这实际上也是指导中国特色社会主义高质量发展的思想。在实施乡村振兴战略的过程中，坚持高质量发展的战略导向，需要弄清楚什么是乡村振兴的高质量发展，怎样实现乡村振兴的高质量发展。

（一）顺应社会主要矛盾，抓重点，补短板、强弱项

乡村振兴的高质量发展，第一体现在顺应社会主要矛盾的变化，突出抓重点、补短板、强弱项的要求方面。随着中国特色社会主义进入新时代，中国社会主要矛盾转化为人民日益增长的美好生活需要和不平衡不充分的发展之间的矛盾。实施乡村振兴战略的质量如何，首先要看其对解决社会主要矛盾有多大实质性的贡献，对于缓解工农城乡发展不平衡和“三农”发展不充分的问题有多大实际作用。比如，随着城乡居民收入和消费水平的提高，社会需求结构加快升级，呈现向个性化、多样化、优质化、绿色化迅速推进的趋势。这就要求农业和农村产业发展顺应需求结构升级的趋势，增强供给适应需求甚至创造需求、引导需求的能力。在继续重视农村产业发展“生产功能”的同时，要求更加重视其生活功能和生态功能，将重视产业发展的资源环境和社会影响，同激发其科教、文化、休闲娱乐、环境景观、体验功能结合起来。尤其是随着“90后”“00后”，甚至“10后”逐步成为社会的主流消费群体，对产业发展的生活、生态功能就更加需要引起重视。以农业为例，我国要求农业在“卖产品”的同时，更加重视“卖风景”“卖温情”“卖文化”“卖体验”，增加对人才、人口的吸引力。近年来，电子商务的发展日益引起重视，其中一个重要原因是它有很好的连接和匹配功能，能够改善居民的消费体验，增进消费的便捷性和供求之间的互联性；体验、便利、互联正在成为实现社会消费需求结构升级和消费扩张的重要动力，为边角化、长尾性、小众化市场增进供求衔接和实现规模经济提供了新的路径。

（二）贯彻新发展理念，推进供给侧结构性改革

乡村振兴的高质量发展，第二体现在贯彻新发展理念，突出以推进供给侧结构性改革为主线的要求方面。推进供给侧结构性改革的核心要义，是按照创新、协调、绿色、开放、共享的新发展理念，提高供给体系的质量、效率和竞争力，即增加有效供给，减少无效供给，增强供给体系对需求体系和需求结构变化的动态适应和反应能力（姜长云，2018）。当然，这里的有效供给包括公共产品和公共服务的有效供给。这里的提高供给体系质量、效率和竞争力，首先表现为提升农业和农村

产业发展的质量、效率和竞争力；除此之外，还表现在政治建设、文化建设、社会建设和生态文明建设等方方面面，体现这些方面的协同性、关联性和整体性。解决好“三农”问题之所以作为全党工作的“重中之重”，归根结底是因为它是一个具有竞争弱势特征的复合概念，需要使市场在资源配置中起决定性作用，更好地发挥政府作用来矫正市场失灵问题。实施乡村振兴战略旨在解决好“三农”问题，重塑新型工农城乡关系。因此，要科学区分“三农”问题形成演变中的市场失灵和政府失灵问题，以推进供给侧结构性改革为主线，完善体制机制和政策环境。借此，将支持农民发挥主体作用、提升农村人力资本质量与调动一切积极因素并有效激发工商资本、科技人才、社会力量参与乡村振兴的积极性结合起来，通过完善农村发展要素结构、组织结构、布局结构的升级机制，更好地提升乡村振兴的质量、效率和竞争力。

（三）协调处理实施乡村振兴战略与推进新型城镇化

乡村振兴的高质量发展，第三体现在协调处理实施乡村振兴战略与推进新型城镇化的关系方面。乡村振兴战略、科教兴国战略、可持续发展战略等被列入十九大报告和新版《中国共产党章程》中，而新型城镇化战略并未被列入要坚定实施的七大战略中，这并不等于说推进新型城镇化不是一个重要的战略问题。之所以这样，笔者认为主要有两个方面的原因。

（1）城镇化是个自然历史过程。虽然推进新型城镇化也需要“紧紧围绕提高城镇化发展质量”，也需要“因势利导、趋利避害”，且仍是解决“三农”问题的重要途径，更是“我国发展必然要遇到的经济社会发展过程”和“现代化的必由之路”，必须“使城镇化成为一个顺势而为、水到渠成的发展过程”。但七大战略则与此有明显不同，更需要摆在经济社会发展的突出甚至优先位置，更需要大力支持。

（2）实施乡村振兴战略是贯穿到21世纪中叶全面建设社会主义现代化国家长期过程中的重大历史任务。虽然推进新型城镇化是中国经济社会发展中的一个重要战略问题，但在2030—2035年前后城镇化率达到75%左右后，中国城镇化将逐步进入饱和阶段。届时城镇化率提高的步伐将明显放缓，城镇化过程中的人口流动将由以乡—城单向流动为主转为乡—城流动、城—城流动并存，甚至城—乡流动的人口规模会明显增大。届时，城镇化的战略和政策将会面临重大阶段性转型，甚至逆城镇化趋势会明显增强（张天佐，2018；王利伟，2017）。至于怎样科学处理实施乡村振兴战略与推进新型城镇化的关系，笔者认为，关键是建立健全城乡融合发展的体制机制和政策体系。

（四）科学处理实施乡村振兴战略与推进农业农村政策转型

乡村振兴的高质量发展，第四体现在科学处理实施乡村振兴战略与推进农业农村政策转型的关系方面，政府要做好坚持农业农村优先发展、加快推进农业农村现代化实现的大文章。

（五）统筹推进增进广大农民的获得感、幸福感、安全感

乡村振兴的高质量发展，最终体现为统筹推进增进广大农民的获得感、幸福感、安全感和增强农民参与乡村振兴的能力。2018 年中央一号文件把“坚持农民主体地位”作为实施乡村振兴战略的基本原则之一，要求“调动亿万农民的积极性、主动性、创造性，把维护农民群众根本利益、促进农民共同富裕作为出发点和落脚点，促进农民持续增收”。如果做到这一点，不断提升农民的获得感、幸福感、安全感就有了坚实的基础。党的十九大报告突出强调“坚持以人民为中心”，高度重视“让改革发展成果更多更公平惠及全体人民”。在推进工业化、信息化、城镇化和农业现代化的过程中，农民利益最容易受到侵犯，最容易成为增进获得感、幸福感、安全感的薄弱环节。注意增进广大农民的获得感、幸福感、安全感，正是实施乡村振兴战略的重要价值所在。

（六）增强农民参与乡村振兴的能力

在实施乡村振兴战略的过程中，农民发挥主体作用往往面临观念、能力和社会资本等局限。因此，调动一切积极因素，鼓励社会力量和工商资本带动农民在参与乡村振兴的过程中增强参与乡村振兴的能力，对于提升乡村振兴质量至关重要。增强农民参与乡村振兴的能力，有许多国际经验可供借鉴。如在美国、欧盟和日本、韩国等国家（地区）发展过程中，都有很多措施支持农民培训、优化农业农村经营环境，增加农村就业创业机会。2014 年美国《新农业法案》将支持中小规模农户和新农户发展作为重要方向，而且在此之前就有一些政策专门支持初始农牧场主创业，为其提供直接贷款、贷款担保和保险优惠，借此培育新生代职业农民。2014 年美国《新农业法案》增加“增值农产品市场开发补助金，优先支持经验丰富的农牧场主，优先支持最能为某些经营者或农牧场主创造市场机会的项目”的内容；还鼓励优化农村经济环境，在农村地区提高经商创业效率、创造就业机会并推进创新

发展。2000年以来，欧盟农村发展政策将培养青年农民、加强职业培训、推动老年农民提前退休、强化农场服务支持等作为重要措施。为解决农村人口外迁特别是青年劳动力外流问题，欧盟注意改善农民获得服务和发展机会的渠道，培育农村企业家，以确保农村区域和社区对居民生活、就业有吸引力。2014年欧盟共同农业政策改革，通过新的直接支付框架挂钩支持青年农民和小农户；采取重组和更新农场等措施，为青年农民提供创业援助，如建立农场咨询服务系统和培训、创新项目等。

从这些经验中我们可以得知，要坚持农业农村优先发展的战略导向，为此必须把推进农民优先提升作为战略支撑，借此为新型城镇化提供合格市民，为农业农村现代化提供合适的劳动力和农村居民。

二、坚持农业农村优先发展

习近平总书记在党的十九大报告中首次提出，要坚持农业农村优先发展。这是因为工农城乡发展不平衡和“三农”发展不充分，是当前中国发展不平衡不充分最突出的表现。此外，还因为“三农”发展在促进社会稳定和谐、调节收入分配、优化城乡关系、增强经济社会活力和就业吸纳能力及抗风险能力等方面可以发挥特殊重要的作用，具有较强的公共品属性；加之在发展市场经济条件下，“三农”发展在很大程度上呈现竞争弱势特征，容易存在市场失灵问题。因此，需要在发挥市场对资源配置决定性作用的同时，发挥政府作用，优先支持农业农村发展，解决好市场失灵问题。鉴于“三农”问题是关系国计民生的根本性问题，必须始终把解决好“三农”问题作为全党工作重中之重，按照增强系统性、整体性、协同性的要求和突出抓重点、补短板、强弱项的原则，坚持农业农村优先发展应该是实施乡村振兴战略的必然要求。

学习习近平总书记关于“坚持推动构建人类命运共同体”的思想，有利于我们更好地理解坚持农业农村优先发展的重要性和紧迫性。在当今世界大发展、大变革、大调整的背景下，面对世界多极化、经济全球化、社会信息化、文化多样化深入发展的形势，各国日益相互依存、命运与共，越来越成为你中有我、我中有你的命运共同体。相对于全球，国内发展、城乡之间更是命运共同体，更需要“保证全体人民在共建共享发展中有更多获得感”。面对国内工农发展、城乡发展严重失衡的状况，政府更应该用命运共同体思想指导“三农”工作和现代化经济体系建设，坚持农业农村优先发展，防范因城乡之间、工农之间差距过大导致的社会断裂现象，增进社会稳定和谐。

2018 年中央一号文件将坚持农业农村优先发展作为实施乡村振兴战略的基本原则，要求“把实现乡村振兴作为全党的共同意志、共同行动，做到认识统一、步调一致，在干部配备上优先考虑，在要素配置上优先满足，在资金投入上优先保障，在公共服务上优先安排，加快补齐农业农村短板”。该文件在第 12 部分还提出“实施乡村振兴战略是党和国家的重大决策部署，各级党委和政府要提高对实施乡村振兴战略重大意义的认识，真正把实施乡村振兴战略摆在优先位置，把党管农村工作的要求落到实处”，并对此提出了 6 个方面的具体部署。习近平总书记在 2017 年中央农村工作会议上的讲话中进一步要求“各级党委和政府要坚持工业农业一起抓、坚持城市农村一起抓，并把农业农村优先发展的要求落到实处”。这为我们提供了坚持农业农村优先发展的路线图和“定盘星”。那么，在实践中如何坚持农业农村优先发展？笔者认为，可借鉴国外尤其是发达国家支持中小企业的思路，同等优先地加强对农业农村发展的支持。具体地说，要注意以下几点。

（一）以完善产权制度和要素市场化配置为重点，优先加快推进农业农村市场化改革

《国务院关于在市场体系建设中建立公平竞争审查制度的意见》提出“公平竞争是市场经济的基本原则，是市场机制高效运行的重要基础”“统一开放、竞争有序的市场体系，是市场在资源配置中起决定性作用的基础”，要“确立竞争政策基础性地位”。为此，要通过强化公平竞争的理念和社会氛围，以及切实有效的反垄断措施，完善维护公平竞争的市场秩序，促进市场机制有效运转；也要注意科学处理竞争政策和产业政策的关系，积极促进产业政策由选择性向功能性转型，并将产业政策的主要作用框定在市场失灵领域。坚持农业农村优先发展也应注意这一点。

为此，政府要通过强化竞争政策的基础地位，积极营造有利于“三农”发展，并提升其活力、竞争力的市场环境，引导各类经营主体和服务主体在参与乡村振兴的过程中公平竞争，成为富有活力和竞争力的乡村振兴参与者，甚至成为乡村振兴的“领头雁”。要以完善产权制度和要素市场化配置为重点，加快推进农业农村领域的市场化改革，结合发挥典型示范作用，从根本上改善农业农村发展部分领域改革严重滞后于需求，或改革自身亟待转型升级的问题。如在依法保护集体土地所有权和农户承包权的前提下如何平等保护土地经营权等，这方面的改革亟待提速。目

前，由于政府对平等保护土地经营权重视不够，加大了新型农业经营主体的发展困难和风险，也影响了其带动乡村振兴能力提升。近年来，部分地区推动“资源变资产、资金变股金、农民变股东”的改革（简称“三变”改革）创新，初步取得了积极效果。但随着“三变”改革的推进，如何加强相关产权和要素流转平台建设，完善其运行机制，促进其转型升级，亟待后续改革加力跟进。

（二）加快创新相关法律法规和监管规制，优先支持优化农业农村发展环境

通过完善法律法规和监管规则，清除不适应形势变化、影响乡村振兴的制度和环境障碍，可以降低“三农”发展的成本和风险，也有利于促进农业强、农民富、农村美。如近年来虽然农村宅基地制度改革试点积极推进，但实际惠及面仍然有限，导致大量宅基地闲置浪费，严重影响农村土地资源的优化配置，也加大了农村发展新产业、新业态、新模式和建设美丽乡村的困难，制约农民增收。2018年中央一号文件已经为推进农村宅基地制度改革“开了题”，明确提出要“完善农民闲置宅基地和闲置农房政策，探索宅基地所有权、资格权、使用权‘三权分置’，落实宅基地集体所有权，保障宅基地农户资格和农民房屋财产权，适度放活宅基地和农民房屋使用权”。应该说，这方面的政策创新较之前前进了一大步。但农村宅基地制度改革严重滞后于现实需求，导致宅基地流转限制过多、宅基地财产价值难以显性化、农民房屋财产权难以有效保障、宅基地闲置浪费严重等问题日趋凸显，也加大了农村新产业、新业态、新模式发展的用地困难（刘守英，2018）。类似改革仍待进一步扩围提速或延伸推进。

2018年中央一号文件提出“汇聚全社会力量，强化乡村振兴人才支撑”“鼓励社会各界投身乡村建设”，并要求“研究制定鼓励城市专业人才参与乡村振兴的政策”。2018年3月7日，习近平总书记在“两会”期间参加广东代表团审议时，强调“要让精英人才到乡村的舞台上大施拳脚”“城镇化、逆城镇化两个方面都要致力推动”。但现行农村宅基地制度和农房产权制度改革滞后，不仅仅是给盘活闲置宅基地和农房增加了困难，影响农民财产性收入的增长，更重要的是加大了城市人口、人才“下乡”，农村人才“跨社区”居住特别是定居的困难，不利于缓解乡村振兴的“人才缺口”，也不利于农业农村产业更好地对接城乡消费结构升级带来的需求扩张。在部分城郊地区或发达的农村地区，或山清水秀、交通便捷、文化旅游资源丰厚的普通乡村地区，适度扩大农村宅基地制度改革试点范围，鼓励试点地

区加快探索和创新宅基地“三权分置”办法，尤其是适度扩大农村宅基地、农房使用权流转范围，有条件地进一步向热心参与乡村振兴的非本农村集体经济组织成员开放农村宅基地或农房流转、租赁市场。这对于吸引城市或异地人才、带动城市或异地资源（要素）参与乡村振兴来说具有重要性和紧迫性。其意义远远超过增加农民财产性收入的问题，并且已经不是“看清看不清”或“尚待深入研究”的问题，而是应该积极稳健地“鼓励大胆探索”的事情。笔者建议允许这些地区在保护农民基本居住权和“不得违规违法买卖宅基地，严格实行土地用途管制，严格禁止下乡利用农村宅基地建设别墅大院和私人会馆”的基础上，通过推进宅基地使用权资本化等方式，引导农民有偿转让富余的宅基地和农民房屋使用权，允许城乡居民包括“下乡”居住或参与乡村振兴的城市居民有偿获得农民转让的富余或闲置宅基地。在此方面，法国的经验值得参考，具体如下。

从 20 世纪 70 年代中后期开始，随着乡村多元产业的发展和乡村多元价值的提升，包括年轻人在内的部分人口回乡就业创业，一些追求乡村生活的城市人开始在乡村地区定居，促进了乡村活力的提升。在此背景下，法国通过政策、法律和规划手段，如促进土地整理，改善公共服务和基础设施，支持乡村旧有住宅改造和新住宅建设等，满足都市居民到乡村休憩甚至定居方面对“二套房”的需求。这些“二套房”主要集中在沿海地区和山区等文化或自然资源丰富的地区，以及临近大都市的乡村地区。

近年来，许多新产业、新业态、新模式迅速发展，对于加快农村生产方式、生活方式转变的积极作用迅速凸显，但相关政策和监管规则创新不足，成为妨碍其进一步发展的重要障碍。部分地区对新兴产业发展支持力度过大过猛，也给农业农村产业发展带来新的不公平竞争和可持续发展问题。此外，部分新兴产业“先下手为强”“赢者通吃”带来的新垄断问题，加剧了收入分配和发展机会的不均衡。要注意引导完善这些新兴产业的监管规则，创新和优化对新经济垄断现象的治理方式，防止农民在参与新兴产业发展的过程中，成为“分享利益的边缘人，分担成本、风险的核心层”。

此外，坚持农业农村优先发展，要以支持融资、培训、营销平台和技术、信息服务等环境建设，鼓励包容发展、创新能力成长和组织结构优化等为重点，将优化“三农”发展的公共服务和政策环境放在突出地位。相对而言，由于乡村人口和经济密度低、基础设施条件差，加之多数农村企业整合资源、集成要素和垄断市场的能力弱，面向“三农”发展的服务体系建设往往难以绕开交易成本高的困扰。因此，坚持农业农村优先发展，应把加强和优化面向“三农”的服务体系建设放在突出地位，包括优化提升政府主导的公共服务体系，加强对市场化或非营利性服务组织的支持，完善相关体制机制（叶兴庆，2018）。

坚持农业农村优先发展，还应注意以下 2 个方面：一是强化政府对“三农”发展的“兜底”作用，并将其作为加强社会安全网建设的重要内容。近年来，国家推动农业农村基础设施建设，持续改善农村人居环境，加强农村社会保障体系建设，加快建立多层次农业保险体系等措施，都有这方面的作用。二是瞄准推进农业农村产业供给侧结构性改革的重点领域和关键环节，加大引导支持力度。如积极推进质量兴农、绿色兴农，加强粮食生产功能区、重要农产品生产保护区、特色农产品优势区、现代农业产业园、农村产业融合发展示范园、农业科技园区、电商产业园、返乡创业园、特色小镇或田园综合体等农业农村发展的载体建设，更好地发挥其对实施乡村振兴战略的辐射带动作用。

三、坚持城乡融合发展

从党的十六大首次提出“统筹城乡经济社会发展”，到十七届三中全会提出“把加快形成城乡经济社会发展一体化新格局作为根本要求”，再到党的十九大报告首次提出“建立健全城乡融合发展体制机制和政策体系”，这种重大政策导向的演变反映了党对加快形成新型工农城乡关系的认识逐步深化，也顺应了新时代工农城乡关系演变的新特征和新趋势。这与坚持农业农村优先发展的战略导向也是一脉相承、互补共促的。党的十九大报告将“建立健全城乡融合发展体制机制和政策体系”，置于“加快推进农业农村现代化”之前。这说明，建立健全城乡融合发展体制机制和政策体系，同坚持农业农村优先发展一样，也是加快推进实现农业农村现代化的重要手段。

近年来，随着工农、城乡之间相互联系、相互影响、相互作用的增强，城乡之间的人口、资源和要素流动日趋频繁，产业之间的融合渗透和资源、要素、产权之间的交叉重组关系日益显著，城乡之间日益呈现“你中有我，我中有你”的发展格局。越来越多的问题，表现在“三农”，根源在城市（或市民、工业和服务业，下同）；或者表现在城市，根源在“三农”。这些问题，采取“头痛医头、脚痛医脚”的办法越来越难以解决，需要创新路径，通过“头痛医脚”的办法寻求治本之道。因此，建立健全城乡融合发展的体制机制和政策体系，走城乡融合发展之路，越来越成为实施乡村振兴战略的当务之急和战略需要。政府应按照推进新型工业化、信息化、城镇化、农业现代化同步发展的要求，加快形成以工促农、以城带乡、工农互惠、城乡共荣、分工协作、融合互补的新型工农城乡关系。那么，该如何坚持城乡融合发展道路，建立健全城乡融合发展的体制机制和政策体系？可以归纳为以下 3 个方法。

（一）注意同以城市群为主体，构建大中小城市和小城镇协调发展的城镇格局衔接起来

在当前的发展格局下，尽管中国在政策上仍然鼓励“加快培育中小城市和特色小城镇，增强吸纳农业转移人口能力”，但农民工进城仍以流向大中城市和特大城市为主，流向县城和小城镇的人数极其有限。这说明，当前中国大城市、特大城市仍然具有较强的集聚经济、规模经济、范围经济效应，且其就业、增收和其他发展机会更为密集；至于小城镇，就总体而言，情况正好与此相反。因此，在今后相当长的时期内，顺应市场机制的自发作用，优质资源、优质要素和发展机会向大城市、特大城市集中仍是难以从根本扭转的趋势。但是，我们也要看到，这种现象的形成，加剧了区域、城乡发展失衡问题，给培育城市群功能、优化城市群内部不同城市之间的分工协作和优势互补关系，以及加强跨区域生态环境综合整治等增加了障碍；不利于疏通城市人才、资本和要素下乡的渠道，不利于发挥城镇化对乡村振兴的辐射带动作用。

上述现象的形成，同当前的政府政策导向和资源配置过度向大城市、特大城市倾斜也有很大关系，由此带动全国城镇体系结构重心上移。这突出地表现在 2 个方面：一是在政府对重大产业项目、信息化和交通路网等重大基础设施、产权和要素交易市场等重大平台的布局方面，以及在公共服务体系建设投资分配、获取承办重大会展和体育赛事等机会分配方面，大城市、特大城市往往具有中小城市无法比拟的优势。二是许多省区强调省会城市经济首位度不够是其发展面临的突出问题，应该致力于打造省会城市经济圈，努力通过政策和财政金融等资源配置的倾斜，提高省会城市的经济首位度。这容易强化大城市、特大城市的极化效应，弱化其扩散效应，影响其对“三农”发展辐射带动能力的提升，制约以工促农、以城带乡的推进。加之，许多大城市、特大城市的发展片面追求“摊大饼式扩张”，制约其实现集约型、紧凑式发展和创新能力的提升，容易“稀释”其对周边地区和“三农”发展的辐射带动能力，甚至会挤压周边中小城市和小城镇的发展空间，制约周边中小

城市、小城镇对“三农”发展辐射带动能力的成长。

今后，随着农村人口转移进城规模的扩大，乡—城之间通过劳动力就业流动，带动人口流动和家庭迁移的格局正在加快形成。在此背景下，过度强调以大城市、特大城市为重点吸引农村人口转移，会因大城市、特大城市高昂的房价和生活成本，加剧进城农民工或农村转移人口融入城市、实现市民化的困难，容易增加进城后尚待市民化人口与原有市民的矛盾，影响城市甚至城乡社会的稳定和谐。

因此，政府应按照统筹推进乡村振兴和新型城镇化高质量发展的要求，加大国民收入分配格局的调整力度，深化相关改革和制度创新。在引导大城市、特大城市加快集约型、紧凑式发展步伐，并提升城市品质和创新能力的同时，引导这些大城市、特大城市更好地发挥区域中心城市对区域发展和乡村振兴的辐射带动作用。要引导这些大城市、特大城市疏解部分非核心、非必要功能，引导周边卫星城或其他中小城市、小城镇增强功能特色，形成错位发展、分工协作新格局，借此培育特色鲜明、功能互补、融合协调、共生共荣的城市群。这不仅有利于优化城市群内部不同城市之间的分工协作关系，提升城市群系统功能和网络效应，还有利于推进跨区域性基础设施、公共服务能力建设和生态环境综合整治，为城市人才、资本、组织和资源要素“下乡”参与乡村振兴提供便利，有利于更好地促进以工补农、以城带乡和城乡融合互补，增强城市化、城市群对城乡、区域发展和乡村振兴的辐射带动功能，帮助农民增加共商共建共享发展的机会，提高农村共享发展水平。实际上，随着高铁网、航空网和信息网建设的迅速推进，网络经济的去中心化、去层级化特征，也会推动城市空间格局由单极化向多极化和网络化演进，凸显发展城市群、城市圈的重要性和紧迫性。

为更好地增强区域中心城市特别是城市群对乡村振兴的辐射带动力，政府要通过公共资源配置和社会资源分配的倾斜引导，加强链接周边的城际交通、信息等基础设施网络和关键结点、连接线建设，引导城市群内部不同城市之间完善竞争合作和协同发展机制，强化分工协作，增强发展特色，加大生态共治，并协同提升公共服务水平。要以完善产权制度和要素市场化配置为重点，以激活主体、激活要素、激活市场为目标导向，推进有利于城乡融合发展的体制机制改革和政策体系创新，着力提升城市和城市群开放发展、包容发展水平和辐射带动能力。要加大公共资源分配向农业农村的倾斜力度，加强对农村基础设施建设的支持。与此同时，通过深化制度创新，引导城市基础设施和公共服务能力向农村延伸，加强以中心镇、中心村为结点，衔接城乡的农村基础设施、公共服务网络建设。要通过深化改革和政策创新，以及推进“三农”发展的政策转型，鼓励城市企业或涉农龙头企业同农户、农民建立覆盖全程的战略性伙伴关系，完善利益联结机制。

（二）积极发挥国家发展规划对乡村振兴的战略导向作用

党的十九大报告要求“着力构建市场机制有效、微观主体有活力、宏观调控有度的经济体制”，要求“创新和完善宏观调控，发挥国家发展规划的战略导向作用”。2018 年 9 月，中共中央、国务院发布了《国家乡村振兴战略规划（2018—2022）》。同时，2018 年中央一号文件要求各地区各部门编制乡村振兴地方规划和专项规划或方案。要结合规划编制和执行，加强对各级各类规划的统筹管理和系统衔接，通过部署重大工程、重大计划、重大行动，加强对农业农村发展的优先支持，鼓励构建城乡融合发展的体制机制和政策体系。地方在编制和实施乡村振兴规划的过程中，要结合落实主体功能区战略，贯彻中央关于“强化乡村振兴规划引领”的决策部署，促进城乡国土空间开发的统筹，注意发挥规划对统筹城乡生产空间、生活空间、生态空间的引领作用，引导乡村振兴优化空间布局，统筹乡村生产空间、生活空间和生态空间（邓大才，2018）。今后大量游离于城市群之外的小城市、小城镇很可能趋于萎缩，其发展机会很可能会迅速减少。优化乡村振兴的空间布局应该注意这一点。

要注意突出重点、分类施策，在引导农村人口和产业布局适度集中的同时，将中心村、中心镇、小城镇和粮食生产功能区、重要农产品生产保护区、特色农产品优势区、现代农业产业园、农村产业融合发展示范园、农业科技园区、电商产业园、返乡创业园、特色小镇或田园综合体等，作为推进乡村振兴的战略结点。20 世纪 70 年代以来，法国中央政府对乡村地区的关注逐步实现了由乡村全域向发展缓慢地区的转变，通过“乡村行动区”和“乡村更新区”等规划手段干预乡村地区发展；同时逐步形成中央政府和地方乡村市镇合力推动乡村地区发展的局面。乡村市镇主要通过乡村整治规划和土地占用规划等手段，推动乡村地区发展。乡村整治规划由地方政府主导，地方代表、专家和居民可共同参与。中国实施乡村振兴战略要坚持乡村全面振兴，但这并不等于所有乡、所有村都要实现振兴。从法国的经验可以得知，在推进乡村振兴的过程中，找准重点、瞄准薄弱环节和鼓励不同利益相关者参与，都是至关重要的。此外，建设城乡统一的产权市场、要素市场和公共服务平台，也应在规则统一、环境公平的前提下，借鉴政府扶持小微企业发展的思路，通过创新“同等优先”机制，加强对人才和优质资源向农村流动的制度化倾斜支持，缓解市场力量对农村人才和优质资源的“虹吸效应”。

（三）完善农民和农业转移人口

参与发展、培训提能机制推进城乡融合发展，关键要通过体制机制创新。一方面，帮助农村转移人口降低市民化的成本和门槛，让农民获得更多且更加公平、更加稳定、更可持续的发展机会和发展权利；另一方面，增强农民参与新型城镇化和乡村振兴的能力，促进农民更好地融入城市或乡村发展。要以增强农民参与发展能力为导向，完善农民和农业转移人口培训体系，为乡村振兴提供更多的新型职业农民和高素质人口，为新型城镇化提供更多的新型市民和新型产业工人。要结合完善利益联结机制，注意发挥新型经营主体、新型农业服务主体带头人的示范带动作用，促进新型职业农民成长，带动普通农户更好地参与现代农业发展和乡村振兴。要朝着需求导向、产业引领、能力本位、实用为重的方向，加强统筹城乡的职业教育和培训体系建设，通过政府采购公共服务等方式，加强对新型职业农民和新型市民培训能力建设的支持。要创新政府支持方式，支持政府主导的普惠式培训与市场主导的特惠式培训分工协作、优势互补。鼓励平台型企业和市场化培训机构在加强新型职业农民和新型市民培训中发挥中坚作用。要结合创新创业，加强人才实训基地建设，健全以城带乡的农村人力资源保障体系。

四、加强对农村一二三产业融合发展的政策支持

推进城乡融合发展，要把培育城乡有机结合、融合互动的产业体系放在突出地位。推进农村一二三产业融合发展，有利于发挥城市企业、城市产业对农村企业、农村产业发展的引领带动作用。要结合加强城市群发展规划，创新财税、金融、产业、区域等支持政策，引导农村产业融合优化空间布局，强化区域分工协作，发挥城市群和区域中心城市对农村产业融合的引领带动作用。要创新农村产业融合支持政策，引导农村产业融合发展统筹处理服务市民与富裕农民、服务城市与繁荣农村、增强农村发展活力与增加农民收入、推进新型城镇化与建设美丽乡村的关系。鼓励科技人员向科技经纪人和富有创新能力的农村产业融合企业家转型。注意培育企业在统筹城乡发展、推进城乡产业融合中的骨干作用，努力营造产业融合发展带动城乡融合发展新格局。鼓励商会、行业协会和产业联盟在推进产业融合发展中增强引领带动能力。

第四节 美丽乡村建设历程

2012 年 11 月 8 日，党的十八大报告提出："要努力建设美丽中国，实现中华民族永续发展。"第一次提出了"美丽中国"的全新概念，强调必须树立尊重自然、顺应自然、保护自然的生态文明理念，明确提出了包括生态文明建设在内的"五位一体"社会主义建设总布局，即"经济建设、政治建设、文化建设、社会建设、生态文明建设"一体的建设总布局，其内涵体现为五位一体总布局是一个有机整体，其中经济建设是根本，政治建设是保证，文化建设是灵魂，社会建设是条件，生态文明建设是基础。在建设美丽中国的过程中，美丽乡村建设是不可或缺的重要部分。

在 2013 年中共中央一号文件中，第一次提出了要建设"美丽乡村"的奋斗目标，要进一步加强农村生态建设、环境保护和综合整治工作。事实上，中国农村地域占陆地面积的大部分，中国农村人口占了总人口的 50% 左右，因此，要实现党的十八大提出的美丽中国的奋斗目标，就必须加快美丽乡村建设的步伐。

中国长期以来是农业国家，在农村建设过程中，也经历了不同阶段的发展，因此，在研究美丽乡村建设时，有必要回顾中国农村发展的历史。近现代中国农村的发展大致可分为 3 个阶段：20 世纪初、中华人民共和国成立时期、改革开放时期。

一、近代中国农村建设概况

从我国历史上看，对农村建设问题的直接关注起始于近代的中国资本主义发育时期。

1908 年，清政府为适应变革需要，颁布《城镇乡地方自治章程》和《城镇乡地方自治选举章程》，在农村开展了"乡村治理运动"，规定：凡府厅州县官府所在地为城，其余市镇村屯集等地人口满 5 万以上者为镇，不满 5 万者为乡。城镇乡均为地方自治体。乡设立议事会和乡董，实行议行分立。乡议事会在本乡选民中选举产生，为议事机构。乡设乡董、乡佐各 1 名，负责执行议事会议表决事项与地方官府委任办理事务，同时负责筹备议事会选举及议事事务。自治范围囊括了近代一般地方行政的基本内容，包括教育、卫生、道路、农工商务、慈善救济、公共事业及地方财务等事项。这样一来，乡就开始成为一级行政区划和政权机构。这种变革开始改变了传统中国"王权不下县"的局面，也使得国家政权的"触角"伸入到了乡村底层社会，从而强化了对底层民众的控制和征敛。

民国初期，沿袭清末行政区划，县以下设立乡，把乡作为农村基层政权。后来，将“乡”改为“区”。同时，源于清末的地方自治运动继续发展。在军阀统治的部分省份，实行村治，以村为自治单位，而在村之上，有的则设立“区”，一时间，区、乡一度成为自治单位。农村基层政权体制频繁变更，始终未能建立统一、稳定的体系。

1928 年，南京国民政府成立后，先后颁布《县组织法》《乡镇自治施行法》《区自治施行法》等法规，开始实行省、县二级制，县下设区、乡（镇）、闾、邻等“自治”组织。区、乡、镇为自治单位，可以在不抵触中央和省、县法令规则的前提下，制定自治公约，选民可以直接行使创制权、复决权、选举权和罢免权等权利，同时要求完善并充实县、区、乡镇各级行政组织，使各类承担行政职能的人员纳入国家官僚体系之中。通过这些规定，县以下区和乡镇两级行政得到统一，中国传统社会以县为最基层的制度至此正式结束。

1932 年，国民党政府在鄂豫皖三省颁布《剿匪区内各县编制保甲户口条例》，正式实施保甲制。1934 年，这一制度推行到全国。根据规定，保甲的编组以户为单位，户设户长，十户为甲，甲设甲长。十甲设保，保设保长。保甲组织的任务是清查户口，抽捐敛税，抽选壮丁，制定保甲规约，实行连保连坐，建立地方武装，修筑工事等。

尽管民国时期对农村建设与发展的探索进一步深化，在多个省区均发动了“乡村自治运动”，但总体来说，近代的探索主要侧重于农村政治建设方面。

二、中华人民共和国成立时期农村建设概况

对农村经济建设、政治建设等予以较为全面的关注，则起始于 20 世纪 50 年代即中华人民共和国成立初期。这个阶段主要指解放初期至 1978 年 12 月中共党的十一届三中全会以前。

此阶段历时近 30 年，其主要特征是以粮为纲发展阶段。在 20 世纪 50 年代中期，我国就提出“农村现代化”的社会主义新农村建设目标，由于当时社会生产力水平低，农民的温饱还难以保障，建设新农村的任务主要是发展农业互助合作社和人民公社、解放和发展农业生产力，解决农民的温饱和社会粮食需求问题。60 年代中期，“文化大革命”运动开展，使本身就发展缓慢的农业生产也难免遭到中华

人民共和国成立以来最严重的挫折而停滞不前。

三、改革开放时期农村建设概况

这个时期主要指 1978 年 12 月党的十一届三中全会以来，分为 3 个阶段。

（一）市场化发展阶段

即 1978 年 12 月党的十一届三中全会至 2005 年 10 月党的十六届五中全会以前的时期。

改革开放以后，政治上撤社建乡（镇），实行行政村管理体制；经济上推行家庭联产承包责任制，体制上突破计划经济模式，发展社会主义市场经济，极大地调动了亿万农民的积极性，农村生产力获得了空前解放，农村各项事业都获得了飞速进步，农村的发展迎来了前所未有的机遇。党的十五届三中全会高度评价和肯定了农村改革 20 年来所取得的上述成就和丰富经验，并从经济上、政治上、文化上对“建设中国特色社会主义新农村”的任务提出了要求，新农村建设已经成为一个系统工程。

（二）社会主义新农村建设阶段

即 2005 年 10 月中共十六届五中全会至 2007 年 10 月中共十七大的时期。

中共十六届五中全会更加明确具体地提出了社会主义新农村建设的20字方针，即“生产发展、生活宽裕、乡风文明、村容整洁、管理民主”，对新农村建设进行了全面部署。这个时期，我国的经济发展已经基本具备了工业可以反哺农业、城市可以带动农村发展的条件，一方面，国家全面免除了农业四税（农业税、屠宰税、牧业税、农业特产税）和农村“三提五统”（即公积金、公益金和管理费；教育费附加、计划生育费、民政优抚费、民兵训练费、民办交通费等），推行了新农合、农低保、免学费和增加了种粮直补等农村福利政策，推进了农村林权制度改革和农村基层政治改革等。另一方面，国家公共财政逐年加大向“三农”的倾斜，城乡差距逐步缩小，农村逐渐成了城里人羡慕和向往的地方。党的十七大进一步提出“要统筹城乡发展，推进社会主义新农村建设”，把农村建设纳入了国家建设的全局，充分体现了全国一盘棋的科学发展思想。

（三）美丽乡村建设阶段

即 2013 年 1 月以来。

2012 年 11 月，党的十八大报告更是明确提出：“要努力建设美丽中国，实现中华民族永续发展”，第一次提出了城乡统筹协调发展，共建“美丽中国”的全新概念，随即出台的 2013 年中央一号文件，依据美丽中国的理念第一次提出了要建设“美丽乡村”的奋斗目标，新农村建设以“美丽乡村”建设的提法首次在国家层面明确提出。

2015 年中共中央一号文件要求，坚持不懈推进社会主义美丽乡村建设，让农村成为农民安居乐业的美丽家园。

四、美丽乡村与“三农问题”

（一）“三农”问题简析

“三农”问题是指农村、农业、农民这三大问题。其独立的描述是指在广大乡村区域，以种植（养殖）业为主，身份为农民的生存状态的改善、产业发展以及社会进步问题。系统的描述是指 21 世纪的中国，在历史形成的二元社会中，城市不断现代化，二、三产业不断发展，城市居民不断殷实，而农村的进步、农业的发展、农民的小康相对滞后的问题。“三农”问题实际上是一个从事行业、居住地域和主体身份三位一体的问题。

“三农”问题是农业文明向工业文明过渡的必然产物。它不是中国所特有，无论是发达国家还是发展中国家都有过类似的经历，只不过发达国家较好地解决了“三农”问题。

“三农”问题在我国作为一个概念提出来是在 20 世纪 90 年代中期。实际上“三农”问题一直存在，只不过当前我国的“三农”问题显得尤为突出，主要表现在：一是中国农民数量多，解决起来规模大；二是中国的工业化进程单方面独进，“三农”问题积攒的时间长，解决起来难度大；三是中国城市政策设计带来的负面影响和比较效益短时间内凸显，解决起来更加复杂。

在中国解决“三农”问题有其艰巨性、复杂性和特殊性。多年的探索和实践之路昭示人们，“三农”问题的本质是城乡二元社会中城市与农村发展不同步、结构不协调的问题，解决“三农问题”要从“城乡一体化”“三农一体化”着手才能取得实效，而“两个一体化”的重要抓手即是“美丽乡村”建设。随着中国城市化水平的提高，美丽乡村建设最后的关注点会聚集在农民的土地问题上。

（二）2011 年，中国城市人口首次超过乡村人口

中国社会科学院社会学研究所、社会科学文献出版社发布的《2012 年社会蓝

皮书》（简称“蓝皮书”）指出，2011 年中国城镇人口占总人口的比重，数千年来首次超过农业人口，达到 50% 以上。这是中国城市化发展史上具有里程碑意义的一年，标志着我国开始进入以城市社会为主的新成长阶段。继工业化、市场化之后，城市化成为推动中国经济社会发展的巨大引擎。中国城市化水平超过 50%，标志着中国数千年来以农村人口为主的城乡人口结构，在 2011 年发生了根本的逆转。根据国家统计局第六次全国人口普查结果，2010 年年底之前，全国城镇人口就已经达到 49.68%，2011 年年底这一比例已经超过 50%。

“中国从一个具有几千年农业文明历史的农业大国，进入了以城市社会为主的新成长阶段”。蓝皮书的研究报告认为，这种变化不是一个简单的城镇人口百分比的变化，它意味着人们的生产方式、职业结构、消费行为、生活方式、价值观念都将发生极其深刻的变化。继工业化之后，城市化成为推动中国经济社会发展的巨大引擎。工业化、城市化和市场化，已成为拉动中国社会巨大变迁的“三驾马车”。

蓝皮书同时透露，在城市化进程中，29.7% 的农业户籍人口已经居住在城镇，他们不再务农。调查显示，46.6% 的农业人口已经完全从事非农工作，只有 40% 农业人口完全从事农业劳动，兼务农业和非农职业的农业人口占 13.4%。对农民来说，非农就业已经成为主流方向，超过了在农业领域的就业数量。农民的经营收入、打工收入，成为推动农民现金收入快速增长的两大动力。

研究同时提醒，在城市化进程中，中国应该注意避免诸多问题。例如，城市待遇不能均等普及的“半城市化”，政府过度干预的“行政城市化”，城市高速扩张的“房地产城市化”，农民工进城流动务工的“隐性城市化”等，都不利于城市化的健康推进。

（三）乡村建设的关注点是农民的土地问题

无论是社会主义新农村建设，新型社区建设、新型城镇化，还是美丽乡村建设，最后的关注点都聚焦在农民的土地问题上。

现在开展新型农村社区建设，无论是地方领导，还是专家学者都热衷的方式是多村合并。多村合并之后，把人集中起来，然后把宅基地复垦，复垦之后，建设用地指标增减挂钩，占补平衡，这个指标就能出来，尤其是“多规合一”试点区，多村合并是新型农村社区建设的主要途径。

但是，这种大规模的村庄整治，它本身是触动农村生产方式、生活方式和社会文化、政治、经济等各方面结构的一种历史性变革，而且是农村空间布局的重新调整。说得大点，是农村山河的再造，这是比家庭联产承包责任制更大的变动，触及农村的方方面面。这样的话，意味着它不仅仅是一个资源配置的问题，而且是涉及生产力、生产关系、上层建筑和经济基础的大问题，这样的历史性变革，它带来的优越性、好处是什么？它会造成的问题是什么？需要做一个分析。

50 多万个村庄消失，产权确权、组织的发育要重新考虑。乡村治理结构，过去形成一整套正式的制度和非正式制度的安排都要打乱了，这方面的问题必须要慎重，这个过程必须是渐进的，切不可操之过急。

（四）乡村布局问题

做乡村布局规划，首先应该对中国农村农业未来人口结构和农业经营模式有一个基本判断。在未来十几年、几十年内，中国不可能出现像欧美、澳大利亚那样的大农场，未来很长时间内即使要实现 70% ～ 80% 的城镇化率，也还有几亿农民。

重要的是，加快农村地区基础设施建设，加大环境治理和保护力度，营造良好的生态环境，促进农业增效、农民增收。统筹做好城乡协调发展、同步发展，切实提高广大农村地区群众的幸福感和满意度。唯有如此，才能早日实现美丽乡村、美丽中国的奋斗目标。

五、美丽乡村建设与城镇化

城镇化建设是保护美丽乡村的机会。美丽乡村在城镇化进程中，要实现“望得见山、看得见水、记得住乡愁”的目标，需重视以下 4 个方面。

（一）乡村风貌保护要凸显文化传承

城镇建设不仅要有绿水青山，而且还要凸显文化传承。中国传统的自然村落在人地关系的处理方面，集中体现了人与自然和谐相处的生存智慧与“天人合一”的价值理念。在传统自然村落中留存下来的人文景观与自然景观，无论是从中国传统文化的保护和传承，还是从未来新型城乡建设的结构布局，以及城乡关系构建、生态环境与人文体系的重建等角度出发，都是极具保护和利用价值的。事实上大多数城市由于在改造过程中忽视历史和文化景观的保护，已经变得千篇一律，保护中国乡村的人文景观和自然景观，已经是我们保护与传承视觉可见的中国传统文化最后的机会了。

（二）遵循“三个循环”的建设理念，在保护中谋发展

城镇化建设是中国下一轮经济社会发展最重要的支撑点之一，如何在中国这样一个地域辽阔，各地区发展水平极不平衡且城乡差别巨大的国家中实施大规模的城

镇化建设，真正有助于中国实现政治、经济、社会、文化、环境全面协调发展的建设目标，必须在正确的发展理念引领下，选择正确的定位与设计，改变现在通行的拆旧建新模式，在保护中求发展。

单纯保护并不能真正解决由于功能的衰退而引发的自然村落迅速消亡的问题，只有找到新的功能要求和定位，将乡村的改造融入城乡一体化发展的结构布局中去，才能真正达到在合理的功能使用中更加有效和现实地保护自然村落的目的。

在乡村改造中要遵循“三个循环”的建设理念，即在乡村建设的规划设计中贯彻和实现生态循环发展、经济循环发展和社会循环发展的三大基本原则。

生态循环发展的目标是通过太阳能、风能、水力、生物质能及当地可以利用的生态建筑材料等自然资源的利用，同时通过尽可能减少不可降解的材料、化学制品及生活垃圾等因素对农村土壤、水系、空气、居住环境造成的污染等方式，运用乡村建设中“能量守恒”的科学计算方式和设计模式，将乡村建设纳入自然生态循环的体系中去进行。

乡村经济循环发展模式是通过重新构建以现代农业、农产品精加工业和农村服务业为核心的现代农村产业链，并通过土地消耗减量、农村自然资源的合理利用、农村现代产业经济与城市商业和市场经济一体化架构等方法，在实现农村经济自然循环的过程中，实现传统农业向现代农业的过渡转型。

乡村社会循环发展的核心是在构建现代农业产业结构体系与生产方式体系的过程中，创造农村再就业的机会，并通过将农民身份转换为现代农场和农庄的现代农业产业工人及农村服务业的服务人员，以及建立农村社会保障体系等方式，逐步实现乡村与城市社会的同步循环发展。

（三）“三大要素”决定乡村功能的重新定位与设计

居住、生产和乡村休闲旅游三大功能要素及其相互之间的关联性，应该成为乡村改造和更新设计过程中重点思考的问题。将城市居住小区的建筑和景观布局形态直接植入乡村的做法，显然与乡村的自然风貌不协调，这也是造成乡村自然与人文景观遭到整体性破坏的主要原因。

乡村居住改造与更新设计，应当依据地域文化和乡村居住的实际功能，充分利用原有民居及其村落布局形态，充分运用现代建筑的技术手段和新能源新材料新工艺及环保节能的综合设计，进行新旧结合的更新改造。与此同时，进一步完善乡村商业布局以及教育、医疗、文体娱乐和养老等综合服务配套设施的建设，以此来改善和提升乡村居住与生活的整体品质。以现代农业产业及农产品精加工业为核心的农村产业结构布局为依据，以大力推广现代农场、集体农庄和私人租赁农庄及农产品市场销售网络的建设为抓手，重新定位乡村农业生产配套及服务设施建设的合理功能布局，是乡村更新改造设计的重要任务之一。在农家乐基础上发展起来的乡村休闲旅游业是中国农村正在迅速兴起的新型农村服务产业，不仅是农村产业的一种重要补充，而且也是城乡一体化经济及产业链形成过程中一个非常重要的环节，在引导农村建立良性和多元的就业环境以及中国传统乡村和农业文化的体验与传播等方面同样也具有非常积极的作用和意义。事实上只有将乡村风貌保护与更新改造问题纳入城镇与乡村建设的整体功能布局中去思考，才能真正获得机会和成效。

乡村建设的空间布局、肌理、尺度及形态设计是乡村更新设计中需要认真研究和解决的问题。乡村改造与更新设计中的空间布局与形态设计很大程度上是由其特定的自然条件、人文因素和整体功能定位所决定的，这也是不同地域的乡村在空间与形态上形成各自不同的风貌与风格特征的主要依据。如何在城、镇、村的空间秩序编排与形态布局之间形成有机的联系，以及城、镇、村之间交通构联的组织方式、水系改造及绿色廊道的设计等，都是乡村更新设计中需要重点考虑的问题。

（四）建立农村服务业，实现城乡商业一体化

城市与乡村协调发展是中国新一轮城镇化建设与乡村更新设计、建设的关键性问题。中国城乡发展失衡问题的关键在于城乡之间经济发展与商业模式的不协调。大力发展农村服务业和建立城乡商业一体化的市场与经济发展模式，将成为缩小城乡差别，实现城乡同步一体发展的重要前提。

科技与教育水平的落后是中国城乡发展不平衡的另一个重要原因。现代科学技术的应用和引领在中国城镇化建设与乡村改造进程中的重要性是不容置疑的。以农村信息化技术推广应用和科技服务体系建设为先导的农村科技创新和服务能力的全面提升，将是缩小中国城乡差别的另一个重要途径。农村教育水平的低下及由此而造成的农村现代化建设人力资源的短缺和专业人才的匮乏必将成为中国乡村建设进程中的一个发展瓶颈。乡村更新改造成功的重要前提是要在中国广大农村进行广泛而深入的再教育，一方面使得乡村的管理者拥有正确的发展、建设以及管理的理念；另一方面是要让数以亿万计的农民拥有适应现代化农业和农村服务业的从业素

质与技能，某种程度上这要比单纯解决农村福利保障问题更为重要。与此同时，我们需要培养一大批真正了解和懂得中国农村问题及乡村更新改造问题的专业人才、技术人才和新农村的管理人才。

在中国未来的城镇化与乡村建设道路中，如果能够正确定位城镇与乡村发展的关系，并将乡村风貌保护与更新改造问题纳入城镇化建设的整体功能布局中去，那么中国的城镇化建设非但不会以牺牲乡村为代价，相反能够尽可能保护中国的乡村风貌，实现习近平总书记提出的“望得见山、看得见水、记得住乡愁”。

第五节 新时代美丽乡村发展方向

一、美丽乡村之“生活美”

（一）改善住宅状况

1. 传统农宅整治

传统村落传承着历史记忆、生产生活智慧、文化艺术结晶和民族地域特色，在美丽乡村建设中应积极保护传统农宅风貌。传统农宅具有典型的特征元素，建筑风貌较古朴。但大部分传统农宅建筑质量较差，在保持原有风貌的基础上，改造建筑结构，加固建筑，提高建筑质量。

2. 现代农宅整治

现代农宅基本为砖结构，建筑质量较好，但部分农宅样式失去传统地域建筑元素，没有体现建筑地域文化特色；因此，应在经济条件允许的情况下，通过统一规划引导，使其完善自身功能的同时，体现村庄特色地域建筑风貌。

3. 新建农宅

新建农宅应符合当地居住习惯，并在传统农宅户型基础上改造为合理的建筑及院落布局形式。

（二）改善院内宅旁及乡村公共环境

1. 农宅庭院环境整治

内庭院：面积较小的院落以铺装场地为主，结合院角可设计种植池，周边以石材或烧结砖收边，种植低矮庭院花卉，如大丽花、波斯菊等，美化庭院环境；面积较大的院落可进行功能升级，打造餐饮接待型院落，院落改造以硬质铺地为主，充分利用花架和休憩小品创造舒适的游客用餐环境。

外庭院（宅旁）：利用宅旁、外庭院种植蔬菜或庭院花果树植物。着力打造乡村特色景观，区别于城市绿地景观。外庭院发挥景观效益的同时可带来一定的经济效益。

2. 乡村公共环境

乡村公共环境包括街巷空间、公共绿地。街巷空间通过改造满足其适用性的基础上，重点加强街巷空间的景观性。主要道路两侧种植当地植物作为行道树，次要道路及巷道空间可通过道路旁小绿地种植花灌木，设置花景来营造乡村古朴清新的村庄街道空间。

乡村公共绿地应具有乡村文化特色，便于村民使用，具有村庄特有的环境景观绿地。一般应设置铺装活动小场地、游步路、文化景观小品等，植物应选用当地乡土树种，田园特色植被。

（三）完善乡村基础设施

1. 道路

通过“美丽乡村”规划，科学合理地指导构建乡村道路系统。具体道路建设中，对各级道路采取不同硬化措施。村庄主要交通路面采用水泥硬化，次要道路以砖石铺砌为主。

2. 给排水

合理选择水源，确保乡村安全饮水，按照规划布设给水管道。乡村雨水排放采取边沟和地表径流相结合的方式，边沟采取明沟暗渠相结合形式。生活污水不含重金属和有害物质，含有一定量的氮和磷，可生化性好，通过针对性较强的厌氧沼气池初步处理后排入路边暗沟，有条件的地区设人工湿地进行二次处理，最后汇入乡村河道，作为景观用水。一般排水沟渠采用明沟盖板，造价低，方便清淤维护。

3. 供电照明

供电线路：梳理供电线路，因旧农宅布局混乱而混乱的线路应重新根据住宅布局规划调整，近期架空，远期地埋。

村庄亮化： 结合“美丽乡村”安全高效的原则，同时结合实际情况，在有条件的地区，乡村亮化建议使用太阳能路灯对村庄实行全覆盖亮化。太阳能路灯安装简便，不用敷设复杂线路，制作水泥基座及电池坑，用镀锌螺栓固定即可。

交通性道路路灯： 村庄主要道路照明灯设置应满足各类车辆行车需求，可根据村庄道路宽度对路灯进行单、双侧布置，从而节约成本。一般村庄外环路建议4050米一盏。

生活性道路路灯： 村庄次要道路和巷道，沿路布置兼有照明和景观功能的太阳能灯。一般村庄内部路安装路灯建议3040米一盏。

为满足电信和有线电视发展需要，根据不同村庄用量的预测，设置一定数量的电信光缆接入模块点和有线电视光节点机，向用户提供语音、数据、视频及多媒体等各种服务。

4. 能源

改变能源结构，提倡使用无污染且储存便利的燃料。改造厨房设备，提倡使用气化秸秆、沼气、液化气、煤气等环保燃料。将秸秆集中处理，加工饲料，作为燃气生产原料，集中堆肥。

5. 环保环卫

建立和逐步完善垃圾减量化—废旧物质回收—能源回收—安全填埋—转运处理的垃圾资源综合开发与利用系统。

构建乡村环保环卫体系，配置相应垃圾收集设施，并通过学校宣传教育，加强青少年垃圾分类意识，校内开展宣传活动对村民进行垃圾分类讲解。建设垃圾收集池、填埋场、转运站等各类垃圾处理设施。组建环境卫生监督管理队伍，积极推行村民自治与相关部门协作，提高村民自身环保意识。在乡村主干路两侧合适的地段根据服务半径200～300米设置公共厕所，并进行绿化隔离。建议使用分集式生态卫生旱厕。不排放污水，粪尿分集，无害化，可用于农业生态循环。

（四）完善配套乡村公共服务体系

当前农村公共服务体系不仅落后于城市，而且跟不上农业经济发展的需要，严重影响着农民生活质量的提高，制约着农业现代化发展。按照党的十八大提出的着力推进城乡基本公共服务均等化的要求，通过整合现有资源，构建多元化投资渠道，建立城乡统筹的公共服务制度，形成“设施配套、资源整合、功能完善、管理有序、服务到位、保障有力、村民满意”的村级公共服务运行维护体系。加强农村公共服务体系建设是进一步深化农村综合改革，切实提高农村公共服务水平，推进城乡基本公共服务均等化的重要举措。

针对当前农村公共服务范围、项目、标准没有统一的规定，缺乏统一规范和指导，加上山区村集体经济较多空壳村，无力进行公共服务投入，导致一些农村公共服务设施在建设过程中留有资金缺口，在维护管理过程中相关安排运转经费不足，村里“有了马却配不起鞍”，而且设施越多，服务越多，包袱就越重，一些服务设施只能处于半闲置状态，弱化了公共服务设施的使用效率，而且埋下了增加村级债务和加重农民负担的隐患。因此，农村公共服务运行维护建设要选择一些符合村级公共服务发展及亟待解决的项目去落实，适当拓展服务内容，并进一步规范化。

农村公共服务运行工作涉及面宽，政策性强，触及层次深，协调各方利益统筹推进的难度大、要求高，针对农民客观存在的求医问药难、求学求知难、享受文化生活难、渴盼科技服务难等，必须因地制宜。充分利用现有资源建立完善村级公共服务平台，根据各乡村财力最大限度地将农村义务教育、医疗卫生、文化体育、休闲娱乐、科技培训等公共服务建设和运转纳入保障范围，建立健全透明公开的考核机制，进一步规范、细化服务内容。

农村公共服务要结合实际，按照服务区域最大化、服务成本最小化、服务成本最优化的原则，从农村和农民最关心、最直接、最现实的服务项目着手，围绕学前教育、文化体育、卫生计生、关爱空巢老人和留守儿童等方面，稳步拓展公共服务内容。不搞形式主义，不增加农民负担，让农民得到实惠。

（五）完善乡村公共服务的措施和途径

1. 加快资金整合

对现有村级各项资金进行清理归类。适用于村级公共服务平台建设的资金，以项目为载体进行整合；适用于村级公共服务运行维护的资金，统筹安排。这些资金包括：“一事一议”财政奖补资金、支持产业发展资金、村级办公场所建设资金、广播电视“村村通”工程资金、农家书屋建设资金、农民体育健身工程资金、村级警务室建设资金、村卫生室建设和农村基层医疗卫生建设资金、农村基层计划生育服务体系建设资金等。整合后的各项资金，以村或项目为单位统筹使用。

2. 拓展涉村建设内容

加强农村基础教育，抓好农村师资队伍建设，全面提升农村办学实力；建立农村文化娱乐活动场所，组织农民文艺宣传队伍；建立农村影视厅，完善和充实图书资料室；加强对公共卫生工作的监督、管理和指导。

3. 选准重点支持环节

依托村级公共服务平台，拓展面向全体村民的公共服务项目。一是代理代办服务，主要是受理村民委托代办的各种关系接转、证照办理以及受托办理保险和救济、惠农资金发放等事项。二是农业生产服务，主要是农业科技推广、动植物疫病防控、土地流转、农用生产资料供应、村级各项基础设施管护、农业信息查询、政策咨询等。三是社会管理和社会事业服务，主要是村民劳动就业、社会保险、社会服务、医疗卫生、计划生育、文体教育、农村安全、法律宣传援助、人民调解以及为农村优抚对象、低收入人群、未成年人、老年人、残疾人等特殊群体服务。

4. 加强服务项目遴选

充分发挥村民民主议事的作用，为农民提供的公共服务，要充分征求农民意愿，真正把村级公共服务体系建设成为造福百姓的民心工程。根据农村实际需求，不断丰富和完善村级基本公共服务内容。

二、美丽乡村之“生态美”

乡村生态环境建设，关乎广大农民群众切身利益，对于促进农村经济发展和社会进步具有重要意义。近年来，浙江省各地越来越重视农村生态环境建设，针对改善农村生态环境做了大量工作。但农村生态环境建设中仍存在诸多亟待解决的问题，特别是环境污染问题突出，生态环境保护压力巨大。

（一）乡村生态体系建设存在的问题

（1）长期不合理使用农药、化肥、除草剂、生长调节剂等，造成农业污染积累，生态环境退化。

（2）乡村企业对生态环境存在一定程度的破坏。

（3）规模化禽畜养殖场大部分没有污染防治设施，对环境造成污染。

（4）生活垃圾及污水乱倒或未能及时清运，对环境造成污染。

（二）构建乡村生态安全体系的措施

（1）加强环保宣传工作，提高农村群众的环保意识；通过宣传普及环境知识，让公众认识到农村生态环境恶化的现状及其危害，增强危机感、紧迫感和责任心。

（2）坚持城乡统筹发展，制定和实施与农村生态环境特点和环保要求相适应的政策。

（3）完善农村生态环境建设监管机制。

（4）加大农村生态环境保护的财政投入，探索多元化投入方式。

（5）积极发展循环经济和生态农业，促进农村经济社会和环境的协调发展。

（6）严格控制高耗、污染企业的引入，加大对乡村企业和养殖业的环境整治力度。

（7）开展农村新能源建设，改善空气质量。

（8）做好对种植业和畜禽养殖业等农业面源污染的动态监测，保护水环境安全。

（9）加强乡村生态安全建设。在有山体的乡村，做好山体生态林、经济林建设，村庄外围山脚边缘设置截洪沟，对雨水进行截流，最终排入河道。

对乡村内的河道进行整治：①上疏。河道上游主要通过疏浚干涸河道，清淤、除污、护坡等工程措施疏通河道，恢复河道功能。加固河道护坡，构筑河道岸线。②中蓄。河道中游可通过拦河坝、河堤、护坡等工程措施对上游来的河流进行蓄水，并通过对山体冲沟进行生态截流，使雨天形成的山洪能逐渐过滤最终并入水体，丰富水源的同时保障村庄安全。③下修。河道下游进行生态修复，重新构建完善区域水文生态系统。建立生态河床、生态护坡，通过卵石、条石等自然材料或植物建立护岸，还原水系自然原貌。通过局部拓宽水面形成浅水湾进行蓄水及亲水设施设置，利于沿岸亲水植物的设置，满足景观要求。通过建立湿地系统，一定程度上降低下游对中上游水系的依赖程度，使得水系景观得以延续；还可以吸纳并沉淀过滤村庄地表径流和部分生活用水。

山体大力造林，进行生态绿化，选择耐旱、耐高温、耐盐碱的乡村树种（如旱柳、柽柳、樟子松、刺柏等），并采用乔灌草结合的造林模式。在干旱、半干旱地区，运用植物化学抗旱剂和保水剂，解决缺水问题，提高造林成活率。

（三）营造乡村大环境的方法

在乡村建设区外围构建生态农田、生态林、经济林，在乡村对外交通沿线构建防护林带，利用乡村山体、自然河道、水库等构建具有生态防护兼景观性的郊野绿地。

三、美丽乡村之“生产美”

（一）大力发展乡村产业，提升村庄经济活力

着力培育“一村一品”经济和主导产业，逐步做大做强，加快农业和农村经济持续健康发展。坚持以发展农村经济、增加农民收入、建设新型美丽乡村为核心，推进生产经营产业化、农业技术集成化、农业生产机械化、基础设施配套化、农业服务社会化。积极引导推进农村土地规模经营，加快农业生产方式由小农生产向社会化大生产转变；农业增长方式由粗放型向集约型转变；农业利用方式由资源消耗、环境污染型向资源节约、环境友好型转变。全面提高劳动生产率、土地产出率、资源利用率和可持续发展能力。

1. 农业

以规模化、集约化、市场化为方向，以温室大棚为主导，在有条件的地方建立蔬菜生产基地，发展高效农业。以“基地＋农户＋合作社＋市场”和“公司＋基地＋农户”的经营模式，通过市场化手段推动蔬菜产业发展。

2. 乡村旅游产业

乡村的清新空气、原生态的田园风光、原汁原味的人文景观和当地土生土长的农副产品吸引着居住在城市的人们，乡村旅游已逐渐成为人们节假日休闲的主要方式之一，成为农村经济发展的新的增长点。

乡村旅游目前尚存在一些问题：乡村游大多是自发的散客游和自助游形式，乡村游的内容主要是自然风光和农家乐，农民个体经营的小规模果园观光、休闲农庄或田园观光项目。大部分都与乡村文化和乡土文化资源没有太大关系。从长远看，这种各地都有、较容易形成的乡村自然风景和果园观光项目，开发模式较为单一，内容大同小异，地方特色不突出，经过一段时间后容易引起审美疲劳，发展潜力有限，前景不容乐观。现有的乡村旅游内容与当地文化资源的联系不够紧密，没有从当地文化资源的自身优势和风土人情的实际情况出发，缺乏文化内涵和地方特色。

当前需要进一步挖掘和整合乡村旅游的资源，开拓乡村文化旅游的内容和形式，突出乡土文化特色，保护、开发和利用乡土文化遗产，从而促进乡村旅游经济

的发展。

充分利用旅游产业发展契机，引导优势资源整合，进行传统农业升级，通过相关旅游配套服务设施建设，实现村庄农业产业与旅游产业的有机结合。比如，结合当地农家乐、生态农业，将田园观光与乡土遗产观光一并开发，打造出具有浓郁乡土气息、原汁原味的“乡土性”旅游品牌。

通过院落经济模式为剩余适龄劳动人口创造“家庭就业”方式，扩展经济收入渠道，吸引村庄外出人口回村就地就业，防止村庄“空心化”，恢复村庄活力。

3. 养殖产业

浙江省农村养殖业存在的问题：受自然条件和客观条件限制，多数地区还是采用分散养殖的形式，在生产中遇到各种问题，经济效益不高，制约养殖业的进一步发展。家庭户散养畜禽疫病防治不当，防疫不达标，致使禽畜死亡率高，经济损失大。农民信息闭塞，不能准确把握市场行情。养殖数量、规模随产品价格起伏而波动，造成农户在生产中获利不多，甚至赔本。农户小规模的养殖无固定销售渠道，影响经济效益。畜禽产品加工龙头企业少，辐射带动力不强，产业链接不紧密，产品档次不高，市场竞争力差；缺乏政府部门科学有效的引导和技术支持，产业发展缓慢。

养殖业发展对策：发展专业化、集约化程度较高的规模化养殖，生产管理实行标准化、程序化，经营机制向生产和经营一体化的方向发展。高标准、严要求控制畜禽营养、饲料、环境、疫情，注重经济效益、社会效益与生态效益的协调统一。

（二）着力发展高效农业

对村庄劳动人员进行特色产业农业技术的专业培训，推广养殖新技术、新经验，引进新品种，发展现代无公害、无污染的特色生态蔬菜，创“绿色生态蔬菜”品牌，规模化生产提高经济效益。从当地资源条件出发，以市场为导向，以发展生态农业为基础，以农业产业化为动力，以设施和特色农业为辅助，通过发展生态农业与农业产业化相结合的高效农业生产经营模式，大幅度提高资源产出率、土地生产率，生产系列质量安全农产品；防止污染、保护资源，实现农业可持续发展，逐步建设一个资源节约型、经营集约化、生产商品化和产品优质化的现代化农业。

四、美丽乡村之“文化美”

（一）加大对农村文化设施建设的经费投入

农村文化设施建设，经费投入是关键。只有为文化设施建设提供充足的经济保障，各项文化设施正常才有可能真正落到实处。文化设施建设要坚持以政府为主导，社会各阶层普遍参与的理念。政府利用财政税收等手段，确保文化事业经费的安排应向基层文化建设项目上倾斜，保证有影响的重大群众文化设施的经费投入。政府可出台政策，鼓励社会资金流入农村文化设施建设，对向农村文化设施建设投资的企业、个人给予政策上的扶持、奖励政策，如为公益性文化事业建设的资金投入，税收减免，社会捐赠、公益赞助提供优惠和便利。政府在资金的投入使用上也应该充分发挥其杠杆的调节作用。应充分考虑各个乡镇的历史、地理条件，资金应向文化设施较薄弱、较偏僻的地区倾斜；经济较发达、设施较齐全的地方可依靠社会力量来完善其设备。加大对欠发达地区的图书馆、文化活动院的建设、扩建，力求缩小地区差距，促进各地区间的平衡发展。这样，逐步建立一个由政府、社会、个人相结合的多元化投入体系，再加上政府的调节作用，农村的文化设施建设资金就会转动起来，必将推动文化设施建设向前发展。

（二）完善农村文化活动网络

完善乡、村、社三级文化网络，在乡、村、社三级都设文化站，乡文化站成员由乡上专职干部担任，村社级文化站站长由村民选举产生，这三级文化网络的构建对农村文化建设可以起到非常重要的作用。

（三）发掘农村“文化能人”，发挥其带动作用

由一些有文艺特长的村民带动，组织“自乐班”，组织演出。在基层挖掘优秀文娱人才是农村文化建设的一条必由之路。

（四）建立一套比较健全的考核机制，调动乡镇文化干部的主动性

将文化设施建设归入地方官员的重要工作之中，归入干部考核晋升的指标之中，归入地方经济和社会发展的规划之中，尽快出台各地区农村文化建设的总体规划和实施意见、配套政策，建立起农村文化工作目标责任制，对文化事业发展必备的基础设施和队伍建设做定期考核。这样，地方领导干部建设文化设施的积极性就会被调动起来，就会想方设法改变当地的文化设施，丰富本地居民的文化生活。

（五）加强对文化设施的管理，提高其利用率

文化设施建设是前提条件，充实村民的精神文化生活是最终目的。文化设施空于建设，不被充分利用是不正常的现象。乡镇文化中心应扩大对外开放的程度，政府应在节假日到农村送戏、放电影、举行演出，使设备尽其所用。

（六）文化设施建设要因地制宜，切实考虑当地居民的实际需要

文化设施建设可以根据不同地区的文化有其自身不同的风格，突出当地特色。农村文化设施建设要了解农民的需要，农家书屋、图书馆要以农民感兴趣的且通俗易懂的科学致富类书籍为主，如农业种植、畜牧养殖、农业管理和健康文化宣传之类的图书应占据重要部分，图书馆要长期开放，以满足不同时期农民的不同需求。另外，村里的报刊栏、黑板报也可用来向村民宣传一些健康养生等方面的内容。农村文化设施建设要考虑其服务的对象。在农村，青壮年劳动力大量外出务工，农村的常住人口实际是以老人和孩子为主。孩子上学之后，家中就只剩老人，为使老年人不仅老有所养，更要老有所乐，农村组建吹拉弹唱班，老人们在一块互相学习，相互作伴，有人弹有人唱，其乐融融。此外，乡村有一部分棋牌爱好者，在农村建设棋牌室也是必不可少的。在农村文化设施建设中，也应该有孩子的“一席之地”。在经济较发达、有条件的乡村应建设游乐场，为乡村孩子们提供安全舒适的游乐环境，使孩子们在游乐的同时，提高智力、动手能力及合作能力，使儿童既能有所玩，也能有所学。

（七）政府在重组织的同时，应当加大创新力度

基层干部认为，农村文化创新是促进其发展的重要措施，各地政府部门应当在组织农村文化活动时，重视对于各类活动从创作到组织到演出的创新，以便使农村文艺节目更多地受到农民的喜爱。

（八）国家加大对农村文艺创作的投入

鼓励文艺工作者到农村采访，体验生活，创作贴近群众生活的、健康向上的作品。同时考虑到农民的消费能力，农村题材的作品在市场上可能处于一定的劣势，国家应当完善补偿机制，保证文艺工作者在市场上有一定的利润可图。农村文化具有很强的生命力，如果政府能够扩大创作投入，培育起农村文化消费市场，这不仅对活跃农村文化有好处，同时也可能将扩大农村文化市场，对农村经济的发展也具有极大的好处。

第二章 绍兴市：走进稽山鉴水 寻味“六美”乡村

第一节 加快推动“三农”的高质量发展

为贯彻落实农业农村优先发展总方针，推动“三农”高质量发展，助推乡村振兴战略实施，主要从以下方面进行。

一、大力发展高效生态农业

（一）稳定粮食生产

对全年稻麦复种或一季旱粮种植或“三园”地间作套种同一旱粮作物（不含大小麦）50 亩[①]以上的规模种粮主体按实际种植面积给予每亩不低于 140 元的直接补贴（市区补贴标准为每亩 140 元）；鼓励早稻生产，各区、县（市）根据当地实际制定相应早稻种植补贴政策。对种植早稻后进行机插连作晚稻面积 50 亩以上的生产主体，按机插连作晚稻面积，由各区、县（市）给予每亩 50 元的补贴；执行种粮大户贷款贴息扶持政策。

支持推进高标准农田建设，保持或适当提高原补助标准，其中亩均建设标准一般不低于 1800 元，所需地方配套资金从当地土地出让收入中列支。

（二）传承发展特色经典产业

传承发展茶产业，对获得“省级标准化名茶厂”的茶企，每家奖励 10 万元；对列入省新产品试制计划，并通过鉴定获得省科技成果登记证书的茶叶新产品、茶叶精深加工新产品或茶衍生新产品，每个新产品奖励 5 万元。

传承发展市花（兰花）产业，对列入省级、市级科研计划的兰花科研项目，分别追加补助 3 万元、2 万元；对兰花新品种参加国家级、省级评比并获得一等奖（金奖）的，分别奖励 2 万元、1 万元；对“市花学校”，最高奖励 10 万元。

传承发展市树（香榧）产业，对列入省、市科研计划的香榧科研项目，分别奖

① 1 亩≈667 平方米，1 公顷 =15 亩，全书同。

励 3 万元、2 万元；对香榧及衍生产品参加全国、省相关展销评比，并获一等奖（金奖）的，分别奖励 2 万元、1 万元；开展香榧“六进”活动，对相关实施单位进行年度补助，最高不超过 30 万元。

加快珍珠产业转型升级，对实施智能大棚循环养殖、自动化管网式清水养殖等生态高效项目，且当年完成投资额 500 万元以上的经营主体，按投资额 10% 给予补助，最高不超过 100 万元；推进珍珠生态化养殖，对养殖 100 亩及以上的规模经营主体，且按养殖面积 10%（含）以上建有并运行养殖尾水处理池、年度水质检测综合评定合格的，给予每亩 100 元补助。

支持黄酒产业发展，加大优质糯稻选育，对经审定并具有推广价值适宜绍兴酒酿制的优质糯稻新品种，给予每个 30 万元奖励；对开展黄酒原产地保护区糯稻种植基地试点项目的经营主体，在享受规模种粮补贴基础上，给予每亩 500 元补助。

（三）推进农业绿色发展

支持粮食绿色高效生产，对创建绿色防控与统防统治融合示范区的经营主体，每个奖励 8 万元；对已通过验收的绿色防控示范区，继续开展绿色防控示范的经营主体，每个奖补 4 万元；对创建农作制度创新示范基地的经营主体，每个奖补 2 万元；对创建绿色高产示范方的经营主体，每个奖补 3 万元；对创建耕地质量提升实施化肥施用定额制的经营主体，每个奖补 3 万元。

推进生态化养殖，对养殖面积 30 亩及以上的规模经营主体，当年按养殖面积 6%（含）以上新建并运行养殖尾水处理池、年水质检测 2 次（含）以上且合格（标准另定），按基地池塘（含尾水处理池）面积给予每亩 100 元，最高不超过 10 万元的一次性奖补。

引导茶产业绿色发展，对规模 100 亩及以上的茶业生产主体购买并使用太阳能杀虫灯的，按购入额的 30% 进行补助，最高不超过 10 万元；对规模 100 亩及以上的茶园按生态、有机方式进行生产管理，接受茶叶主管部门监管、检测，产品质量达到有机食品茶叶质量标准的，给予 1 万～ 2 万元奖补；对按标准进行清洁化改造的初制茶厂，每个奖励 4 万元。

实施茶园土壤改良试点，每个区、县（市）确定一个规模 100 亩以上茶叶生产主体，重点向茶叶优势区、生态有机茶园的主体倾斜，指导综合施用商品有机肥、农家肥（菜籽饼）等肥料，提升茶园土壤肥力，对其肥料投入品给予 30% 的一次性补助（每亩补助最高不超过 300 元），最高不超过 10 万元。

有效减轻茶企用工成本，对规模100亩以上、用工50人以上茶叶生产主体，在春茶采摘期间雇用茶叶务工人员投保人身意外伤害保险的，按主体缴纳保费的50%给予一次性补助（单人保费补助最高不超过60元，补助人数不超过每2亩1人）。

支持猪粪发酵罐资源化利用技术推广。对年存栏生猪3000头以上的规模猪场新建猪粪发酵罐设备（罐体容积≥80立方米）并正常处置猪粪的，市财政给予10万元/场的资金补助，县级财政至少按1∶1予以配套。

加强“菜篮子”基地绿色防控，对市级“菜篮子”蔬菜基地实施病虫害物理防控补助，凡购买性诱剂、粘虫板、杀虫灯、防虫网等设施，按购买金额的80%予以补助，每亩最高补助不超过80元。

（四）加快农业领域“机器换人”

支持粮食生产全程机械化和社会化服务体系建设，对秸秆综合利用、高效植保、侧深施肥、履带式拖拉机等重点农业机械，在中央、省补贴的基础上，可实行地方定额追加补贴，具体机具类型和追加补贴额度由各区、县（市）确定；对购置稻米加工包装设备投资额在30万元及以上且用地规范的经营主体，按设备投资额的50%给予奖补（列入农机购置补贴目录的不再补助），最高不超过30万元；对开展稻米加工服务且年服务数量达到200吨及以上的经营主体，每个奖补2万元；对用植保无人飞机（需列入省农机购置补贴试点产品）开展飞防服务，服务面积超过1000亩的经营主体，由各区、县（市）给予不低于每亩2.5元的作业奖励。

鼓励提前报废本地籍（即在本市注册登记的）变型拖拉机，在2020年7月1日至2021年6月30日期间提前报废的本地籍变型拖拉机，依据拖拉机强制报废年月，按每提前1个月份每台300元的标准给予提前报废补贴。补贴资金由所在区、县（市）财政承担。

二、加快促进产业融合发展

（一）发展农产品精深加工

对农业企业实施的符合产业发展导向的成套设备（不包含配套附属设施）引进，当年完成设备投资额300万元及以上的，按设备投资额的8%给予补助，最高不超过100万元；对投资30万元及以上新购置成套茶叶生产加工设备的生产经营主体，按投资额的20%给予补助，最高不超过30万元；对列入产业提升“2020计划”项目建设主体，完成当年建设任务，评定为产业提升“2020计划”示范项目的（不超过20个），根据考评情况以奖代补，考评居前50%的每个给予20万元奖补，其余的减半奖补（已享受市级以上补助的不重复奖补）。

（二）拓展农业多种功能

对创建成为市级美丽田园、美丽茶园、美丽果园、美丽（放心）菜园、美丽渔场、美丽生态牧场的主体，分别给予补助，其中美丽生态牧场每个补助4万元，其他每个补助5万～10万元。对评为省级数字化牧场的，每个补助5万元。

对获国家级、省级休闲渔业基地的，每个奖励5万元、3万元；对获得国家、省级林业主管部门命名（认定）的森林休闲养生示范区（森林康养基地），每个奖励30万元、20万元；对新建立国家级、省级森林公园（湿地公园、自然保护区）的，每个奖励30万元、20万元；对获得省级林业主管部门命名（认定）的森林特色小镇、森林人家的，每个奖励20万元、10万元；对获得全国、省森林生态文化类（生态文化基地、生态文化村、森林文化小镇等）荣誉称号的，每个奖励15万元、10万元。

对林业主管部门组织实施的森林步道（含森林骑行道、古道等）建设项目的乡镇（街道）和森林经营单位等，按项目决算投资额和该项目独立费用（含建设单位和项目主管部门实施和验收该项目所产生的设计、监理、招投标、审计等费用）总和的80%给予补助，其中市级补助40%，单个项目最高不超过80万元，其余由各区、县（市）承担。

（三）促进农村电子商务发展

支持茶叶电商发展，对通过电子商务销售本市生产茶叶，年度销售额首次达到100万元、500万元、1000万元、5000万元及以上的生产经营主体或电商，给予1万元、5万元、10万元、30万元奖励；已享受过奖励的生产经营主体或电商，本年度销售额比奖励年度（以获奖励年度最高销售额为准）增加100万元、500万元、1000万元、5000万元及以上的，给予1万元、5万元、10万元、30万元奖励。

对茶叶生产主体在淘宝、天猫、京东、微信等网络销售平台设立店铺销售绍兴本地茶叶，累计年销售额20万元以上的，给予50%的运费补助，最高补助不超过2万元。

（四）完善农产品流通体系

支持规模农产品生产基地开展产地配送、直供直销、“互联网+”为重点的新型流通体系项目建设，对冷藏保鲜、分拣包装、冷链物流设施（设备）等项目按实际投资额的20%给予补助，最高不超过50万元；对农业生产经营主体在生鲜超市、农贸市场等建立直供直销点（20平方米以上）的，按每个给予2万元补助。鼓励农产品流通市场开辟绍兴产地农产品销售专区（面积100平方米以上），按每平方米500元进行补助，最高不超过20万元。支持符合条件的市场流通主体开展猪肉产品冷链配送，对其冷链设备按投资额20%给予补助，最高不超过50万元。

三、积极培育新型农业经营主体

（一）做大做强农业龙头企业

对完成股改的规模农业企业，给予50万元奖励；对主板、中小板、创业板、科创板和境外上市的规模农业企业，给予300万元的一次性奖励；对在“新三板”、浙江股权交易中心成长板成功挂牌的农业企业，分别给予30万元、20万元的一次性奖励；对已挂牌企业成功转板的，按相应政策给予差额奖励。对新认定为国家级、省级农（渔、林）业龙头企业称号的，分别奖励10万元、5万元；对企业加强科技研发，建设研究院，经考评认定为市级重点农业企业研究院的，每个补助10万元。

（二）培优家庭农场、农民专业合作社

对新获评国家级、省级示范性家庭林场、示范性专业合作社的，分别奖励10万元、5万元；对评为市级示范特色家庭农场的，每家奖补10万元；对新组建惠农担保合作社（机构）并开展林权抵押贷款、公益林补偿收益权质押贷款等担保业务的经营主体，一次性奖励5万元。创建成功农业农村部、省农业农村厅健康养殖示范场的，每家奖励1万元；通过复查换证的，每家奖励2000元。

（三）扶持农创客创业创新

对大学生农创客牵头新创办农业组织，且承包土地30亩以上（粮食100亩以上）、期限在3年以上并签订规范化承包（流转）合同的，一次性补助2万元；对大学生农创客创办符合产业发展导向，且当年完成设备投资额50万元以上的农产品加工企业，按设备投资额的20%给予补助，最高不超过30万元；对大学生农创客创办农资、农技、农机专业性社会化服务组织，且当年服务面积（不重复计算）在2000亩以

上的，一次性奖励2万元；对大学生农创客发展联合会新创办农创客销售展示中心，面积达150平方米以上，并组建专门销售团队，销售我市大学生农创客农副产品100万元以上，经认定一次性补助10万元；对大学生农创客新注册农产品商标，每只奖励1000元；对大学生农创客处于初创期因生产型、加工型农业项目发展需要发生贷款的，按贷款利息的20%给予补助，最高不超过5万元；对举办大学生农创客创业大赛、创业成果展示展销、创业培训辅导等专场活动的，活动直接费用全额补助；对市大学生农创客发展联合会创办的创业服务平台，一次性补助10万元。

（四）加强农业品牌建设

创新制定主导产业地方质量等级标准，每个奖补10万元。对新获评国家、省级优秀区域性公用品牌，分别奖励10万元、5万元。对认定为国家级名牌农产品的，每项奖补5万元；认定为省级名牌农产品、知名农产品品牌的，每项奖补3万元；对国家相关部委新认证地理标志农产品（商标）的，每项奖补10万元；对经农业农村部新认证的绿色食品，每项奖补2万元，续展认证的减半奖补；新认证的无公害农产品，每项奖励1万元，续展认证的减半奖补；对评为全国绿色食品示范企业的，每个奖补4万元；对获得食品生产许可证编号（SC）的稻米生产主体，每个奖励2万元；对获得“越乡好稻米”“浙江好稻米”优质奖、“浙江好稻米”金奖称号的稻米生产主体，每个分别奖励3万元、3万元、5万元。对农产品区域公用品牌（含农产品地理标志）在市级以上主流媒体宣传推广产生的费用，每个补助50%，最高不超过5万元。

（五）推动农产品展示展销

对参加省、市有关部门组织的境内外农产品展示展销活动的农业生产经营主体，境内展展位费按实补助（按财政体制各自承担）；对国际展参展费用定额补助，参加举办地在境外的国际展每个企业每次补助1万元，举办地在境内的减半补助。对参加市级有关部门组织的境内外农产品展销会专题推介活动的，每个补助2万元。对实施市花展示展销和宣传活动的承办单位，最高补助20万元。

四、深入推进新时代美丽乡村建设

（一）深化“五星达标、3A争创”

通过资源整合、信息共享、工作联动、考评一体，高标准开展“五星达标、

3A争创”，促进农村各项工作全域提升，力争全市“五星达标村”达到60%以上，“3A示范村”达到100个左右。

（二）提升农村人居环境质量

突出农村生活垃圾分类处理，提升农村人居环境质量，每年创建一批农村生活垃圾分类示范村、示范片区，对创建为市农村生活垃圾分类示范村的，每个奖励8万元。各区、县（市）根据当地实际就垃圾分类示范村、示范片区、分类准确村建设等制定相应奖补政策。

（三）加快建设“森林绍兴”

对林业主管部门组织实施的城乡绿化美化、森林抚育经营、林相改造（退化林修复）等森林生态建设项目，按项目决算投资额和该项目独立费用总和的80%给予补助，其中市级补助40%，单个项目最高不超过80万元，其余由各区、县（市）承担。对新获评国家级、省级现代林场、林下经济示范基地（点），分别奖励10万元、5万元。对新获得国家、省林木品种审定委员会审定或认定的林木植物新品种（良种）的，每个分别奖励3万元、2万元。

加强森林消防引水灭火提升工程项目建设（单个项目要求蓄水量不少于50立方米），按照有关规定，每项奖补不超过20万元。对新组建引水灭火队伍并开展森林消防装备建设的单位，对其新增装备（设备）奖补不超过5万元。

对在重点区域实施松材线虫病等森林病虫害防治项目的建设单位，每年奖补不超过70万元。对承担森林资源动态监测与评价任务的有关单位，每年奖补不超过150万元。对承担绿化树种进单位（家庭）工作的实施单位进行补助，每年不超过30万元。

（四）推进“美丽河湖”建设

对承担省级河（湖）长标准化建设项目按每条（个）河湖最高补助不超过200万元，同时不超过项目决算。对市级河（湖）长制管理的河湖年度治理项目，列入“污水零直排区”建设的乡镇（街道）按每个乡15万元、每个镇30万元、每个街道50万元的标准进行补助；清淤砌坎、沿岸道路及环境整治、水质提升、水面保洁、长效管理等项目按单个项目合同价不超过50%比例进行补助，单个项目最高金额不超过30万元，其中每个省级河（湖）长管理流域合计补助金额不超过150万元，其他每个流域（片区）或湖（库）合计补助金额不超过80万元。

支持市级“河（湖）长制”监督管理工作，对河长通信息化平台、绍兴河长微信平台维护等信息租赁费用和省级河湖长制标准化试点项目咨询、河湖长制电子地图与河湖长制教材编制、“快递小哥助力五水共治”活动等经费支出进行补助。

五、切实提高农村民生水平

（一）发展村级集体经济、促进农民增收

支持市定经济薄弱村单个或抱团发展项目，对列入市“消薄”增收项目计划的，依村集体经济消薄困难程度，优先安排不超过 70 个村，给予每村 15 万元的奖补。每个抱团项目最高奖补不超过 450 万元。

支持扩大就业渠道，对村内常年有 50% 以上农户从事来料加工或来料加工从业人数在 150 人以上的专业村（其中低收入农户 5 户以上）给予 10 万元补助奖励；对来料加工经纪人带动 50 人以上农户（其中低收入农户 5 户以上）参与来料加工，按加工费 30 万～ 50 万元（含 30 万元）、50 万～ 70 万元（含 50 万元）、70 万～ 100 万元（含 70 万元）、100 万元（含）以上 4 个标准，分别给予经纪人 1 万元、2 万元、3 万元、4 万元奖励。推动低收入农户增收，对市级低收入农户产业基地，每个奖励 5 万元。

加强结对帮扶，每个结对市级部门落实经济薄弱村结对帮扶资金 10 万元，用于发展村集体经济；落实社区结对帮扶资金 4 万元，用于社区共建。

（二）加强水资源管理和农村饮用水达标提标工作

采取以奖代补的方式，补助各区、县（市）用于水资源开发、利用、保护、节约和管理等工作，包括取用水管理、水功能区监督管理、水资源调查评价统计、节水型社会建设、水资源节约保护宣传等。其中节水型社会建设、取水工程（设施）核查登记试点、水资源强监管综合改革试点每个补助 15 万元。

实施农村饮用水达标提标行动，对包括农村供水范围内的城镇水厂管网延伸工程，乡镇水厂、联村水厂和单村水厂项目建设，以及水质检测中心的建设和提升改造等农村饮用水达标提标相关建设项目进行奖补。完成建设任务的区、县（市）奖补 200 万元，每撤并一座单村水厂奖补 5 万元。

（三）保障“菜篮子”供给

支持“菜篮子”蔬菜基地建设，对列入一般新建、提升改造项目，按投资额

55% 给予补助，单个最高补助分别不超过 100 万元、50 万元（补助资金按财政体制各自承担）。对列入重点新建项目，按投资额 80% 给予补助，其中市级补助投资额的 40%，单个最高补助不超过 150 万元。加强市级“菜篮子”蔬菜基地管理及绿色防控，每年根据考核情况给予奖补。

对一季种植叶菜面积达到 50% 及以上的市级“菜篮子”蔬菜基地，当年新增生产性贷款按银行贷款基准利率 50% 给予贴息，每亩贴息最高不超过 200 元。

支持新增生猪产能，为加快万头以上规模猪场落地及建设进度，在《浙江省人民政府办公厅关于推进生猪产业高质量发展的意见》中省级财政对新建（扩建）规模猪场实行综合奖励政策的基础上，市财政对符合条件的生猪新建（扩建）项目所在地行政村（社区）给予奖补。

提升水产养殖，获国家级原良种场、省级原良种场、省级水产优质种苗规模化繁育基地的，每个分别奖励 10 万元、5 万元、2 万元。

（四）提升农产品质量安全水平

对乡镇（街道）建设农产品质量安全网格化管理体系，经考核优秀的，每个奖励 3 万元，考核合格的减半奖励（奖励资金按财政体制各自承担）；对评为市级农产品质量安全追溯规范点的主体，每个补助 5000 元。对列入当年度农资经营示范店创建项目的建设主体，每个补助 1 万元。对全市粮食生产功能区、现代农业园区选定的 10 个市级土壤修复试点，继续按每个 10 万元标准给予补助。对新获国家、省级林业主管部门组织评选的食品安全可追溯建设示范基地（点），分别奖励 10 万元、5 万元。

六、着力深化农村改革

（一）推进农村承包地“三权分置”改革

鼓励村集体开展土地流转，当年新流转家庭承包土地，流转期限 5 年及以上（下同），达到相对连片 30 亩及以上的，按新流转土地面积给予村（股份）经济合作社一次性每亩 400 元的以奖代补；鼓励整畈、整村土地流转，当年新流转面积达到 200 亩及以上，或达到整村流转标准的，上述以奖代补标准提高到每亩 500 元；对列入当年市级“消薄”名单的村，上述以奖代补标准提高到每亩 600 元。支持村集体为农户开展“土地托管”服务，对土地全程托管期限 5 年以上的，视同流转，享受上述相应政策。

鼓励整个乡镇（街道）土地流转，达到整镇流转标准的，给予乡镇（街道）一次性 50 万元的以奖代补，用于土地流转工作。支持乡镇（街道）开展土地流转合同登记备案工作，按当年新登记备案的实际土地面积，给予一次性每亩 20 元的以奖代补。支持乡镇（街道）开展土地经营权入股发展农业产业化经营试点，按当年试点面积给予乡镇（街道）一次性每亩 500 元的以奖代补（最多 50 万元）。以上政策，市级与各区、县（市）各承担 50%。

对当年新流转家庭承包土地，流转期限 5 年及以上、达到集中连片 30 亩及以上并种植叶菜的，按新流转土地面积给予流入方一次性每亩 400 元的以奖代补（流转土地属于粮食生产功能区范围的，当年至少种植一季粮食作物，否则不予补贴）。

支持乡镇（街道）出台将流转土地优先发包给所在乡镇（街道）大学生农创客的政策举措，给予实际成效明显的乡镇（街道）一次性 10 万元的以奖代补。支持流转土地较多的乡镇（街道）探索建立土地流转费履约周转金制度，给予试点乡镇（街道）一次性 10 万元的以奖代补。

（二）深化“闲置农房激活”改革

对通过激活闲置农房带动农民增收效果明显的示范村，每村奖励 20 万元。

（三）加强“财金农”合作

继续实施政策性农业保险、农村住房保险，探索茶叶低温气象指数、农机保险、叶菜成本价格保险等地方特色农业险种试点。

第二节 绍兴乡村旅游发展规划

一、乡村旅游发展的时代背景

（一）新时代、新使命、新目标、新方向，旅游业迎来新契机

党的十九大报告提出了为中国人民谋幸福，为中华民族谋复兴的新使命，人民日益增长的美好生活需要和不平衡不充分的发展之间的新矛盾，建成富强民主文明和谐美丽的社会主义现代化强国的新目标，深化供给侧改革、实施乡村振兴战略、

健康中国战略、区域协调发展战略等新方向。新时代、新使命、新矛盾、新目标、新方向对旅游业发展提出了新要求，以满足人民日益增长的美好需要为目标，旅游业迎来新契机。

（二）中央一号文件全面谋划乡村振兴，旅游业成为推动乡村振兴的重要力量

实施乡村振兴战略，是党的十九大做出的重大决策部署。2018 年 2 月，党中央发布了实施乡村振兴战略的一号文件《关于实施乡村振兴战略的意见》，文件以经济、生态、文化、政治、社会“五位一体”总布局为支撑，对今后几年的乡村振兴战略进行了全面部署。意见指出，迫切需要将旅游业作为乡村经济振兴的主体产业，稳步提高旅游经济在乡村经济中的比重，通过特色旅游业的发展为乡村振兴注入新的动力。具体包括构建农村一二三产业融合发展体系，实施休闲农业和乡村旅游精品工程，建设一批设施完备、功能多样的休闲观光园区、森林人家、康养基地、乡村民宿、特色小镇，对利用闲置农房发展民宿、养老等项目，发展乡村共享经济、创意农业、特色文化产业等。随着一系列利好政策释放以及旅游市场的持续增长，旅游业必将在乡村振兴中大有可为，成为推动乡村振兴的重要力量。

（三）乡村旅游成为发展趋势，行业发展迎来前所未有的机遇

2017 年《绍兴政府工作报告》明确提出，要完善旅游设施和服务，大力发展乡村、休闲、全域旅游。在年初发布的中央一号文件中，对大力发展乡村休闲旅游产业，利用“旅游 +”“生态 +”等模式，推进农业、林业与旅游、康养等产业深度融合，发挥乡村旅游在解决“三农”问题、拓展农业产业链价值链中的作用也着墨甚多。在党中央和国务院的顶层设计中，乡村旅游已经上升为国家战略，对满足人民群众旅游需求、提升人民群众幸福感发挥了巨大作用。

（四）全域旅游理念引导下，乡村旅游成为美丽乡村建设的重要抓手

我国正通过发展全域旅游促进旅游产品多元化，从建设单一的景点景区转向建设美丽乡村、旅游小镇等全域旅游目的地，进一步提升游客的幸福感。2017 年中央一号文件提出建设集循环农业、创意农业、农事体验于一体的田园综合体，指明了乡村旅游发展的方向与路径。当前，国家美丽乡村建设正以全域旅游理念为指引，以乡村旅游为重要抓手，加快培育一批休闲农业和乡村旅游示范地，为城乡居

民提供“看山望水忆乡愁”的休闲旅游好去处。

二、浙江省乡村旅游发展的战略机遇

（一）全域乡村理念推动浙江乡村旅游新业态、新路径的不断突破

《浙江省旅游业“十三五”发展规划》提出“加快农旅融合发展，以美丽乡村建设扩面提升和深化为契机，依托农村绿水青山、田园风光、乡土文化等资源”，表明全省的乡村旅游开始实践全域乡村的理念。通过整合环境性旅游资源，大力发展休闲度假、旅游观光、养生养老、创意农业、农耕体验、乡村手工艺等，多形式多途径鼓励扶持休闲农业与乡村旅游发展。这是一个重大的理念和规划的突破，将会推动乡村旅游的新业态、新路径不断突破。

（二）万村景区化将浙江打造“大景区”“大花园”蓝图进一步推向纵深

2017年，浙江提出“万村景区化”计划：“未来5年，要使全省1万个村成为A级景区村庄，其中1000个村达到3A标准，2018年开始，每年选择2000～3000个村庄进行创建”。乡村旅游已经成为浙江农村发展、农业转型、农民致富的重要渠道。在中国共产党浙江省第十四次代表大会上，浙江省委书记车俊提出，要按照把省域建成大景区的理念和目标，谋划实施“大花园”建设行动纲要，使山水和城乡融为一体，自然与文化相得益彰；大力发展全域旅游，推进万村景区化建设，提升发展乡村旅游、民宿经济，全面建成“诗画浙江”中国最佳旅游目的地。

（三）旅游风情小镇建设成为推动全省旅游转型和城乡统筹的重要举措

《浙江省人民政府办公厅关于旅游风情小镇创建工作的指导意见》指出，加快培育建设一批旅游风情小镇是省委、省政府补齐低收入农户增收致富短板，加快培育旅游业成为万亿产业，推动全省旅游产业转型提升和城乡统筹发展的一项重要举措。旅游风情小镇创建以风采、意趣、韵味打造旅游休闲体验人居地，实现文化传承、产业兴旺、农民增收、事业发展的目标，按照成熟一个、命名一个，确保创建质量的要求，利用5年时间在全省验收命名100个民俗民风淳厚、生态环境优美、旅游业态丰富的省级旅游风情小镇，所有省级旅游风情小镇建成3A级以上旅游景区。

（四）特色小镇建设成为加快建设美丽浙江的必然选择和重要路径

《关于加快特色小镇规划建设的指导意见》提出全省力争通过 3 年时间重点培育和规划建设 100 个左右特色小镇。发源于浙江实践的特色小镇建设是当前经济发展新常态下的有益探索，符合现代化经济体系发展要求，符合推进绿色发展要求，是加快建设美丽浙江、美丽中国的必然选择和重要路径。绍兴市从 2015 年启动特色小镇创建工作以来，已确定培育对象 34 家，列入浙江省级特色小镇创建名单 9 家，总体上呈现出工作氛围浓、创建数量多、平台作用发挥明显的良好态势。特色小镇已成为绍兴市传统产业改造提升的主阵地、招商引资的主战场、新兴产业培育和未来产业谋划的主平台。

三、乡村旅游产业要素规划

（一）旅游餐饮业

1. 发展现状

目前，绍兴市乡村旅游用餐主要集中在农家乐，专门为旅游者提供餐饮服务的乡村餐馆较少。从整体来看，乡村餐饮档次不高，乡村旅游的菜肴还没有打出特色品牌，缺乏地方主题特色风味餐馆。

2. 规划思路

通过特色主题餐厅、乡村主题酒店、农家乐、摊位等形式全方位推出乡村旅游特色餐饮，培养和建立更适应游客的品种、档次、质量和主题旅游餐饮业；根据各乡镇的地方特色，深度挖掘、创新，打造以地方风味菜肴、养生食疗菜肴、特色民俗菜肴、特色乡土菜肴等为代表的多元化、特色化乡村美食体验体系。进一步挖掘具有浓郁地方特色的风味小吃和美食佳肴，培育一批“名店”和“老字号”餐饮品牌，着力打造一批特色旅游美食街，完善美食街功能。

3. 规划措施

（1）加快乡村餐饮设施建设与完善。建成特色主题餐饮街区、乡村旅游主题酒店、农家乐餐饮等形式多样、档次各异，融餐饮、娱乐、文化、休闲于一体的乡村旅游餐饮服务体系。

（2）丰富和发展特色的乡村旅游餐饮产品。改变现有不对餐饮产品进行优化加工就推向市场的做法，将“原汁原味”作为一种乡村餐饮产品开发的指导思想，在改善餐饮卫生条件的同时，挖掘地方餐饮及绍兴民俗餐饮的文化特色，并结合现代餐饮食品开发技术开发出既迎合现代游客口味，又不失绍兴及地方民俗特色的乡村旅游餐饮产品，构建以地方风味菜肴、养生食疗菜肴、特色民俗菜肴、四季鲜果菜肴、“腌菜、臭菜、霉菜、醉菜”系列菜肴等为代表的多元化、特色化乡村美食产品体系。注重“十碗头”等绍兴传统特色地方菜和农家菜的传承开发，支持开展乡村风味美食特色街区建设和农家厨艺品评比赛活动，引领乡村旅游“食尚”。

（3）加强管理，营造良好用餐环境。充分发挥农家乐协会、乡村旅游协会或合作社的作用，加强乡村旅游餐饮行业经营管理。餐饮场所要达到GB16153—1996规定的卫生标准。旅游部门要会同卫生部门、工商部门等，制定相关的餐饮卫生、经营、服务和管理等政策法规和奖惩激励机制，保证食品卫生安全，为游客营造良好的用餐环境。

（二）旅游住宿业

1. 发展现状

目前，列入首批“绍兴民宿”培育名单的民宿已达75家，其中精品民宿23家。各区、县（市）都有自己叫得响的民宿品牌，如新昌县的“天姥山居—尚诗堂”“发现—溪居”等一批高端民宿。柯桥区、上虞区、诸暨市、嵊州市等地也建成了金渔湾、巷深竹缘、覆卮山居、月龙湾、何家坞、西白山房等一批中高端民宿。但绍兴乡村旅游住宿设施总体规模较小，尤其是高端特色民宿数量不足。

2. 规划思路

按照“高端+特色+大众”相结合的原则，开发有序的乡村旅游住宿体系，满足不同客源市场的需求。深入挖掘绍兴文化特色，创新理念，更新产品，将粗放型的农家乐打造成升级版绍兴特色民宿，大力发展民宿经济，培育“绍兴文宿”特色品牌。按照因地制宜、分类分档的原则，建设农家客栈、乡村旅游公寓、休闲农庄、乡村精品度假酒店、乡村商务会所以及乡村旅游营地等不同档次与风格的旅游住宿设施，满足乡村旅游者的多样化住宿需求。

3. 规划措施

（1）大力发展绍兴乡村民宿经济。一是要积极盘活各类资产，如闲置林场、学校、粮站等，通过挂牌出让、租赁流转等多种形式用于发展农家乐、民宿经济；二是结合空心村改造，对有乡愁、乡土、原乡村味道保留价值的村庄通过村集体收回等方式予以保留，再通过村集体经营、资产入股、租赁流转等方式发展农家乐、民宿经济；三是加强规划引领，整体包装农家乐、特色民宿村项目；四是鼓励农户将多余闲置房屋通过自主经营、出租经营等方式，发展农家乐、民宿经济；五是通过发展休闲农业、山体（森林）彩化、绿道古道建设，推荐农事体验、赏花赏林、水果采摘、森林康养、徒步旅行、登山露营、亲子体验等方式大力发展农家乐、民宿经济。

（2）积极培育“绍兴文宿”特色品牌。以游客消费需求为导向，因地制宜，合理规划，利用城乡的居民住宅、集体用房、其他空余用房和土地，根据体现绍兴文化特色、符合整体生态景观的要求，改造或新建专门用于旅游接待的设施，改善乡村旅游基础设施和配套服务，努力达到省A级景区化村的各项评定标准，打造“文化＋民宿”的“绍兴文宿”特色品牌。

（三）旅游购物业

1. 发展现状

绍兴虽然拥有众多独特的工艺品、土特产，但乡村旅游购物市场却未得到充分的开发和挖掘，目前市域内缺乏专门的乡村旅游购物系统。多数乡镇虽有自发形成的乡村旅游商品交易，但都处于自发，且规模档次较低，缺乏统一管理。

2. 规划思路

整合当地资源，突出地域文化特色，增加农副产品附加值；优化旅游商品结构，形成高、中、低档的合理比例，满足不同目标群体的多元化需求；丰富产品内涵，提高旅游商品质量；大力开发富有地方特色的农副产品、休闲食品、手工艺产品、创意产品等，鼓励发展各种形式的乡村旅游商品企业、农特产品特色街区和展销中心，构建旅游商品销售网点系统，营造良好的购物环境，扩大乡村旅游经营效应。

3. 规划措施

（1）打造绍兴乡村旅游特色商品品牌。支持绍兴黄酒、绍兴丝绸、诸暨香榧、诸暨珍珠、平水珠茶、嵊州竹编、会稽越砚、越瓷等特色商品的旅游品牌化包装，形成绍兴地方独树一帜的旅游特色商品品牌。同时设置乡村旅游商品研发中心，鼓励研发具有绍兴特色的乡村旅游商品。

（2）建设多层次乡村旅游购物销售网络。加大对旅游购物业的扶持和引导力度，设立专门的旅游购物点或街市，推进不同级别的旅游商品交易中心、旅游商品街、乡村旅游商品购物点等购物场地建设，为乡村旅游购物发展提供良好的软环境，并开发出乡土气息浓厚的特色购物街区。

（3）加大宣传力度，建立健全旅游购物网络体系。以政府部门为主导加强旅游商品的宣传，从而实现旅游商品开发的系列化、规模化、精品化，最终形成商品种类齐全、市场管理科学的旅游购物网络。

（四）旅游休闲娱乐

1. 发展现状

娱乐是乡村旅游发展中较为薄弱的环节之一，绍兴乡村旅游娱乐活动主要为果品采摘、垂钓等农家乐、渔家乐活动，活动停留在初级阶段、文化内涵不够深厚，游乐设施缺乏，具有地方特色的传统民俗活动没有得到充分的开发，夜间娱乐活动较少，缺乏引擎项目支撑，游客停留时间较短。

2. 规划思路

依托本地民俗资源和景观特色，打造游客喜爱的文化娱乐产品，丰富旅游活动的内容；推进大型文化演出活动与旅游活动的结合；通过一系列节庆活动，打造当地的节庆旅游品牌。

3. 规划措施

（1）完善文化娱乐服务体系，开展乡村休闲娱乐。建设与乡村旅游相适应的民俗博物馆、休闲会所、文化广场、影剧院、图书馆、体育场等配套设施，增强接待能力，满足游客日常游憩、购物、娱乐需求。增加各类主题消费，如氧吧、酒吧、茶馆、陶吧及咖啡屋、健身房、桑拿、足疗等附属类娱乐场所；并根据乡村景区特色增加娱乐活动及项目，如开展篝火晚会、漂流、垂钓比赛、露营、野外拓展等。

（2）发展夜间娱乐项目。进一步丰富绍兴乡村旅游夜生活的内容，在重点旅游小镇延长特色餐饮、旅游购物的营业时间，创造更多的乡村休闲娱乐产品品牌，满足夜生活需要；开展绍兴越剧等大型夜间文艺演出，使其成为大众型的夜间娱乐活动。

四、绍兴乡村旅游生态环境与文化保护规划

（一）乡村生态资源保护规划

1. 山体资源保护

保护山体的自然风貌，以植物的多样性美化山体，一方面可以营造美丽景观，

另一方面能尽量吸引更多的动物来栖息，达到人与自然和谐相处的目的；严格保护景区内的森林植被以及稀有的古树、古木、珍稀植物等；实施破损山体修复绿化和地质灾害治理工程，改善生态环境。

2. 水体资源保护

加强绍兴环卫设施的建设和街道卫生的管理，严禁向曹娥江、浦阳江、浙东运河、鉴湖水系等流域直接倾倒垃圾和排放废水；建立完善的垃圾和废弃物处理系统，对旅游所产生的垃圾和废弃物应及时清理、集中掩埋，以保护水体及周边环境；严格控制江河周边的建筑；加强对河流和水库游船数量控制和管理，按环境容量设置游船数量，禁止使用高污染机动船只；限制超负荷的水上娱乐项目和设施，并在主要水系建立水质监测点，防止水体污染；大力进行植被恢复；严禁一切未经规划的河道开发建设和伐树采石等活动；坚持做好水土保持工作，在乡村旅游点开发建设过程中尽量利用原有地形，减少改变地形和开挖工程的土方量，最大限度减少水土流失；工程建设与环境绿化要同时进行，注重做好水岸绿化；对存在明显滑坡隐患的地方，必须采取筑墙固坡工程治理。

3. 植物资源保护

对国家重点保护植物，划分保护区进行重点保护；增加森林生态系统生物多样性、结构的复杂性，以增强森林生态系统的自我恢复、自我调控的能力；搞好防火宣传，健全规章制度，控制火源，加强防范，将森林火灾消灭在萌发时期；旅游服务、管理及景点建筑均应符合防火要求；加强林政管理，严厉打击乱砍、盗伐的违法犯罪活动，杜绝毁林开荒行为，实行封山育林和人工造林；在游道的适当位置设置标牌，禁止游人折枝攀树；在各景区内不准采集标本、野生药材和其他林副产品；根据森林群落结构和演替规律，做好森林植被的恢复工作，科学进行林相调整和林分改造，逐步形成不同树种组成，不同林龄结构，相对稳定的植物顶级群落；实施小流域片区综合治理，推进天然林保护、植树造林、退耕还林（草）绿化荒山荒坡。

4. 动物资源保护

严格执行《野生动物保护法》等国家有关保护野生动物的法律、规则，切实保护国家重点保护动物及濒危动物；根据各乡镇乡村旅游发展的具体情况，制定相应的保护措施，针对不同分布的珍稀动物，采取栖息地食性、繁殖地环境、迁徙路线等方面的分类保护，为野生动物的栖息和繁殖创造良好的生态环境。栽培和保护野生动物的觅食植物，引进繁育适生鸟兽。加强对游客的宣传教育和管理工作，提高保护野生动物的自觉性。

（二）乡村人文资源保护规划

绍兴的乡村历史文化是在长期历史发展中形成，并留存于现实生活、具有相对稳定性的文化，这是绍兴人民在历史实践活动中创造和积淀的文明成果，也是乡村旅游发展的必备条件。绍兴是著名的江南水乡，传统文化底蕴深厚，其农耕文化、民俗文化、建筑文化、名人文化等构成了绍兴乡村江南水乡传统文化的表现形式。

在乡村旅游项目开发过程中，要注重传统乡村历史文化的保护和传承，保存乡村历史文化遗产，传承地方特色民俗节庆，保护散落在乡村区域的文物；要追求人与自然、社会的和谐，重点改善村庄人居环境和生产条件；反映绍兴江南水乡劳动人民独特的生活情趣和审美意识，尊重既有村庄格局，尊重村庄与自然环境及农业生产之间的依存关系，防止盲目的大拆大建。

1. 乡土文化传承

开展“那人、那村、那故乡”编纂活动，挖掘、传承一批具有绍兴品味和地域特色的活态文化，全面挖掘、整理和记载历史文化村落里的生态人居、经济社会、民间文艺、制度习俗、传统工艺、人物传记等文化遗存，记载和传承乡村故事；发现和培养扎根基层的乡土文化能人、民族民间文化传承人；开展优秀传统文化教育普及，积极打造文化精品，促进传统文化现代化。

2. 民俗风情保护

把绍兴的主要民俗风情摆在乡村旅游宣传的突出位置，提升游客的新奇感，使得游客愿意或渴望了解并接触这些富有地方特色的民俗风情；在继承和发展传统的节庆、生活习惯的基础上，抓住乡村旅游发展的机遇，不拘一格，推陈出新，重新包装推出一系列带有绍兴特色的节庆和习俗，为民俗文化注入新的活力，不断增强民俗文化的吸引力。

3. 田园景观保护

生态环境作为田园景观的载体，田园生态的破坏将直接导致田园景观的丧失，因此，应该把田园生态保护放在突出重要的位置；严格乡村土地利用审批制度，合理规划乡村土地，禁止乱占耕地，乱挖渠道等直接破坏田园意境的行为；因地制宜并结合乡村旅游产业的发展适当调整种植业结构；开展“打造整洁田园、建设美丽农业”行动，力争通过2年左右时间，全面治理田园脏乱差现象，进一步改善种养区域环境，实现田园清洁化、生态化、景观化。

4. 民居建筑保护

围绕“保护建筑、保持肌理、保存风貌、保全文化、保有生活”要求，科学界定每个村落的保护价值，严格保护其格局、风貌、田园景观以及存有环境的空间形态，保护祠堂、牌坊等古建筑，大力保护有传统历史、时代印记、文化标志、人文故事的乡土建筑；对于原有江南水乡风貌的镇村，开发乡村旅游项目，应注重保持古镇、水乡的原始风貌，保持“小桥、流水、人家”以及粉墙黛瓦的主色调，建造具有江南水乡传统、文化特色鲜明的乡村旅游建筑景观；按照“彰显特色、传承文化、经济适用、美观安全、符合民意”的要求，依托当地自然风貌和山水资源，结合农村新型业态培育，以生态环境较好、区位条件优越、文化底蕴深厚、交通便利的中心镇、中心村和历史文化村落、特色精品村为重点，启动实施“越派民居”改造工程，打造具有鲜明绍兴地方特色、满足现代生活需求的新型村落样板与农村民居典范。

5. 遗址遗迹保护

丰富的文化内涵为绍兴乡村地区留下了大量极有价值的遗址遗迹，如仙人山古文化遗址、后旺遗址、后郭渎遗址、西施山遗址、壶瓶山古文化遗址、小仙坛青瓷窑址等，这些遗址遗迹将成为绍兴乡村旅游的重要吸引物，应加强保护。对于历史价值、文化价值、考古价值极高，近期内有难以开发利用的遗址遗迹，应就地封闭保存，避免破坏，给未来留下开发利用的机会；对部分分散、实物形态数量较少的遗址遗迹，以博物馆、展览馆、陈列室等形式实施旧地保护；采取开发与保护同行的方式，将文化元素融入旅游项目开发、产品设计，与现代的载体、时尚的消费方式等相结合，进行活化演绎。

（三）乡村生态环境保护规划

1. 大气环境保护

空气清新是乡村休闲度假的必需要素。绍兴环境空气质量优良天数应超过280

天，乡村旅游规划区的大气环境质量、SO_2、NO_2指标应达到《环境空气质量标准》（GB3095—1996）中的一级标准；其他区域的大气质量应稳定在《大气环境质量标准》中的二级标准；调整乡村燃料结构，推广使用清洁能源，如电、液化气、沼气等，尽量避免使用产生粉尘量大的烟煤、薪柴等。乡村旅游规划区大力发展沼气工程，逐步完善天然气管网建设；严格控制、监督农家乐饭店、乡村烧烤店的厨房油烟排放，强制安装油烟净化装置，减少油烟污染；增加植被覆盖率，保护森林资源和生物多样性，保持空气负氧离子浓度；完善信息公开制度，每月公布绍兴各市县境内空气质量，节假日等旅游旺季时试行每天公布，每半年公布污染减排情况。

2. 水体环境保护

加快废水处理设施的建设，实现污水处理后排放；乡村住宿接待点、餐馆是主要的污染源，必须建设污水处理设施，实行污水处理达标后排放，禁止污水直接排放或未达标排放；完善县城污水处理设施，在乡村度假地、农家乐、农家家庭旅馆、农庄等较为集中的区域，建立污水处理设施；严格控制农业污染，减少农药化肥使用量；加强乡村饮用水源地保护，完成各乡村旅游区内饮用水源保护区的划分，在保护区范围内禁止一切有可能影响水源水质的乡村旅游活动，确保饮用水源保护区内无污染源；在农村分散式饮用水水源地建设截污设施、设置界碑，逐步开展水质监测；完善信息公开制度，每月发布江河及饮用水源等重要水体的水质状况。

3. 噪声污染防治

对绍兴主要乡村旅游地区的噪声进行监测和防治，区域环境噪声平均值低于54分贝，道路交通噪声平均值低于68分贝；控制交通噪声，在发展乡村旅游的城镇，控制汽车鸣笛；在乡村旅游住宿设施、餐饮设施、娱乐设施等集中分布区域，设立禁止鸣笛标志，约束过往车辆的鸣笛行为，减少交通噪声对环境氛围的影响；控制乡村旅游服务区内娱乐设施的音量；餐厅、娱乐场所不允许使用高音喇叭；乡村旅游目的地的播音系统音量应保持在能够接受的程度；客房、舞厅等室内的墙面或顶棚上饰以吸声、消音材料，或者空间悬挂吸声板、吸声体，采用吸声降噪技术控制噪音，保持乡村宁静的环境。

4. 固体废弃物处理

对绍兴乡村旅游目的地内固体废弃物的处理，应采取“村收、镇转、统一处理”的原则。居民生活垃圾实行定点收集，分类处理，以保障整洁的村容村貌。每个村建设一个垃圾中转站，保证垃圾清运率达100%；沿乡村旅游步道设置一定数量的垃圾箱，在路口悬挂诸如“请不要乱扔垃圾”的标语牌，并提示前方有垃圾箱；在停车场、旅游购物场所、休闲旅游文化广场、餐饮一条街等游客集中的地方应设置足量的垃圾回收设施，并及时将固体垃圾清运出旅游区；配备专职清洁工，负责乡村旅游目的地内的保洁和垃圾清运及分类处理工作。

5. 人居环境保护

全面提升村容村貌美化整治成果，结合“三改一拆”“五水共治”“四边三化”，加快闲置、废弃住宅、私搭乱建房屋整治和农村危旧房改造，积极开展村庄环境修复；使用清洁能源，推广使用液化气和天然气，扩大沼气池的建设规模，实现家庭生活能源沼气化，对沼气渣进行再利用和无害化处理；人畜分离，住宅与畜禽生产区应分开，保持适当的卫生距离，可以设立天然和人工屏障，做到鸡棚、猪圈的隐蔽化；在主要乡村旅游节点修建满足需求的旅游公共厕所，对于开设农家乐的居民住宅要拥有男女独立的厕所，厕所采用水冲式或环保式，做到无秽物，无蚊蝇，无异味的要求；绍兴主要的乡村旅游目的地沿线应配置生态厕所，并采用生态厕所、沼气化粪等技术，保证外观整洁、内部干净，使用安全。

第三节 绍兴“六美”乡村的建设与发展

一、美丽乡村建设情况

2019年，绍兴市全面深入推进“五星达标、3A争创”，全市首批851个村创建成为“五星”达标村、51个村创建成为3A景区村。积极深化美丽乡村“四级联创”，全市已累计创建省级美丽乡村示范乡镇36个、美丽乡村特色精品村106个，新时代美丽乡村460个，美丽庭院26.3万户，柯桥区、诸暨市先后创建成为省美丽乡村示范县。推进美丽乡村串点连线成片，以美丽乡村景观带建设为脉络，串联点上美丽乡村精品，已累计建成美丽乡村景观带39条。实施“闲置农房激活计划”，带动农户就业9339人，分别增加村级集体经济和农户租金收入4723万元、6781万元，列为经济体制重点领域改革典型经验在全省推广。我们从以下几方面进行概括。

（一）全域大地貌

稽山鉴水，“山”字骨架，为城乡一体化发展提供多种地貌结合的模板。

会稽山脉纵贯绍兴中部，坚湖水系横贯绍兴城区，整体形成“山”字地形骨架；地貌可概括为“四山三盆二江一平原”，而在面积分配上，则表现为“六山一水三分田”。

（二）全域大产业

远景规划上，城市中心城区主要建设居住和商业设施，而工业基本集中在城市北部，尤其是柯北、袍江北部和滨海，南部主要还是生态绿地。乡村特色产业主要包含越城农韵酒乡、柯桥浪漫花乡、上虞四季仙果、诸暨珍珠水乡、诸嵊休闲榧乡、嵊新养生茶乡六大集群。六大乡村特色产业集群，将成为未来“六美”乡村精品线文旅农融合的核心载体。

（三）全域大旅游

全域大旅游主要包含古城旅游区、兰亭文化旅游区、会稽山旅游度假区、鉴湖柯岩旅游度假区、曹娥江旅游度假区、滨海休闲旅游区、世界遗产古香榧群旅游区、五泄旅游度假区、嵊州温泉旅游度假区、十里潜溪旅游度假区。依托绍兴十大旅游功能区，全面辐射市域乡村旅游休闲度假产业，将是“六美”乡村精品线推选的重要依据之一。

（四）全域大文化

越城区——古城文化圈。具有稽山鉴水、酒香书韵、名士之乡、水乡、桥乡、酒乡、书法之乡等名称；主要包含乌篷船、乌毡帽；社戏、绍剧、越剧等文化。

柯桥区——水乡文化圈。具有越秀柯桥、水乡江南、名士之乡、水乡、桥乡、酒乡、书法之乡、戏曲之乡等之称。

上虞区——孝道文化圈。是原味仙果、孝道之乡，包含孝道文化、梁祝文化、虞舜文化、青瓷文化、仙果文化等文化。

诸暨市——美人文化圈。具有西施故里、大美诸暨之称。主要包含西施文化、古越文化、五泄文化、珍珠文化等。

嵊州市——越剧文化圈。有温泉养生、越剧之乡之称，包含越剧文化、温泉文化、小吃文化、唐诗文化等文化。

新昌县——大佛文化圈。有汉佛源地、诗画山水之称，包含佛教文化、山水文化、唐诗文化等。

各区县拥有独具特色的品牌文化圈层，将成为“六美”乡村精品线寻味品牌塑造的核心依据。

（五）全域大交通

一轴两带，北连中织，加速融入长三角城市群，使滨海新城成为大湾区新星。

两带：绍金发展带（沪昆高速）与绍台发展带（常台高速），北面通过上三高速跨杭州湾与杭州、上海等长三角城市群相连，中部通过绍诸高速和苏台高速交织相连，整体形成一轴两带，北连中织的通达性较为完整的交通网络。

（六）全域乡村资源结构

全域乡村资源结构主要包含滨海新城、古城文化圈、柯岩鉴水度假区、五泄风景区、西施文化、浦阳江美丽乡村发展带、珍珠水乡、回稽山旅游度假区、世界遗产古香榧群、温泉度假村、越剧文化区、大佛文化区和四季鲜果等资源。

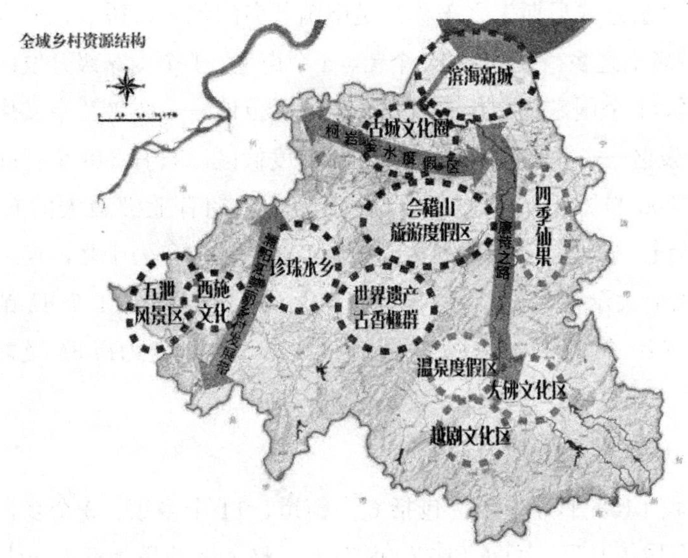

图 2-1 全域乡村资源结构

1. 越城区：稽山养生休闲地、鉴水文化旅游乡（书韵）

越城区现共辖 5 个镇、11 个街道，共有 209 个行政村、105 个社区、80 个居委会，面积 493 平方千米，总人口 76 万人，拥有“五个”国字号平台（绍兴国家高新区、袍江国家开发区、中国历史文化名城、会稽山国家森林公园、鉴湖国家湿地公园）。近年来，越城区美丽乡村建设成效显著，涌现出一批城镇、乡村建设的示范性村镇，其中中国历史文化名镇 1 个，省级历史文化村落一般村 4 个，浙江省 3A 景区村庄 5 个，省级精品村 7 个，市级精品村 22 个。

越城区乡村发展现状、资源禀赋基本形成“两带、三区”的空间结构。一是鉴湖水文化景观带，以水为吸睛点，以“东鉴湖”的保护开发为核心，连系青甸湖公园——绍兴老城——迪荡湖公园——东湖景区——东鉴湖公园，形成绍兴最具特色的水上风情线。二是会稽山文化景观带，利用南部山区的山水文化资源，以美丽乡村精品线为抓手，初步建成秦望探幽、悠闲西桐、文化上樊、平陶湿地、富盛马拉松、魅力西上等精品线。越城区通过挖掘现状资源，整合已有项目特色，合理规划旅游项目，以优势资源点为特色形成组团，对各组团村庄进行不同的发展导向，实现不同的管控措施，特色化、差异化发展。

2. 柯桥区：越秀柯桥、水乡江南

柯桥区素有“东方威尼斯”之美称，是中国著名的水乡、桥乡、酒乡、书法之乡、戏曲之乡和名士之乡。现共辖 12 个镇、4 个街道、1 个国家级开发区——柯桥经济技术开发区、1 个国家级文化旅游融合发展示范地——绍兴兰亭文化旅游度假区、2 个省级开发区——滨海工业区、鉴湖旅游度假区，共有 348 个行政村（居、社区），面积 1066 平方千米，总人口 66.12 万人，拥有亚洲最大的布匹集散中心——中国轻纺城，曾连续多年位列全国县域经济基本竞争力十强，连续多年荣获“中国全面小康十大示范县”称呼。全区有 6 个镇（街道）（1 个 4A 镇、5 个 3A 镇）、101 个村（10 个 3A 村）完成景区化创建，6 个村创建为市 3A 级景区化示范村。

3. 上虞区：原味上虞，四季仙果

上虞区总面积 1403 平方千米，包括 6 个街道，11 个乡镇，3 个乡，全区 353 个行政村，87 个城镇社区，总人口 77.98 万人，整个地貌呈“五山一水四分田”的格局，上虞历史悠久，人文荟萃，山水秀美，物产丰富，自然景观和人文景观相互融合，有曹娥旅游度假区、东山、覆卮山等自然资源，青瓷文化、虞舜文化、梁祝文化、孝道文化等文化资源，是世界青瓷发祥地、梁祝传说中祝英台的故乡、孝女曹娥以及谢安隐居之地。拥有 2 个省级开发区和 14 个乡镇工业功能区，是国家园林城市和“省生态旅游城市”，荣获“中国人居环境范例奖”“中国最佳休闲小城”、浙江省示范文明城市等称号，2019年，荣获“首批全国最具有特色魅力旅游胜地”。

4. 诸暨市：西施故里，大美诸暨

诸暨市四周群山环抱，间有北向开口通道式盆地，历史悠久、人文荟萃，是越国故地、西施故里、越王勾践图谋复国之所。现共辖5个街道、17个镇和1个乡、553个镇乡，常住人口118.70万人，区域面积2311平方千米，有国家级风景名胜区浣江五泄风景名胜区，是中国优秀旅游城市，依托“七山一水两分田”的资源禀赋发展全域旅游，已形成西线生态游、中线休闲游、东线度假游的旅游“大三线”格局。西线有“浣江、五泄”国家4A级重点风景名胜区、千佛奇山汤江岩、户外运动天堂斗岩风景区；中线有西施故里旅游区、华东国际珠宝城；东线有风光秀丽的东白山，国家重点文保单位“斯宅古民居建筑群”、奇景异趣的千年香榧林以及世界灌溉工程遗产古井桔槔。

5. 嵊州市：诗画剡溪、越剧嵊州

嵊州市总面积1789平方千米，全市辖21个乡镇（街道）、452个行政村、29个社区，户籍总人口为72.87万人，是越剧故乡，四面环山、五江汇聚，中为盆地，地貌构成大体为“七山一水二分田”，素有“东南山水越为最、越地风光剡领先”的美誉。

嵊州以推进“十线百点”美丽乡村建设架构为主线，重点打造“越乡风情”“鹿门访友”2条美丽乡村风景线，创建绍兴市美丽乡村示范县乡镇5个，精品村21个。2020年，推进“五星达标、3A争创”，开展第二批139个“五星达标”村、10个“3A”村创建，全市21个乡镇（街道）实现整乡提升，小城镇环境综合整治达标比例达100%。全面开展农村环境整治示范村创建，推进140个农村环境整治示范村创建，实现全市行政村创建全覆盖。

6. 新昌县：东南眉目，诗画新昌

新昌县总面积1213平方千米，人口43万人，16个乡镇街道（8个建制镇，5个乡，3个街道），415个行政村，地貌特征“八山半水分半田”有“中国桂花之乡”“长毛兔之乡”等美称，获评全国“绿水青山就是金山银山”实践创新基地，成为继安吉县后，浙江省第二个获得“国家生态文明建设示范县”“两山”实践创新基地这两项“国家级双荣誉”的县（市、区）。

新昌美丽乡村建设聚集加快开展农村空倒房整治、闲置农房激活、美丽乡村“三线”整治等三年行动，累计拆除空倒房 27.2 万平方米，激活闲置农房 22.9 万亩，112 个村通过省 A 级景区村验收，沙溪镇新宅村、儒岙镇横板桥村、东茗乡后岱山村荣获浙江省美丽乡村特色精品村称号。村容村貌持续改善，镜岭镇作为“千万工程”五个代表之一领取联合国最高环境荣誉“地球卫士奖”。

二、美丽乡村发展建议

绍兴市美丽乡村建设工程的实施，让广大乡村地区的生产生活发生了明显的变化。乡村的基础设施不断健全，人民群众的环保意识、卫生习惯逐步增强。原本乡村随处倾倒垃圾的现象明显减少，村容村貌日益优美。招商引资项目，为人民群众创造了很多的就业岗位，提高了村民的生活水平。此外，建立日益健全的医疗保障、养老保障、教育保障制度，使得人民群众最为关心的生老病死问题有了保障。

如今，村庄建设仍然点多面散，农村建房缺乏规划，特色未显。其一，农村环境问题仍然突出，村民环保意识淡薄，且卫生长效管理机制仍有待建立健全；其二，基础设施建设投入与资金供给之间缺口大，且因各县区、乡镇间经济实力的差异，美丽乡村建设两极分化严重；其三，乡村文化特色尚未得到深层次的挖掘和利用，一些优秀的传统文化、民间艺术未得到及时的抢救、保护和发扬；其四，村级基础设施建设仍较落后，与农民需求之间的矛盾还较突出，基础设施的后续管理和维护问题尚未落到实处；其五，土地流转困难，用地紧张，且基本农田未得到有效的保护，侵占耕地的现象时有发生。

今天的绍兴乡村，正历经着一场波澜壮阔、令人瞩目的巨大变革。从统筹城乡综合配套改革，到推进城乡集聚和美丽乡村建设，经历了数个阶段后，绍兴逐渐形成了点上有特色、面上成规模、整体大变化的美丽乡村建设格局。站在“十四五”新起点上，绍兴市进一步突出特色乡村建设，全域打造集“景美、食美、宿美、人文美、产业美、体验美”为一体的“六美”乡村精品游线，景不断链，从“局部美”迈向“全域美”，勇当新时代美丽乡村建设新标杆。

（一）不断优化美丽乡村空间布局

坚持规划先行、突出重点、典型引路，不搞形式主义，扎实推进。为建设美丽乡村进行乡村布局与规划分析，为科学布局并实现有关要素的协调配置，实现乡村经济、文化、生态和谐统一。美丽乡村建设中需加大空间布局规划设计，重视功能创新、提升人们生活环境、创新人们生活形式、保护传承乡土文化、更新生态空间、拉升产业空间，才能更好地凸显美丽乡村特色。乡村产业发展过程中协调生态环境和村民关系，坚持文化创新、构建循环经济，打造集休闲农业、生活居住、文化体验等综合性乡村空间。

（二）持续改善乡村生态宜居环境

加强农村环境卫生治理，建立长效保洁机制。首先要配备足够的垃圾桶、垃圾运输车、公共厕所等公共设施；其次要建立长效的村庄保洁队伍，合理分工，落实责任；严格控制农村养殖及工业污染，不能为了经济利益而牺牲环境，从整体上改善村庄面貌。紧密结合“五水共治”“三改一拆”“四边三化”等重点工作，以“村庄布局优美化、农房庭院精致化、垃圾处理无害化、村域水体清净化、村落环境绿美化”新五化为抓手，实行“百村千户”农家庭院精致化的示范项目，对所有精品村、特色村的农户都开展房前屋后环境整治、绿化美化和农房立面改造美化，体现浙派民居特色风貌。

（三）深入挖掘展示乡土特色风貌

突出地域特色，体现差异性和多元化，形成一村一品。注重挖掘独具特色的地方文化和习俗，积极开发古镇、古村文化，保护古建筑和特色风俗。着力丰富农村文化生活，提高农民生活品质，深入推进健身操、广场舞等群众热衷参与的文体活动，注重开展送戏下乡、送电影下乡、送书下乡等活动。最后应特别注重保持农村原生态风貌，找准定位，发展特色品牌，营造良好氛围，提升对外形象。

（四）整合乡村资源发展特色产业

整合资源，因地制宜，发展特色产业。整合资源包括项目资源和村庄自身资源，可综合开发乡村的优质蔬菜瓜果、特产，形成产销一条龙经营，开发生态农业和旅游业。综合开发乡村的山地，依托自身自然资源和社会资源的优势，积极招商引资，鼓励金融资本参与美丽乡村的基础设施建设。

（五）树立品牌化乡村经营新理念

一直以来，美丽乡村更多停留在项目建设上，随着浙江大花园建设、万村景区化等新命题的提出，乡村的可持续发展成为新时代美丽乡村的重中之重。建设好美丽乡村之后，如何通过“美丽乡村”创造“美丽经济”，让中国的乡村持续地美下去，需要采用市场理念进行乡村建设与营销，社会主义新农村不仅要有美丽的外形，同时要有持续发展的动力与能力。乡村经营指的是规划、设计、运营、管理、营销乡村，以达到乡村振兴的目标。要树立经营村庄的新理念，把发展特色农业、特色工业、特色观光休闲业与建设特色村庄结合起来，把农村特色经济、绿色产业发展提高到一个新水平。

三、寻味“六美”乡村线路推选

通过对绍兴全域美丽乡村资源的深入调研，科学规划并引导绍兴美丽乡村品质的提升，与本土文化、文旅项目、特色产业和交通关系形成规划联动，以“风味鉴水线、雅味稽山线、趣味农艺线、原味景宿线、果味娥江线、越味茶乡线”六条美丽乡村精品线为规划核心载体（图 2-7 和图 2-8），以“食美、景美、宿美、产业美、体验美、人文美”的“六美”为战略目标，构筑“走进稽山鉴水，寻味“‘六美’乡村”的核心品牌战略，引领浙北平原“江南水乡型美丽乡村金花组团”风潮，全面推动绍兴城乡一体化高质量发展（表 2-1）。

表 2-1 “六美”乡村支撑系统构筑

系统名称	系统核心	要素细分	策划导则
策划系统	主题品牌 + 特色产品	—	依据美丽乡村、精品产业、重点旅游项目构筑特色产品组合，并提炼主题品牌
交通系统	黑 + 绿 + 蓝	黑道（精品线主线路）	全线亮化，路面黑化，机动车道必须满足双向单车道，至少一侧设有慢行道
		各节点出入口道路	与主线连接处转弯半径不小于 5 米，路面宽度不小于 6 米，道路黑化、亮化
		绿道（慢行道）	按需配置各节点间或节点与主线间的慢行道，宽度不小于 2 米，路面须进行铺装
		蓝道（水上线路）	视实际情况规划引入，配置符合消防安全标准的救身设施
		乡村生态停车场	每个节点至少配置 1 处，面积不小于 350 平方米，包括大客车停车位和私家车车位
		交通服务设施	每条线至少有 1 处加油站、驿站（可与美丽乡村结合），每条蓝道至少有一处上下客码头

（续表）

系统名称	系统核心	要素细分	策划导则
“六美”系统	重点 + 辅助	景美	以景美为重点的精品线，至少包含一个 4A 级自然景区或作为线路延伸节点
		食美	以食美为重点的精品线，至少打造一条美食街区，并举办美食相关节庆活动，推出本土品牌美食特产
		宿美	以宿美为重点的精品线，至少打造一个民宿特色村
“六美”系统	重点 + 辅助	人文美	以人文美为重点的精品线，至少包含一个 4A 级人文景区或作为线路延伸节点
		产业美	以产业美为重点的精品线，至少包含一个省级特色产业园
		体验美	以体验美为重点的精品线，至少包含一个省级旅游风情小镇和两个 3A 级景区村。
全域配套系统	Logo+ 标识 + 其他	Logo 标识	各精品线主题 Logo
		标识导览	精品线主入口、转弯处均须设置
		其他配套设施	各节点主入口，道路交叉口均须设置
运营系统	经营 + 投资 + 回报	经营管理	精品线制定统一管理模式。前期市场基础调研分析先做好，以“移动互联网＋”为主导，线路经营重在业态组合、品牌推 广和特色活动的策划。这些将根据各精品线的品牌定位和“六美特色”具体制定三年行动计划
		投资模式	依据精品线内重点项目具体情况，制定项目建设投资计划，包括投资主体、投资估算、投资模式、融资渠道等
		投资回报	含精品线盈利模式（经济效益）测算，如以旅游、住宿收入为主的经营收入和部分可售物业收入等。社会效益、生态 效益的评估将反映精品线对社会发展与生态优化的贡献

四、乡村资源评估

（一）评估方法

鉴于绍兴全域各种乡村资源的复杂性，项目组化繁为简，依据绍兴乡村资源的实际情况，结合浙江省新时代美丽乡村的发展战略，构建了一套特殊乡村资源“因子三级评分”体系，以便尽可能科学、准确地对绍兴乡村资源的发展价值进行评估，为乡村精品线的推线提供核心支撑。

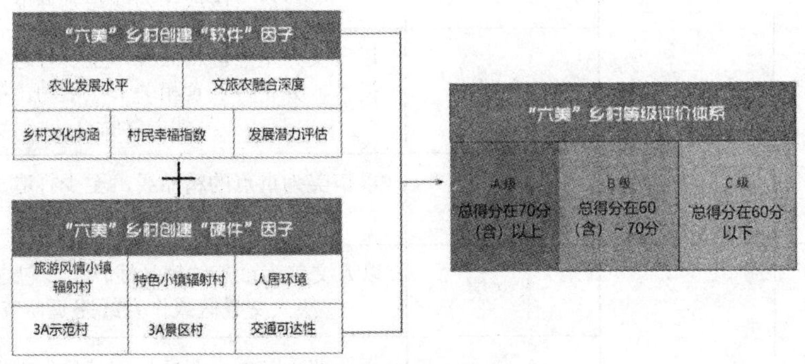

图 2-2　因子三级评分体系

评分方法说明：①全部因子共计 100 分；②视每个“六美”乡村资源各自因子发展条件，进行打分；③ A 级“六美”乡村资源为总得分在 70 分（含）以上；B 级村庄为总得分在 60（含）～ 70 分；C 级村庄为总得分在 60 分以下。

（二）乡村资源评估结果与分析

绍兴美丽乡村单体资源丰富，空间良好；文化组合多云，文化底蕴深厚；民俗文化丰富，乡村风情浓郁；节庆活动多样，淡旺差距较小。通过分析绍兴市美丽乡村资源的属性、特征、赋存以及开发状况，根据乡村资源“因子三级评分”体系评分结果（表 2-2），A 级乡村资源为总得分在 70 分（含）以上村庄有 30 个。其中，总得分在 90 分（含）的村庄以上有 2 个，80（含）～ 90 分的村庄有 18 个；70（含）～ 80 分的村庄有 10 个（表 2-2、表 2-3）。

表 2-2　乡村资源评估结果

柯桥区	柯岩街道叶家堰村、柯岩街道新未庄村、漓渚镇九板桥村、平水镇剑灶村、平水镇宋家店村、平水镇长塘头村、平水镇王化村、王坛镇新联村、稽东镇冢斜村、王坛镇上王村、稽东镇占岙村
上虞区	上浦镇梅坞村、上浦镇东山村、上浦镇大善村、丁宅乡丁宅村、章镇镇张村、章镇镇泰山村
诸暨市	山下湖镇枫江村、山下湖镇新桔城村、店口镇何家山头村、山下湖镇新长乐村、五泄镇西皇村、五泄镇十四都村
新昌县	镜岭镇雅庄村、东茗乡下岩贝村
嵊州市	甘霖镇施家岙村、甘霖镇东王村
新昌县	澄潭街道梅渚村

表 2-3　绍兴市 A 级乡村资源村庄评分情况

乡村资源等级指数	村名	乡村创建“硬件”因子（权重 30%）						乡村创建“软件”因子（创建 70%）					总分
		旅游分清小镇辐射村（5）	特色小镇辐射村（5）	3A 示范村（5）	3A 景区村（5）	交通可达性（5）	人居环境（5）	农业发展水平（15）	文旅农融合深度（15）	乡村文化内涵（15）	村民幸福指数（15）	发展潜力评估（10）	
A	柯岩街道叶家堰村	0	5	5	5	4	5	12	14	12	14	8	84
	柯岩街道新未庄村	0	5	5	5	4	5	14	13	13	14	8	86
	漓渚镇九板桥村	5	5	5	5	5	5	12	14	14	14	8	92
	上浦镇梅坞村	0	5	0	0	5	4	13	12	12	14	9	74
	上浦镇东山村	0	5	5	0	5	4	14	13	14	13	9	82
	上浦镇大善村	0	5	5	5	5	5	12	14	14	13	9	87
	山下湖镇枫江村	5	5	5	0	5	4	12	14	13	13	8	84
	山下湖镇新桔城村	5	5	5	5	5	5	13	13	12	13	8	89
	镜岭镇雅庄村	0	0	5	5	5	5	12	13	12	13	9	79
	东茗乡下岩贝村	5	0	5	5	5	5	14	14	12	14	9	88
	丁宅乡丁宅村	0	0	5	5	5	5	14	12	13	14	8	81
	章镇镇张村	0	0	5	5	5	5	14	12	14	13	8	81
	章镇镇秦山村	0	0	5	5	5	5	12	13	11	13	8	77
	甘霖镇施家岙村	0	5	5	5	5	5	13	14	12	14	8	86

（续表）

乡村资源等级指数	村名	乡村创建“硬件”因子（权重 30%）						乡村创建“软件”因子（创建 70%）					总分
		旅游分清小镇辐射村（5）	特色小镇辐射村（5）	3A 示范村（5）	3A 景区村（5）	交通可达性（5）	人居环境（5）	农业发展水平（15）	文旅农融合深度（15）	乡村文化内涵（15）	村民幸福指数（15）	发展潜力评估（10）	
A	澄潭街道梅渚村	0	0	5	5	5	5	12	14	14	14	9	83
	店口镇何家山头村	0	0	5	0	4	4	13	12	12	13	8	71
	山下湖镇新长乐村	5	5	5	5	5	5	13	13	13	14	9	92
	平水镇剑灶村	5	0	5	5	4	5	14	13	14	14	9	88
	平水镇宋家店村	5	0	0	0	4	5	12	14	13	14	9	76
	平水镇长塘头村	5	0	0	0	3	4	13	12	12	13	9	71
	平水镇王化村	5	0	5	5	4	5	11	12	13	14	8	82
	王坛镇新联村	5	0	0	0	4	5	13	13	13	14	9	76
	稽东镇家斜村	0	5	5	5	4	5	12	14	14	13	9	86
	王坛镇上王村	5	0	5	0	4	5	12	12	14	14	8	79
	稽东镇占岙村	05	0	0	4	4	12	14	12	13	9	71	
	甘霖镇东王村	0	5	5	5	4	5	12	14	14	14	9	87
	大唐街道上下文村	0	5	5	5	4	4	14	13	14	14	8	86
	五泄镇西皇村	0	5	5	0	4	4	12	14	13	13	8	78
	五泄镇十四都村	0	5	5	5	4	4	12	14	13	13	8	83

五、“六美”乡村的表达

（一）景美、宿美（图2-3）

图2-3 景色和民宿

（二）人文美、食美（图2-4）

图2-4 人文和美食

（三）产业美（图 2-5）

图 2-5　产业发展

（四）体验美（图 2-6）

图 2-6　农民体验

六、“六美”乡村的终极表达

基层党建在集体振兴中的作用：由村委组织的本地化管理运营公司从行政管理向产业服务运营平台的转型，成为新一轮美丽乡村产业提升运营的主轴心。

打通村域界限，连村结网形成游线，添加产品规模和体验空间；各村经过提炼的特色产业定位，构建区域文化 IP 总承。

新一轮美丽乡村在产业孵化和市场配套建设上的精准提升手法；农文旅高度融合，城乡深度协作的创新理念。

在地一产农业提质增效，标准化、体验感、文创化、科普化等手段层层推进，衍生品开发良性循环，研学休闲产业丰满兴盛。

生态修复与禹越乡村文化典型展示，超越近年来文旅线的浅层表达，争创绍兴特色风貌及传承的示范板块。共享经济、共荣机制在互联网科技的支持下，争创浙江乃至全国的践行示范高地并引领潮流。

绍兴市在打通自身行政管理壁垒，统筹住建、农业农村、文旅、教育、民政等部门下好一盘棋，体现现代建设治理的全局观。

第三章 越城区：古韵意水乡　醉美新越城

第一节 越城区美丽乡村的规划升级

一、现状分析

（一）美丽乡村建设成就

1. 村庄改造步伐加快，中心城区不断拓展

随着镇改街工作的推进，中心城区不断拓展，规划范围共涉及 12 街道 5 镇，东部四镇为村庄密集区域，绍兴市城市总体规划中除皋埠镇东侧和陶堰、富盛镇、孙端镇外，大部分区域纳入城镇开发建设区。

城中村改造步伐加快，城镇化进程加快。区内共有行政村 292 个，已拆迁安置村庄和村改居的 110 个，剩余 182 个，户籍人口 29.6 万人。

2. 美丽乡村稳步发展，水乡景村特色凸显

近年来，越城区美丽乡村建设成效显著，涌现出一批城镇、乡村建设的示范性村镇，其中中国历史文化名镇 1 个，省级历史文化村落一般村 4 个，浙江省 3A 景区村庄 5 个，省级精品村 7 个，市级精品村 22 个（图 3-1）。

图 3-1　美丽乡村

3. 农村产业不断融合，“农＋产业”快速发展

（1）农业综合生产能力明显增强。2016 年，全区农林牧渔业总产值 15.8 亿元，比上年增长 1.8%，农村居民人均可支配收入达到 28078 元（图 3-2）。

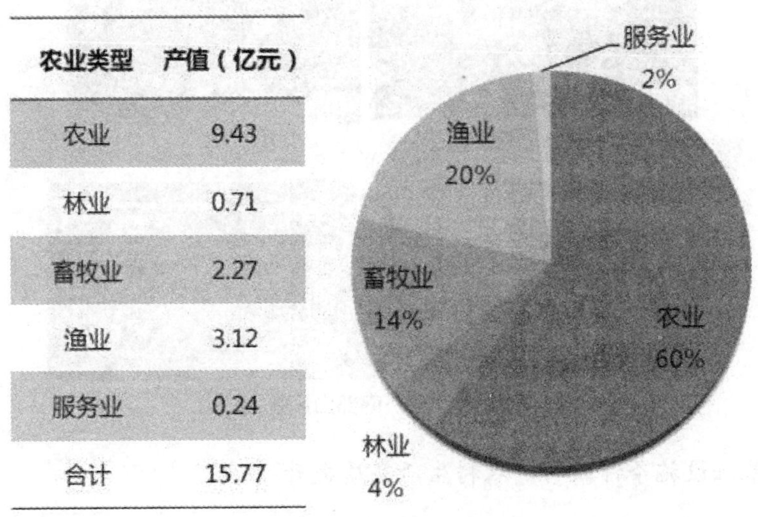

农业类型	产值（亿元）
农业	9.43
林业	0.71
畜牧业	2.27
渔业	3.12
服务业	0.24
合计	15.77

图 3-2 农林牧渔等比例

（2）现代农业园区建设成效日趋显著。全区建成市级以上现代农业园区 27 个，其中省级 16 个和市级 11 个，拥有市级及以上农业龙头企业 32 家，其中省级 4 家。

4. 农村产业不断融合，“农＋产业”快速发展

“农＋旅游业”项目开始出现，越城区农村范围共有 7 处景区，除传统旅游景区外，方圆观光农业园等依托农业的旅游观光项目开始出现，2016 年休闲观光农业产值达 6700 万元，占农业产值的 4%。

“农＋休闲产业”蓬勃发展越城区农业种植区内水果采摘项目各种植区已经展开，增加了农业体验休闲项目；初步统计农家乐项目 19 个，占地面积 5994 亩。

5. 南部山村青山叠翠，中部水乡碧水环绕

2016 年年底，全区累计创建省级生态镇街全覆盖，市级以上生态村比例达 46%，鉴湖街道骆家葑村、东浦街道王城寺村、东浦街道行宫山村、富盛镇红山村、文山村等村庄分别获得省级、市级森林村庄。

全区森林覆盖率达到 32%，森林蓄积量 58 万立方米，林地保有量 1.32 万公顷。PM2.5 均值每年下降 10% 以上（图 3-3）。

图 3-3　南部山风景

6. 基础设施条件改善，农村生活品质提升

2016 年，基本完成了农村生活污水改造和农村公厕提升改造，原有村庄给水、排水、电力、电信等设施的建设已形成一定基础，越城区村庄基础设施条件显著改善。

主要从以下方面开展工作：深入推进“五水共治”，共整治河道 506 条、清淤 500 余万立方米；165 个村庄完成生活污水治理工程，全面消除劣Ⅴ类市控断面水质；实现了一村一礼堂、一村一广场；乡村垃圾分类全覆盖（图 3-4）。

图 3-4　基础设施条件改善

（二）美丽乡村存在问题

（1）美丽乡村建设势头较好，但村庄文化内涵挖掘不足。各乡村的美丽乡村建设均处于大建设时期，发展势头良好，但缺乏对村庄记忆的挖掘，导致乡土记忆的丢失。乡上建筑在村庄建设中部分消失在村庄建设中，部分没有列入保护范围的乡

土建筑，由于没有得到重视，而逐渐消失。乡土文化缺少传承下去的动力，部分非遗文化遗产，因缺少活动土壤、传承人、传承动力，濒临消失。

（2）村庄局部特色凸显，但整体风貌参差不齐。规划区域内山水景观体系得到了很好的保护，局部建筑空间景观特色较好，但整体风貌不统一（图 3-5）。

（3）乡村产业水平不高，产业支撑仍需加强。农产品市场竞争力、产业带动力不够强，农业功能较为单一，农业经营规模较小，效益不明显；农产品品牌不够多、不够响，附加值不高；“一乡一业”“一村一品”产业发展格局没有大量形成；农产品加工外贸额以及休闲农业产值占农业总产值的比重均低于全省平均水平的 35% 和 66%。

图 3-5 村庄局部特色对比

乡村旅游业发展差异化程度不够，“吸金”能力不足，产业要素配套有待进一步加强。旅游“六要素”发展不平衡，特别是“行、购、娱”存在明显“短板”；旅游公共服务体系缺乏系统性配套，旅游咨询服务、交通集散、智慧旅游相对滞后；旅游企业发展不快，缺少上规模、带动力强的市场主体。

（4）环境整治扩面不足、配套设施均等性差。重要节点环境很好，村庄角落环境较差；经过美丽乡村建设整治，主要的景点、线路环境都经过了整治治理，整体效果较好，但是整治未涉及的区域环境质量仍然有待提高，整治扩面有待加强。

乡村配套设施均等性有待提高，村庄设施配套以村庄为单位进行配套，村庄规模大小不一，部分设施如文体活动中心等，每村一处，将导致规模较大或者分布较散的村庄，服务半径过大，未完全体现设施服务的均等性（图 3-6）。

图 3-6　乡村配套设施的改进

二、规划总则

（一）发展理念

党的十九大报告提出，实施乡村振兴战略，并提出了产业兴旺、生态宜居、乡风文明、治理有效、生活富裕的总要求。“五句话、二十个字”的总要求，呼应了时代新发展，顺应了农民新期待。新时代，乡村发展有了新蓝图；新时代，乡村发展要有新气象；新时代，乡村发展要有新作为（图 3-7）。

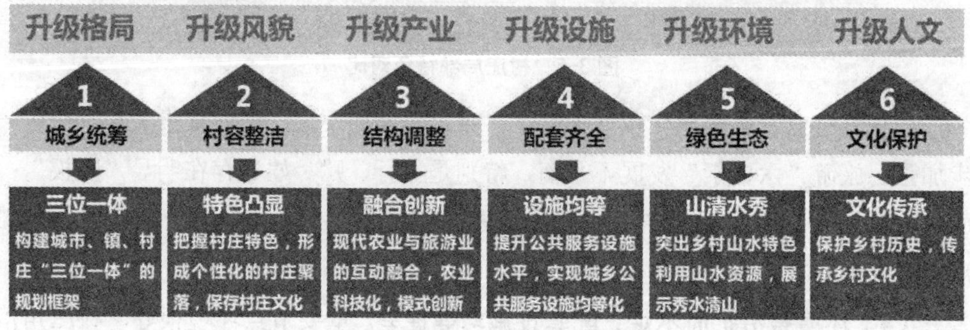

图 3-7　美丽乡村建设的方向

（二）定位目标

以山为脉、以水为魂，山以修身、水以育人；依托山水特色，发展养生休闲、文化旅游产业稽山养生休闲地、鉴水文化旅游乡。

三、总体空间布局

（一）空间结构

结合越城区的发展现状、资源禀赋，本次规划确定了“三带、四区”的空间结构。

1.“三带”

（1）鉴湖水文化景观带。恢复浙东运河水上交通，以水为吸睛点，以“东鉴湖”的保护开发为核心，连系青甸湖公园—绍兴老城—迪荡湖公园东湖景区—东鉴湖公园，科学规划、合理保护、适度开发，与绍兴文创大走廊相衔接，以山水为底、文化为脉，形成绍兴最具特色的水上风情线。

（2）会稽山文化景观带。利用南部山区的山水文化资源，以美丽乡村精品线为抓手，初步建成秦望探幽、悠闲西桐、文化上樊、平陶湿地、富盛马拉松、魅力西上等精品线，以景观带建设为重点，沿线环境整治为配套，建成美丽乡村升级版基本格局。

（3）曹娥江文化景观带。依托绍兴的母亲河—曹娥江北部入海段落的海塘文化、抗倭文化，以“律动娥江，绿野江村”为主题，立足曹娥江江景资源与沿线乡村内的特色资源，对接上虞曹娥江中上游段落规划，融入浙江省“钱塘江大湾区”建设，从构建“大花园大景区”高度出发，打造曹娥江美丽乡村景观带，将该条线路创建成为曹娥江全域“大花园大景区”建设的样本、钱塘江大湾区“拥江发展”的新拓展。

2.“四区”

东鉴湖湿地公园旅游区、东南山水休闲文化区、秦望山休闲养生区、鲁迅外婆家文化体验区，这 4 个区是越城区东部及南部不同主题及特殊的景观区域，通过挖掘现有资源，整合已有项目特色，合理规划旅游项目，以优势资源点为特色形成组团，对各组团村庄进行不同的发展导向，实现不同的管控措施。

（1）东鉴湖湿地公园旅游区范围。东鉴湖湿地周边。涉及村庄：岑前、五联、仁渎、杨浜、高平、大皋埠、小皋埠、集体、五和、后堡、金墅、邵家楼、吼山、藕泾、南湖、白塔头、横旦、前孟葑、后孟葑、张家岙、义峰、乌石、辂山、胜利、茅洋、浔阳、陶堰、亭山、泾口等村。

（2）东南山水休闲文化区范围。富盛镇域、皋埠镇南部。涉及村庄：坝口、坝内、阮家湾、腰鼓山、东杨湾、上蒋、下堡、皇埠、攒宫、牌口、夏葑、富盛、凤旺、青马、倪家楼、上旺、红山、诸葛山、金溪、文山、董溪等村。

（3）秦望山休闲养生区范围。鉴湖街道南部。涉及村庄：玉屏、丰乐、王家葑、坡塘、芳泉、秦望、上谢墅、谢墅等村。

（4）鲁迅外婆家文化体验区范围。以孙端镇为主体，包括马山南部与孙端接壤区域。涉及村庄：孙端镇全部村庄以及马山镇尚巷村、红江村、张念宅村、西墅村、车一村、车二村、上许村、赏余村、储墅村、储二村、亭渎村。

（二）空间发展引导

根据规划空间结构、村庄管控区域的划定情况、所处位置提出各村空间发展引导措施，划分融合发展、控制发展和引导发展村庄。

行政村共 292 个，已经拆迁安置村或村改居 110 个，剩余 182 个村庄规划布局划分为 3 种类型：①融合发展村庄，75 个，指城郊型村庄，主要集中在镜湖、绍兴城南街道、东湖街道、皋埠镇中心区块。②控制发展村庄，43 个，主要集中在东湖街道东部、皋埠镇以东、斗门街道以南、马山镇以西。③引导发展村庄，64 个，皋埠镇南部、东浦黄酒小镇、富盛镇东南部、鉴湖街道西部、孙端镇。

1. 融合发展村庄

城郊融合类村庄 75 个，指城镇规划建成区内的村庄，具有向城市转型的条件，具体如表 3-1。空间引导措施如下：加快城乡产业融合发展、基础设施互联互通、公共服务共建共享；建设模式原则按城市要求控制，推动农村社区向城市社区转型在治理上体现城市水平；逐步强化服务城市发展、承接城市功能外溢、满足城市消费需求能力，为城乡融合发展提供实践经验。

表 3-1 城郊融合类村庄

所属区域	融合发展村庄名称	数量（个）
府山街道	朱家岙村	1
城南街道	任家塔、南山头、繁荣、九一、新村、凤凰、和平、蔡家江、邹家葑、庄里、劳家葑等村	11
鉴湖街道	南池、骆家葑、栖凫等村	3
皋埠镇	山前徐、东林、坝头山、西湖岙、樊江、新桥、集体、东龙山、独树等村	9
东湖街道	永宁、柏舍、朱尉、浪头湖、岑前、五联、杨浜、仁渎等村	8
陶堰镇	陶堰、茅洋、亭山泾口、浔阳等村	5
灵芝街道	大善、墨庄、梅东、后诸、庄头、西山头、立岱、 张市、白鱼潭、小善、山泉、七里江、前王、潞庄、潞阳、林头、五峰、青云、嘉会、西蚌潭等村	20
东浦街道	鲁东、王家、邵家岸、鉴湖、庆丰、湖口、大葛、联盟、王城寺，袁川、金家、邵家、杨川、炬星、群力、利华、鲁西、赏祊村等村	18
小计	—	75

2. 控制发展村庄

控制发展村庄 43 个，指因城镇发展需要进行规划控制的非城镇建设用地范围内的村庄，具体见表 3-2。

表 3-2 控制发展村庄规划

街道名称	控制发展村庄名称	数量（个）
鉴湖街道	谢墅村、上谢墅村、丰乐村、芳泉等村	4
皋埠镇	藕泾、胜利，前孟葑、后孟葑、坝口、腰鼓山、 阮家湾、吼山等村	8
东湖街道	高平、小皋埠、大皋埠等村	3
陶堰镇	横旦、南湖、白塔头等村	3
富盛镇	夏葑、铬山、富盛、倪家楼等村	4
灵芝街道	茶湖村	1
东浦街道	壶觞村、清水闸等村	2
斗门街道	富陵村、朱家潭村、褚家村、洋江村，方徐村等村	5
马山镇	东豆姜村、永兴村、永乐村、马山村、东星村、 宁桑村、宁六村、西豆姜村、恂北村、恂南村、 马山镇 陆家埭村、直乐施村、檀渎村等	13
小计	—	43

空间引导措施：有控制的发展，控制人口的数量及大规模的新建设；控制村庄建设，为城市基础设施建设预留空间，允许在规划的城市基础设施等用地范围内建房；控制新增建设用地，鼓励引导建设集中农民公寓，向大型社区、集镇集聚，同步配套社区公共服务设施。

3. 引导发展村庄

引导发展村庄64个，指在相当长的时间内保持稳定的乡村化形态需积极发展的村庄，如表3-3。

表3-3　引导村庄发展规划

街道名称	引导发展村庄名称	数量（个）
鉴湖街道	秦望、 坡塘、王家葑、玉屏等村	4
皋埠镇	皇埠、攒宫、牌口、上蒋、东杨湾、下堡、坝内等村	10
东湖街道	后堡、五和等村	2
陶堰镇	张家岙、邵家楼、金墅等村	8
富盛镇	上旺、诸葛山、乌石、凤旺、红山、青马、义峰、 金溪、董溪、文山等村	12
东浦街道	南村、东浦等村	16
斗门街道	荷湖村、璜山北村、上窑村、凤村、百盛楼村、 前璜村、后璜村、斗门村等村	64
马山镇	尚巷村、红江村、上许村、亭渎村、张念宅村、 西墅村、车-村、车二村、赏余村、储墅村、 储二村、徐潭村等村	4
孙端镇	安桥头村、皇甫庄村、村头村、新河村、小库村、 榆林村、红鲍村、三条楼村、后双盆村、张家沥村、前双盆村、孙端村、樊浦村、镇塘殿村、许家埭村、 吴融村等村	10
小计	—	43

空间引导措施：对该区域内村庄建设进行引导性控制发展，根据各村自身特色引导并鼓励发展相应产业；加快改善村庄基础设施和公共环境，统筹规划各项公共服务设施，重点完善村庄基本公共服务设施的配置标准。壮大特色优势产业，优化乡村发展布局，合理利用村庄特色资源，发展乡村旅游和特色产业。

4. 村庄发展引导

结合特色发展策略，以明确村庄的发展愿景，重视村庄及聚落资源旅游价值的潜力。对 64 个引导发展村庄进行分类，根据现状资源禀赋，提出相应的发展规划策略，分为历史文化村、度假休闲村、农业示范村、美丽乡村四类，如图 3-8。

图 3-8 村庄发展引导

（1）历史文化村落。历史文化村落指具有悠久的历史记忆和深厚的文化底蕴的地方特色村，既包括村落的山体、河流、民居、祠堂、庙宇、桥梁等物质文化遗产，也涵盖了各类民风习俗、民间信仰、节庆仪典、工艺技术、特色物产等非物质文化遗产。

上旺村——红心上旺养心岩里

规划定位：长三角乡村休闲度假胜地、浙东森林康养基地、党政干部教育园、中小学学农教育中心。

特色资源：上旺片，茶山、知青屋、十三排民居、地下水库、上旺精神等；岩里片，拥九级岭、水库、步道、竹海、山地茶园等。

发展思路：上旺片重点突出“江南大寨”上旺村的“八把山锄创大业”的红色精神，打造红色文化旅游体验区和教育基地。岩里片重点突出世外桃源岩里的秀丽风光，通过对传统风貌的保护，打造成乡村休闲养生度假区。

产业引导：引入红色文化体验、党政干部教育、疗养养生、农家乐、农耕体验、森林康养、休闲民宿、时尚运动等产业项目，实现上旺旅游业态的多样化。

后堡村——英雄故土爱国基地

特色资源：后堡村位于绍兴市级粮食功能区，村内胡家祠堂已成为“绍兴皋北抗日自卫队纪念室”“新四军事迹陈列馆”和绍兴市爱国主义教育基地；后堡桥为市级文保单位。

规划定位：绍兴市爱国主义教育基地，红色旅游目的地。

产业引导：以发生在后堡村的抗日英雄事迹和设施为依托，大力发展红色旅游产业。并适当发展农业种植、农产品深加工为补充的产业结构体系，如图3-9。

图 3-9 历史文化村落——后堡村

南村——历史传承黄酒飘香

特色资源：南村位于东浦黄酒小镇规划范围的东南侧，村内有 5 处保存较为完整的台面历史建筑，省市卫生村、小康示范村、市级文化特色村、市级生态村、巾帼示范村和省级老年活动中心等荣誉称号。

规划定位：聚焦黄酒产业、具有独特文化内涵和旅游功能的酒坊 + 水乡村落的

“江南水乡古村落”。

发展思路：注重绿色生态与传统文化的保护，保持合理的街巷空间尺度。

产业引导：以黄酒产业为发展依托，注重旅游业的发展，打造旅游为主导的特色产业，如图 3-10。

图 3-10 历史文化村落——南村

牌口村、攒官村——南宋新风山水村落

规划定位：南宋文化展示区、宜居宜游景中村。

特色资源：宋六陵、茶园、竹林。

发展思路：彰显南宋文化，打造文化山村，围绕“南宋遗风”主题，将南宋时期丰富的诗词、绘画等作为文化内容，融入景观建设及建筑立面改造中，结合南宋时期特有的青砖等杆料，牌口杆青瓦白墙的建筑，展示一幅南宋山杆的画卷。突出竹茶景观，打造景区山村，围绕“竹茶”这一元素，结合生态山水风貌，通过植物配种、绿化提升，衬托高风亮节、正直顽强等精神文明，用景观反衬牌口杆的人文精神。

产业引导：发展依附型的旅游模式，围绕宋六陵文化，以景区互补项目、服务项目为发展方向，同时立足自身资源，凸显特色，打响自身知名度。

秦望村——十里[illegible]溪：美丽秦望

特色资源：有妃子庙、筠溪民居（3 个）、秦望水坝遗址等 5 个市级文单位（文保点）。有秦望山及其他农田水系山林历史遗迹等。

规划定位：以“十里筠溪秀、山地古村情”创建为突破口，全力将秦望村打造成为“南闲”会稽山精品游线上农旅结合的主要休闲地、引领全省美丽宜居示范的魅力传统古村落。

发展思路：按照习近平总书记“两山”思想，坚持五大发展理念，全面加强传统村落文化遗产保护，合理适度开发，努力实现传统村落的旅游形象金名片。

产业引导：打造以发展休闲旅游、健康养生等相关产业为主、现代农业种植生产为辅、农产品深加工为补充的产业结构体系，从而引导村庄“一村一品”式发展，如图 3-11。

图 3-11　历史文化村落——秦望村

（2）度假休闲村。度假休闲村主要包括东杨湾、上蒋、红山、诸葛山 4 个村庄。村庄均依山而建，山地景观资源丰富，紧邻中心城区，可发展养生养老运动康体、生态度假产业，开发以度假休闲村为主要形式的特色项目，突出以农、以村为特色，以环保、绿色、有机、健康为主题，让游人在田园中躬耕、栽植、收割、采摘中体验耕耘的快意。

东杨湾村

自然资源丰富，交通便利，可结合上樊公路美丽乡村精品线发展休闲农业，农业为核，联动三产，发展融合田园休闲、乡村游乐、文化体验、养生度假等功能于一体的田园休闲旅游度假区。

上蒋村

交通便利，景观秀美，位于上樊线美丽乡村精品线东侧，人文底蕴深厚，可结合精品线建设，突出以农、以村为特色，以环保、绿色、有机、健康为主题，发展乡村养生度假项目。

红山村

位于诸葛仙山景区东北侧，村庄整体风貌较好，拥有绍兴市最大单体林地流转项目一方家坞大岙林地项目，用于发展旅游业及相关服务产业，配套建设相关旅游休闲设施，打造度假休闲村，如图 3-12。

图 3-12　度假休闲村——红山村

诸葛山村——诸葛仙山度假胜地

规划定位：依托诸葛仙山国家 AAA 级旅游景区，把诸葛山村打造配套设施完善、接待能力强、服务项目有特色的旅游度假村。

特色资源：旅游特色——拥国家 AAA 级旅游景区；人文特色——相传为诸葛亮之兄诸葛瑾制茶沏茶、品茶论诗之地，故称诸葛山。

东晋时，道教理论家、医学家、炼丹术家诸葛洪曾入此山炼丹，诸葛山由此得名；风貌特色——拥自然山水田园风貌的美丽乡村。

发展思路：依托诸葛仙山国家 AAA 级旅游景区，积极拓展山水观光、乡村休闲、旅游度假、文化体验、疗养养生等项目，满足吃、住、行、游、购、娱六要素，从山水景观、文化资源、旅游配套方面挖掘自身优势。利用现状鲜果种植业，开发特色品牌产品；以“民俗”为抓手开展农事民俗体验；以现状民居、农舍等资源发展农家乐、主题民宿、度假养生基地等。

产业引导：大力发展旅游配套服务业，如主题民宿、餐饮、购物、民俗体验、户外拓展等项目；开发具有特色的旅游产品，如四季鲜果、特色农产品竹笋、茶叶等，如图3-13。

图3-13　度假休闲村——诸葛山村

（3）农业示范村。 农业示范村主要包括义峰下堡、凤旺、乌石、张家呑、王家葑6个村。坚持绿色可持续的理念，发展休闲农业、农业示范区，建立农业示范基地，通过新技术、新产品的研发，带动整个区域的农业发展。开发田园观光、农事体验、蔬果采摘、渔业休闲等项目，推动乡村旅游发展。

义峰村

拥有富盛绿色农业示范区、北山秸秆养生生态牧业园，已成为绍兴现代农业样板。围绕生态循环农业的发展目标，全面创建“越城区东部省级生态循环农业示范区”。

下堡村

围绕皋埠镇下皋生态循环农业园发展设施农业，重点开展农业标准园的建设，推进蔬菜、水果、茶叶、水产、畜牧等主导产业转型升级，培育具有较强竞争力的精品农业。

凤旺村

围绕“凤旺村粮食功能区”、农业茶园，发展高效农业、有机农业，围绕绿色可持续发展，加强粮食生产功能区管护，深入实施耕地质量提升、水稻产业提升、小型农田水利建设、高标准农田建设和土地开发整理等工程项目（图3-14）。

图3-14　农业示范村——凤旺村

乌石村——钱王福地信义乌石

规划定位：围绕“钱王大吉福地（彰显钱王文化），买地信义乌石（突出信义文化）”等主题，打造成为“浙江省 3A 景区村庄”农业旅游示范村。

特色资源：现存土地庙、钱王大吉碑、浙江省级文保单位建初买地摩崖刻石等文物古迹。全村拥有 700 余亩的优质蔬菜大棚种植区，为绍兴市级菜篮子基地。

发展思路：立足党建精神内涵和乌市地域特色，以“党建 +”“文化 +”“艺术 +”“生态 +”为抓手，构建以美丽党建、旅游服务为主的公共服务设施，以历史人文为主线、乡红气息为特色的文化景观，以都市农业、乡村休闲为一体的乡村产业。

产业引导：整合资源——充分利用现有资源和周边资源，抱团联动发展，最大化挖掘乌石村的价值内涵；彰显文化——尽可能挖掘乌石的历史文化内涵，并形成核心价值，突出差异化特征；农旅结合——打响“绍兴菜篮子基地”招牌，进行高效集约化园区生产，发展优质农业。定期举办亲子游园、种植体验、采摘品尝、辅助加工等休闲观光活动。

张家岙村——“农 + 村庄”示范体验

规划定位：现代农业体验示范基地、农业旅游发展示范村。

特色资源：蓝莓、葡萄等果蔬、瓜果类基地。

发展思路：拥有蓁茂果蔬现代农业园，为越城区现代农业科技示范基地，以蓝莓、葡萄等果蔬、瓜果类农产品为特色，规划应提高示范区资源再利用化、设施化、集约化，同时发展为体验农业服务的相关产业。

产业引导：主要发展现代体验农业，增设体验活动，发展相应的民宿、养老等相关产业，配套体验农业发展（图 3-15）。

图 3-15 农业示范村——张家岙村

王家葑村——美丽花田幸福家园

特色资源：水网发达，水资源丰富，葡萄种植、水产养殖。先后被评为省文明村、省卫生村、省文化示范村、省绿色示范村、省科普示范村；市小康示范村；区第一批新农村建设示范村等。每年农历正月十五元宵节，为村办集体活动日、阳历6月10日为村爱心日，发动群众进行爱心捐款，“相亲相爱、守望相助”。

规划定位：打造美丽乡村升级版，大力发展乡村休闲旅游。

发展思路：抓住“五星达标、三A争创”的契机，挖掘发展水乡文化建设，以葡萄采摘、民宿建设，促进村庄的发展。

产业引导：打造以发展休闲旅游产业为主、现代观光农业为辅产业体系（图3-16）。

图3-16　农业示范村——王家葑村

5. 美丽乡村

美丽乡村为经济、政治、文化社会和生态文明协调发展，规划科学、生产发展、生活宽裕、乡风文明、村容整洁、管理民主，宜居、宜业、宜游的可持续发展乡村，建设美丽乡村主要包括坡塘、玉屏、坝内、皇埠、五和、金墅、青马、金溪、董溪、邵家楼11个村庄，通过村庄改造、建设，建成美丽乡村（图3-17）。

图 3-17 美丽乡村

坝内村——青山陡石华顺江水

规划定位：吃、住、行、游、购、娱为一体的 3A 级特色文化精品村。

发展思路：整合村庄资源，打造精品乡村新增的节点；沿华顺江的江景游。线及串联各节点的旅游景观线；结合采石遗址发展攀岩旅游。

特色资源：水——华顺江水；山——梧桐山庄，水库资源；农业——农田、果园；生态——苗木基地转型果园开发，岙底自然村精品葡萄园；人文——坝内石文化公园，采石场遗址。

产业引导：开发攀岩旅游及其配套产业，利用现有民房改造成特色民宿。

村庄整治：按照精品村要求，按照点线面 3 个层次进行整治，近期实施岙底入口节点、东陈入口节点、华顺江两岸绿化提升、道路沿线整治等工程。

金溪村——山居古村，金色溪语

规划定位：绍兴市山水修养旅游古村，古法技艺传承弘扬基地，具有淳朴民俗风情的特色村庄。

特色资源：旅游特色——富盛马拉松、山地骑行、古道探峰、古法造纸等技艺体验、禅修养生；产业特色——竹编工艺品、茶叶、白芨、干菜笋干、莲藕等；文化特色——造纸文化、农耕文化、刘邦文化；风貌特色——山水田园乡村。

发展思路：着力加强基层党建引领，以精神文明为引领，带动村庄全域景区化发展；整体加快旅游环境营造，农旅结合，有侧重的景区化打造，全域谋划农旅产业发展；全面推进美丽乡村建设，重点打造村庄节点，提升环境景观。

产业引导：一二三产业协同发展，一产分为两大片区，位于村庄南部：田园经济区、山林经济区；二产位于村庄中部：农产品加工区；三产分为两大片区：五峰岭景区、金岙美丽乡村旅游片（图 3-18）。

图 3-18　美丽乡村——金溪村

6. 推动美丽乡村建设从“一处美”向“一片美”转型

（1）五星达标。满足“五星达标、3A 争创”的创建标准，争创“党建星、富裕星、美丽星、和谐星及文明星”五星达标。截至 2020 年年底，全区 70% 的村实现五星达标。

前置条件：每个“五星达标”创建村均须修编完成村庄建设规划。

目标任务：以创建规划为指导，以“党建、富裕、美丽、和谐、文明”为目标，落实“规划、五提升”（即创建规划、基层党建提升、生活富裕提升、美丽乡村提升、和谐社会提升及精神文明提升）的工作任务。

（2）3A 争创。达到国家 3A 级景区的创建标准，实现农村生态环境明显变化，乡土特色风貌充分彰显，农民生活品质全面提升的村庄。截至 2020 年年底，全区 15 个村庄达到国家 3A 级景区的创建标准。

前置条件：每个“3A争创”创建村均须修编完成村庄建设规划。

目标任务：以创建规划为指导，以打造美丽乡村升级版、推进乡村景区化建设为目标。落实“一规划、五推进”（即创建规划，推进资源生态保护、推进环境综合治理、推进基础设施配套、推进文明成果共享、推进产村融合发展）的工作任务。

第二节 绍兴皋埠镇景观设计的方案研究

一、规划背景

自2004年以来，中央已连续17年出台了关于“三农”工作的中央一号文件，充分体现了中央对于农业、农村和农民这三大问题的高度重视。建设社会主义新农村既是我国现代化进程中的重大历史任务，也是破解“三农”问题的重要抓手，而美丽乡村建设则是新农村建设的一种有效载体。

2010年，浙江省委十二届七次全会审议通过了《中共浙江省委关于推进生态文明建设的决定》，并提出坚持生态省建设方略、走生态立省之路，打造“富饶秀美、和谐安康”的生态浙江，努力实现经济社会可持续发展，不断提高浙江人民的生活品质。深入实施“千村示范，万村整治”工程，全面推进农村环境“五整治一提高”，大力创建生态文明村，加快建设“美丽乡村”。

2011年，绍兴市积极响应省委省政府号召，加快美丽乡村建设，以优化人居环境、加强农村环境综合整治为主要抓手，因地制宜地同步推进村级经济发展与农村住房解困工作，围绕“富裕、宜居、洁净、文明”四大建设关键词，取得了一定的成绩。但总的说来，城乡差别仍然存在，美丽乡村建设对绍兴市的发展举足轻重，具有特别重要的意义。

二、规划原则

（一）一体筹划、统一规划、分步实施

坚持规划引领，将越城区作为一个“大景区”进行统一规划。进一步完善空间布局，完善集镇、乡村、景区的各项配套功能，深度融合美丽乡村和风情小镇。按照市城总体规划、土地利用总体规划和生态功能区规划，科学布局，不断优化各项规划体系，统筹做好各项规划的有效衔接，构建科学有序的美丽乡村建设体系。

（二）生态为心、以人为本、产业优先

生态环境是人类赖以生存和发展的基本条件，是农业生产和农村经济发展的基础。保护和建设好生态环境，建设良性循环的生态农业，实现农业可持续发展，是我国现代化农业建设的一项基本方针。无论在山区、平原，还是海岛，都要坚持“绿水青山就是金山银山”的理念，把环境保护与开发利用有机统一起来并相互促

进。

以人为本，就是始终把农民和谐幸福作为美丽乡村建设的出发点和落脚点。建设为了农民，建设依靠农民。始终把农民的利益放在首位，充分发挥农民群众的主体作用，尊重群众的知情权、参与权、决策权和监督权，引导农民积极参与美丽乡村建设。

产业优先，就是要根据村庄定位，围绕宜农则农、宜游则游、宜居则居，在美丽乡村建设中全力突破制约发展的各种因素，注重做精做优乡村特色产业。在美丽乡村的规划和建设中，要切实用足用好建设资金，充分挖掘村庄发展潜力，把快速改变村庄面貌与促进村庄长远发展有机结合起来。

（三）因地制宜、注特色、打造精品

美丽乡村建设规划要结合每个村独特的自然环境、人文地理、产业基础、民俗风情和当地农民的生产生活习惯，在规划布局、建筑形式、建造方式、环境利用和资源开发各方面注重挖掘人文遗产，彰显地方特性，弘扬民俗文化，发展绿色产业，展现鲜明乡村特色和浓郁乡土文化韵味。扎实有效地推进精品村、特色村建设，把越城区打造成一张具有一定知名度和影响力的对外名片，实现社会效益和经济效益的双赢。

三、历史沿革

南方於越文化与北方汉文化的交融。新石器时代上山文化、小黄山文化、跨湖桥文化、河姆渡文化、良渚文化等遗址都在这块土地上被考古发现，证明该区域一直生活着於越民族的祖先。

在 4100 年前，禹率领人民治理洪水，开创夏朝，在苗山会合天下诸侯，苗山改名为会稽山。公元前 1888 年，在会稽山区建立越国，守卫大禹陵。从此，浙东地区正式出现了最早的奴隶制诸侯国。越国前期，连续七代越王一直和夏朝保持密切的君臣关系。

北宋末年，汉人再次大规模南迁，促使南宋汉人汉文化在江南和东南沿海地区的发展，并获得了崭新的辉煌灿烂。以蒙古贵族为主建立的多民族的元朝，制定和实行了不平等的“四色人等”民族统治政策，将南宋治辖下的汉人和各少数民族统称为“南人”列为最低一等。但它却在客观上推动了汉文化与南方各少数民族文化的交融、汇合，以及在南方少数民族地区的发展和传播。

自宋室南渡后，以临安（今浙江杭州）为都的宋朝，则被称作南宋。在南宋立国的153年中，先在绍兴建立行宫，接着宋高宗取“绍弈世之宏体，兴百年之丕绪”之意，改元为绍兴，升越州为绍兴府，继而将绍兴列为陪都。当哲宗孟太后在绍兴驾崩后，又选定会稽上皇山（又名宝山）作为孟太后灵柩的攒殡之地。后人取名为“攒宫”。

这种民族的融合，在水乡独树一帜的生产生活环境中，使农业、商业、手工业和文化艺术得到迅猛的发展，逐步形成了独具江南特色的地域文化。

四、现状分析

（一）皋埠镇总体规划

皋埠地处水乡平原，具有天然的水运条件，现皋埠镇政府所在地为古鉴湖沿岸地带，史载皋埠之名始于宋代，长期以来自然形成地域商品交易集散地，历来有“银皋埠”之称。清末（1910年）始设镇建制，此后至今100多年内，虽然镇建制时设时废，或改设乡，但却始终是绍兴城东部区域的一个重要中心地，作为所在乡镇一级区域的行政和经济中心的地位始终未曾改变。

根据2000年浙江省省域城镇体系规划，在省域城镇等级规模结构中，皋埠镇是全省136个要积极培育的中心镇之一，2007年省政府出台中心镇培育工程，皋埠镇也名列141个重点培育的中心镇。皋埠镇原总人口61427人，行政区划变更后，划出8个村，划进12个村和1个居委会，总人口变为5.5万人左右。

总规上镇区建设用地近期为8平方千米，远期为15.3平方千米。

城镇规划空间结构可概括为：一心、两区、两轴、三园、一带一环。

（1）一心。一个创中心。

（2）两区。两片城空间发展区域。

（3）两轴。人民路和吼山路为两条城空间发展轴。

（4）三园。吼山风景区、洋湖泊生态湿地公园和东湖风景区为3个风景化公园。

（5）一带一环。古运河绿化景观带和环镇区绿化景观带构成镇域一带一环。

（二）规划目的

贯彻落实省、市农村工作会议精神和省、市美丽乡村建设行动计划（2011—2015），按照“规划科学布局美、村容整洁环境美、创业增收生活美、乡风文明素质美”的总体要求，以二片三线建设为重点，以打造都市后花园为目标，通过本次绿道的设计，串联沿线景区景点、精品村、中心村、特色村、一般整治村等，实现旅游向乡村旅游过渡延伸，改善东桐公路、西桐公路、上樊公路的基础设施建设及提升旅游服务与运动休闲氛围，特制定本次规划切实加快美丽乡村建设步伐。

（三）规划数据统计

绿道规划可分 3 期：①近期：以中山中路、东桐公路、西桐公路、上樊线、人民东路，形成环线，全长 20 千米；②中期：可延伸上樊线至 104 国道，沿 104 国道转三环线接入民东路，全长 30 千米；③远期：由上樊线接皋马线转杨赵线达三环线，全长约 40 千米。

五、绿色分段设计主题

绿道译自英文单词“greenway”，来源于 greenbelt 和 parkway；green 意指自然或半自然植被；way 是人类和其他生物的通道。这是绿道的 2 个重要特征，在景观生态学中，绿道属于廊道范畴。人们对于这种特殊的廊道有一定的感性认识，例如保留自然特征的河流廊道、城市河岸的带状公园和城市道路两侧的立体绿化带等。植被组成以乡土自然植被为主。国内“绿道”具有景观设计学和社会学两个方面的概念。

（一）景观设计学

在景观设计学方面，绿道指一种“绿色”景观线路。一般沿着河滨、溪谷、山脊、风景道路、沟渠等自然和人工廊道建设，可供游人和骑车者徜徉其中，形成与自然生态环境密切结合的带状景观斑块走廊，承担信息、能量和物质的流动作用，促进景观生态系统内部的有效循环，同时加强各景观斑块之间的联系。

（二）社会学

绿道还承担着沟通城市与风情小镇、精品村、中心村、特色村、一般整治村等城乡之间的绿色廊道及慢行系统，是一项民生工程、富民工程、精品工程。绿道有如下 8 个分段主题。

1. 华顺江火

绿道设计意向：华顺江畔临水遍植乌桕，其秋叶饱霜后的鲜红可爱的秋色秋意与两岸的夜来万家灯火、星河一道水中央的温馨民居生活相生相融，辉映出一幅昼夜生辉交替，点亮了华顺江两岸的风景（图 3-19）。

图 3-19 绿道分段主题——华顺江火

2. 灵山奇石

绿道设计意向：历经千年的开山采石，逐步形成了壁崖、石峰、壁洞。在采石而成的崖潭映衬下，形成影壁绰绰的秀绝风景，以它卓绝的凌云之姿和裸露的岩肌，承载着千百年吴越历史人文，并将“古越石文化典型”的厚重表达得神采尽显（图 3-20）。

图 3-20 绿道分段主题——灵山奇石

3. 墨竹叠翠

绿道设计意向：竹林满坡，修篁遮天，在春风里，破土竹笋、枝梢新芽，一片新绿盎然生机；在夏日下，老竹新篁，竹影参天，一派蝉远幽微清散。在雨季里那些生在坡上，长于房前，植于屋后，漫山遍岭终成翠竹成荫，犹如融化的竹沥从弯曲的竹梢上滚落下来，浸湿了蜿蜒的乡间小道、田埂、石径。构成了竹的“绿、清、凉、静”，远离尘嚣的别样禅意世界（图 3-21）。

图 3-21　绿道分段主题——墨竹叠翠

4. 茶园寻春

绿道设计意向：青山绕四周，茶山叠嶂，一座座茶园落山岗，一排排茶树行成墙，满眼望去，层层的都是梯田里修剪得整整齐齐的茶树。每当清明时节，云雾缭绕的山坡上，采茶女的身影隐现在茶园如茵绿波里悠游，鸟鸣茶歌，婉转相应，为秀美茶山平添了一份灵气，也是春天越乡皋埠独特的人文景色（图 3-22）。

图 3-22　绿道分段主题——茶园寻春

5. 十里稻浪

绿道设计意向：国家级农田保护区，整齐划一的田野。那一望无垠的稻浪滚滚闪着金光，十里歌声十里稻香，丰收的喜悦挂在田间穗头，农民家家户户增收满仓的喜洋洋随着收割机的隆隆打谷而飘扬在这十里金色中（图 3-23）。

图 3-23 绿道分段主题——十里稻浪

6. 古陶遗韵

绿道设计意向：小小的陶器具的纹印里折射着那远古岁月里不熄的窑火，千年遗存的制陶史更写尽了千百年的历史与文化的春秋。印纹陶器的故事和美丽，陶醉着天下人（图 3-24）。

图 3-24 绿道分段主题——古陶遗韵

7. 杉林秋风

绿道设计意向：沿途杉树茂列，像一个个等待检阅的阵列，平日里，风起处，阳光从枝叶梢头的空隙处洒落在路上，金色斑斑，光点跳动，映得林下的衣袂尽绿；待至霜降后，满树的针叶又恰如映日彩霞，将整个林带染得霞光溢彩（图 3-25）。

图 3-25　绿道分段主题——杉林秋风

8. 吼山花海

绿道设计意向：阳春三月飞红雨，天风吹堕万山红。吼山上下万千桃花汇成一片粉色海洋，一望无际的春粉在蓝天白云的映照下显得分外娇艳明媚，落英缤纷，溪水流红。黛瓦素墙星罗棋布，像一幅巨型画卷，绘尽田园春色（图 3-26）。

图 3-26　绿道分段主题——吼山花海

第三节 秦望山美丽乡村一期建设

一、区域范围

项目辖属越城区鉴湖镇，区域内涉及3个自然村（濮村、马园、筠溪）。项目范围区块南至秦望山脉，北临绍诸高速，西望兰亭，东接平水。规划控制范围约1887公顷。规划涉及5条主线及外围山林。

一期为其中一条主线——田园古村寻迹之旅，区块范围北至秦望村村委，南抵马园村，东至百家岙一带，西至长山一脉，规划用地面积约120公顷（1800亩）。

二、交通分析

区域内有数条村道，连接各个自然村交通便利。秦望山脉有数条健身登山步道，串联各个山脉。新建32省道（兰亭至平水方向）从本区块穿过，打通各区快速联系通道。

三、用地性质

一期内居民居住点主要集中在胡家塔村和马园2个自然村。

农田位于主要村道两侧，种植水稻等农作物为主，并种植部分猕猴桃、樱桃等特色经济作物。

四、现状资源分析

（一）水系资源

水系主要有秦马溪、秦濮溪、筠溪3条，呈树枝状，沿着主要村路一侧走向，大部分已砌坎完成。但存在溪水水量不足，甚至干涸现象。区内有2处水库，环境尤为优美（图3-27）。

图 3-27　水系资源

（二）现状分析——建筑风貌

现状地块建筑风貌可分为如下三类。

1. 一类风貌建筑

已列入或者尚未列入文物保护单位名单，具有一定历史文化价值的历史建筑，如龙潭寺（图 3-28）。

图 3-28　风貌建筑

2. 二类风貌建筑

指建筑空间形态，建筑形式、体量、高度、色彩、材料等大体上能与历史建筑协调，但仍需修缮的建筑。此类建筑在胡家塔村较少，马园村内有一部分存在（图 3-29）。

图 3-29 二类风貌建筑

3. 三类风貌建筑

为村民近 20 年来翻建、改造的小洋房、搭建的附房等，其形式、色彩、材料等不符合传统风貌的建筑。胡家塔村大部分建筑以此类建筑为主，马园村北部也有不少，对环境风貌有较大影响（图 3-30）。

图 3-30 三类风貌建筑

五、一期设计介绍

（一）设计定位

以“秦望探幽”美丽乡村建设为契机，依托有利的区域优势、便捷的交通环境和地域特色农业优势，发展观光农业和休闲旅游业，将这一条线路打造成为“都市人的后花园、农家体验游憩园”，建设成为美丽乡村精品村。景观特色为“秦望古村山水美，溪道伴行农野香”。功能布局为“一轴六区十二节点”。

一轴：交通联系轴一村道。

六区：2个新农村风貌区、1个传统建筑风貌区、1个水库露营休闲区、1个田园风光体验区、1个果林观光骑行区。

十二节点：4个入口标志、秦茶园、胡家塔游客服务中心、秦马溪休闲慢行带、露营烧烤点、马园游客服务中心、农家乐、垂钓休闲点、龙潭寺。

（二）交通规划图

1. 区域内道路分级

（1）村道。现存宽度4～5米，为水泥路面，存在破损沉降问题。设计上按原路走向，单侧拓宽至7米，利用原基层面铺沥青层，修筑侧边石挡坎，修整路边杂草。

（2）登山步道。利用现有秦望山登山步道，做部分衔接，做法可与原路一致。

（3）巷道。在村庄宅间设置宽度不一的巷道，材料采用做旧老石板或饼子路的做法。

（4）园路。结合功能，在田间、山林、溪流区域布置，采用多种形态的材料，如仿木、石材、砂石等。

2. 村道设计

村道起止为秦望村村委——[illegible]溪村方向——32省道开口——新建村道——胡家塔村村道——马园村村道——龙潭寺道路，总长约4500米。设计做法是按原路走向，标高不变。单侧拓宽至7米，利用原基层面铺沥青层，修筑侧边石挡坎，修整路边杂草（图3-31）。

图3-31　村道设计

3. 登山步道设计

设计做法是利用现有秦望山登山步道，做部分衔接，做法可与原路一致。长度约 500 米（图 3-32）。

图 3-32 登山步道设计

4. 巷道设计

设计做法是在村庄宅间设置宽度不一的巷道，采用自然块石、条石、青砖、卵石、石板等材料为主，局部可结合木材，主要体现自然的乡村特色。面积约 27 000 平方米（图 3-33）。

图 3-33 巷道设计

5. 园路设计

设计做法是结合功能，在田间、山林、溪流区域布置，采用多种形态材料，如仿木、石材、砂石等；总长度约 6 500 米（图 3-34）。

图 3-34　园路设计

第四章 柯桥区：东方威尼斯　秀美清丽地

第一节 打造农业龙头企业与小农户兴产增收的“利益共同体”

来自四川省阿坝州金川县卡撒乡马厂村的村民张志海、刘芳夫妻，在老家时仅靠种植玉米自给自足，没有其他收入来源，2019 年 3 月，他们来到浙江省海丰花卉有限公司（以下简称“海丰花卉”）后，承包了 16 个大棚（约 10 亩）种植菊花，由公司为其提供生产设施、物资支撑和技术指导，经过一年多的学习和积累，已基本掌握一整套菊花种植技术，2019 年实现年收入约 12 万元。这是海丰花卉特色农业产业惠民、精准扶贫的“缩影”。近两年来，作为浙江省农业龙头企业、国内最大的菊花生产加工销售企业，海丰花卉积极构建“农业龙头企业 + 小农户”的利益共同体，引导吸纳小农户融入农业现代化进程中来，共辐射农户约 800 户，促农增收达 4000 余万元。“农业龙头企业 + 小农户”利益共同体，是以市场为导向，以龙头企业为依托，以农户为基础，是“公司 + 农户”为模式，通过统一生产、统一营销、信息互通、技术共享、品牌共创等方式，与小农户构建稳定紧密的利益联结，引导分散的农户小生产参与到社会化大生产的现代化农业生产机制。其主要做法分以下 4 个方面。

一、现代化建设管理，提升“利益共同体”基础承载力

一是“统租返包”打造现代化产业基地。“统租返包”指统一流转农户零散土地，配套完善农业生产物资和设施后，再返租给农户。2016 年起，海丰花卉以每年 1000 元 / 亩、每 3 年提高 50 元的价格，统一向浙江省绍兴市平水镇剑灶村流转土地 1600 亩，涉及周边农户 700 余户；后又投资 8000 万元，以国内领先水平建成了连栋大棚、单体大棚、玻璃温室等种植设施 800 余亩，同时配套完善了自动化水肥一体灌溉系统、电动遮阳、智能冷库等现代化设备。该公司将这些土地连同设备，统一按 1600 元 /（亩・茬）的价格返租给种植承包农户，形成“公司 + 农户”的合作关系，小农户仅凭劳力即可增收致富，极大激发了其参与现代农业的积极性。

二是“统一标准”构建规范化种植体系。为了从根本上避免由于小农户自行采购花种质量不过关、化肥使用不当等行为导致出花数量及质量下降、农户收益不稳定等问题，公司建立起“从播种到开花”的全过程标准化种植体系。在种植基地自建现代化菊花种苗繁育中心，通过自主研发和海外引进等方式培育各类菊花 500 余种，从源头保证种苗品质统一。针对种植期所需使用化肥、农药等农资物品的品牌、成分、用量及使用方式等制定了 23 项严格标准，公司统一采购，小农户根据生产计划统一领取相应品种和数量的菊花种苗及农资物品，生产规范性显著提高。

三是“技能升级”创造最大化生产效益。海丰花卉邀请日本知名花卉企业技术总工、浙江省农业科学院副研究员等农技专家，根据菊花种植周期，对农户开展每年 10 场左右的集中培训，提供从整地、育苗、扦插，到灌溉、施肥、打药，再到采收、包装及运输等产销全流程详细指导；同时安排技术人员与农户“一对一”结对，全程帮带，提高小农户规模化生产技术水平，使亩产效益得到极大提升。目前，农户生产的菊花 90% 以上都符合出口高标准，出花品质由 M 级提升至 L 级及以上，收购平均价高出外收价格 10%。

二、全过程保障，增强“利益共同体”核心凝聚力

一是“精准化”收购，确保小农户产销对路。海丰花卉坚持以市场为导向，采用精准化订单管理模式，明确订单要求后，综合考虑订单数量、种植面积和农户种植能力等因素，第一时间为联结农户制定精细生产计划，实现“精细化配额、科学化控量、滚动式种植”，最大程度上保证订单合理分配，准时准量采收，避免了生产损耗和浪费。2019 年，平水基地小农户出产的菊花总数约 3500 万枝，菊花收购率达到 100%，几乎没有生产损耗。

二是“全方位”兜底，降低小农户生产风险。为农户提供生产全过程设施维修、损失补偿等一系列保障措施，常规生产过程中，公司出资对农田道路沟渠进行修葺改造，对定植网、棚模、地膜、补光灯泡、钢管桩等农田农资实施统一检查维护，农户在田间管理过程中发现问题一经上报，公司统一派专员负责解决。在此基础上，如遭遇因台风、暴雨、地震等不可预见的自然灾害，造成大棚及附属设施设备受损，公司负责维修；对由此而造成农户种植花卉的损失，由公司给予适当补偿，让小农户吃下“定心丸”。

三是“负赢不负亏”机制，减轻小农户生活负担。海丰花卉将设施返租费用、

生产物资支出等几乎所有的农户出资环节“后移”至种植花款结算环节之后，让小农户实现“轻装上阵”。针对每茬花生产周期 3 ～ 4 个月、农户资金回转慢的问题，每月向农户预支 7000 元左右花款，满足农户生活开销等需要，即使当期种植的花卉颗粒无收，此款项也不收回；同时提供免费住宿，开办平价食堂，最大程度上减少其开支，使小农户实现“安居乐业”。

三、多主体共赢，释放“利益共同体”兴产增收力

一是提升企业综合效益。海丰花卉依托小农户的土地、劳动力等生产要素，实现了规模化、现代化、产业化经营，平水种植基地的规模从 2017 年的 600 亩扩大至 2019 年的 1600 亩，一跃成为浙江省最大的单体菊花种植区，企业日产加工花卉产品能力约 50 万枝，年产鲜切花（花束）达 1 亿枝左右，成为国内最大的菊花生产加工中心。小农户充分发挥其精耕细作的优势，使企业出花品质有了极大提升。海丰花卉为小农户承担风险、与小农户共享收益的“利益共同体”模式，也在一定程度上提升了企业形象，增强了品牌的社会影响力和认可度。2019 年，海丰花卉销售总收入达 1.95 亿元，税后总利润 2600 万元，同比分别增长 19.6%、36.8%；国内销售网点拓展到近 50 个，产品远销日本、韩国等地，2019 年出口额达 1034 万美金，同比增长 13.1%。

二是实现小农户增收致富。海丰花卉为小农户提供全套现代化设施设备、全面专业化技术指导以及全程精准化市场研判，促成小农户向有技术、善经营、懂市场的“新型职业农民”转变，全套完善的兜底保障措施使小农户走上了“旱涝保收”的增收致富之路。现由农户生产加工的菊花每亩每茬出花量约 3 万枝，平均收购价达 0.55 元 / 枝，扣除土地设施租金、种苗和农资成本等，纯收益可达 8400 元 /（亩 · 茬），在正常生产周期，农户每年每亩纯收益可达 1.26 万元。另外，海丰花卉在每年生产旺季时，在花卉清整、包装发货等加工环节开放季节性用工岗位，对周边村民实施优先选聘，带动周边村农户 400 余人增收 300 余万元。

三是助推乡村产业振兴。海丰花卉项目将村内分散土地“化零为整”，以 1000 元 /（亩 · 年）的租金支付村集体，3 年来，为村级集体增收约 480 万元，闲置土地变成千亩花园，实现土地增值。充分利用基地花卉的观赏价值打造了海丰花园，通过举办“海丰花园金秋菊展”等系列展会打响村庄的观光农业品牌，展会期间共接待游客达 8 万余人次，激发了村内民宿、农家乐等产业的活力，带动周边旅游经

济增长30%。另外，海丰花卉出资1000万元成立海丰菊产业发展基金，由村集体牵头帮助有意投身菊产业发展的小农户建设基础设施、购置农业物资等，使村庄的产业振兴之路越走越宽。

第二节 品牌兴茶战略推动“平水日铸”区域公共品牌产销两旺

浙江省绍兴市柯桥区位于浙东地区的茶叶主产地，是全国茶叶百强县之一，区内共有茶园面积6.9万亩，涉及茶农3万余户。近年来，该区以省级茶叶产业集聚区建设为契机，坚持“一个区域品牌、多个经营主体，一支创建队伍、多套管理制度，一套标准体系、多组系列产品”的公共品牌引领策略，逐步探索出一条“政府引导、协会主导、企业（合作社）主体、茶农参与”的品牌兴茶新路径，推动“平水日铸”茶区域公共品牌实现产销两旺。“日铸”茶销售量每年以20%左右的速度递增，系列名优茶产值年均增长连续6年保持在10%以上；即使在2020年新冠肺炎疫情期间仍保持“逆势上扬”趋势，产值增长21%，促农增收达2000万元。

一、全域要素集聚，做优品牌发展大环境

（一）政策资金精准保障

积极争取国家和省茶产业提升项目、标准化示范园创建项目、现代农业园区（产业集聚区）建设项目等，连续9年每年落实本级财政资金300万元，用于“平水日铸”公共品牌建设。疫情期间，通过出台能源降费政策、搭建农企对接平台等手段，帮助茶企克服生产成本高、采摘劳动力紧缺等难题，16家茶叶企业在“平水日铸”区域公共品牌带动下，春茶销售实现逆势增长。

（二）龙头茶企集聚发展

重点引导玉龙茶业、东方茶业、舜源茶业等一批规模大、效益佳、带动力强的现代茶叶产业主体在南部山区抱团集聚，助力“日铸”茶品牌所涉茶企发挥集群效应，迅速实现规模化发展。同时，推行“公司+合作社+基地+茶农”以及茶园入股的经营模式，强化龙头茶企与本地基地、当地农户的利益联结，为品牌建设提供坚实产业依托。近3年来，新增茶产业创业创新主体15个，目前全区拥有茶叶省

级农业龙头企业、茶叶合作社 4 家，国家级茶叶合作社 1 个。

（三）品牌培育一站服务

专设“平水日铸”品牌管理中心，服务“平水日铸”茶所涉茶企的商标管理、专利保护等工作。目前，已协助茶企申请 20 余个“日铸”系列商标和 9 个产品包装专利。近年来，“平水日铸”茶连续多年被中国国际茶文化研究会授予“中华文化名茶”称号，获评浙江省区域名牌产品、浙江省区域名牌农产品等荣誉；2019 年初，被认定为国家地理标志农产品，并在浙江省绿茶博览会、上海中国名茶评比等赛事中屡获金奖。

二、全程精准管控，提高品牌市场竞争力

（一）标准化生产

在“日铸”茶良种选育、茶树种植、栽培管理、技术加工等方面制定《平水日铸茶栽培技术操作规范》等 5 个规范性文件，帮助企业引进“中茶 108”等适制性较好的新品种和金观音、黄金芽等特色茶树品种，实施茶叶标准化项目 9 个，开设“平水日铸”系列名优茶加工连续化生产线 21 条。2019 年，全区 40%“日铸”茶实现机采，70% 所涉茶企已实现连续化加工，“平水日铸”茶产业化提升技术集成与应用被登记为浙江省科技成果，获得相关专利 6 个。

（二）精细化管理

加强茶叶生产和质量安全全程监管，对涉及“平水日铸”茶生产的 6775 亩一类茶园实行认证授牌并安装视频监控系统；每年定期对茶园土壤、茶园青叶、初制干茶等开展农残、重金属检测，实现源头管控、质量可溯。目前，“日铸”茶生产所涉茶企已建成绿色茶园 5764 亩、无公害茶园 22800 亩。如该区龙头茶企王坛大越山农有机茶专业合作社，是全区唯一一家有机茶年产加工能力达 10 吨的企业，所产的有机茶连续数年获中国国际有机食品博览会金奖。

（三）专业化销售

制定“平水日铸”茶分级管理办法及品牌使用管理办法，由“平水日铸”茶品牌管理中心统一授权生产、销售企业许可使用“平水日铸”及其系列商标（有效期 2 年）。各企业生产的茶产品一律送有关中心进行质量评审，通过评审的由中心统一包装后交企业销售。截至目前，经授权许可使用“平水日铸”和“日铸”商标的茶

叶生产企业19家，授权开设专卖店31家，线上开设“平水日铸”品牌旗舰店1家，加盟茶楼19家。

三、全链延伸赋能，提升品牌经济附加值

（一）深耕茶文化，厚植品牌底蕴

加强“日铸”茶文化挖掘，先后举办“日铸岭的故事”“走茶园、赋茶诗”“忆茶史、抒茶情”等征文活动，编印《越地茶情》《日铸岭的故事征文集》《历代名人咏日铸》《走茶园·赋茶诗活动作品集》等茶文化作品；出版绍兴莲花落《日铸茶传奇》光碟，《越地茶史》和《平水日铸茶》两本（套）书籍作品。建设越茶博物馆，集茶文化历史成就展示、茶文化实践、茶文化交流、茶文化研究等功能于一体，集中展示“平水日铸”的前世今生。

（二）深推茶展会，扩大品牌影响

积极参加中国国际茶博会、省绿茶博览会等各类重大活动，在2020年年初承办由中国茶叶学会、中国国际茶文化研究会等单位主办的“2020年浙江省迎春茶话会”；连续3年在上海举行“平水日铸”茶专场推介会，并于2020年4月举办第三届“平水日铸”网上茶叶节，由区委书记亲自为“平水日铸”代言。

（三）深融茶旅游，强化品牌效益

规划建设以“游美丽乡村、走御茶古道、品千年贡茶”为主题的“日铸”茶文化体验风情线，先后获评浙江省休闲农业与乡村旅游精品线路、全国茶乡旅游精品线路；沿线建成王坛大越山风情茶园、兰亭花坞茶谷、稽东茶韵广场等五大核心美丽茶园，打造王坛丹家高山茶叶公园、王化·日铸岭、云端丹家、若耶山居等“茶旅”景区。目前，在“平水日铸”茶叶主产区，已成功创建浙江省3A级景区村4个、2A级景区村8个、A级景区村8个、浙江省金宿级、银宿级民宿各1个。

第三节 好生态推动好发展，好花木成就好生活——田园综合体的“致富经”

柯桥区“花香漓渚”田园综合体自2017年8月立项以来，坚持“以党建为引领、以产业为核心、以农民为主体”一张蓝图绘到底。综合体建设以6个村为核心

区，围绕花卉特色产业发展，整合现有资源、着眼融合发展，将山区生态优势转变为产业优势，乡村治理优势转变为发展优势。三年以来实现了盆景变风景，青山变金山的美丽蝶变，成为浙江“重要窗口”建设中一道亮丽的风景线；同时也为乡村振兴与城乡融合发展提供了有益经验。

一、以党建引领为龙头，提升村风村貌

“花香漓渚”田园综合体坚持党建引领，以基层治理带动美丽乡村提质升档。以绍兴市“五星 3A”创建为契机，既抓外在美，更抓内在美，以抓基层党建建设调动村民发展主体意识，实现美丽乡村全域美、全面美、持久美。

（一）由点到面，美丽乡村全域提升

通过精品村典型示范、特色村组团发展以及后进村强力推进，打造“全域提升”转型的景区风景线。保护性开发以春兰文化村、花木生态村、精致园林村、山水宜居村为特征的“花满棠棣”美丽乡村景区品牌，核心区 6 个村中有 4 个村创建为省 3A 级景区村，有力推动村庄景区化、景区全域化，实现美丽乡村转变为美丽景区，由棠棣“盆景”转变为全域风景，成为展示美丽乡村建设成果的平台。

（二）由表及里，文明乡风深耕厚植

探索实施村事大家管，推动乡村治理“三治融合”，打造政通人和的基层治理风景线。如环境卫生大家管，垃圾分类大家管，民情调解大家管等，发动群众参与基层治理，把群众关心的热点难点、以群策群力、共建共享的方式推进，形成互帮互助互促乡风，提升群众满意度和幸福感。2018 年，最高法院院长周强在调研“枫桥经验”期间，为漓渚镇“村事大家管”点赞。

（三）由小入微，和美家风春风化雨

通过文明家庭、美丽庭院、最美系列等评选，形成不比消费，比美德的家风，打造崇德向善乡村民俗风景线。村干部带头、党员示范，党员亮出了自家的家风家训，营造醇厚氛围，各村开展党员、村民代表身份亮牌，发挥先锋模范作用，接受群众监督，塑造和谐民风。

二、以花木产业为核心，优化乡村产业体系

“花香漓渚”田园综合体践行“两山理论”，坚持生态发展理念，充分挖掘盘活本土资源，大力发展花木产业，延伸产业链，扩宽就业链，变荒坡山地为花木园

地，变种植农户为创业商户，提高产品知名度和附加值，青山变金山，有力推动产业振兴带动乡村振兴。

（一）“千亩花苑”优化农业生产体系

加快推进“兰花上云”，建设兰花数字工厂，与浙江省农业科学院等研究院所及高等院校开展合作，邀请专家、技术员下乡指导，加速传统农业向高效农业和科技农业转化发展；同时加快土地流转，截至 2019 年年底完成土地流转 600 余亩，当年新建成兰花温室大棚 289 亩；建设投资 2800 万元，累计建成兰花大棚 400 余亩，兰花花苗价值超 4 亿元，致力于打造浙江省最大的兰花培育基地。在 2018 年、2019 年先后高水平举办华东地区兰花博览会、浙江省兰花博览会、浙江省蕙兰博览会，并成功申报为中国春兰节永久举办地，强有力地助推漓渚花木产业发展。

（二）“千亩花市”优化农业经营体系

致力于打造最大花卉市场——绍兴花市，设置荫生花卉区、盆景艺术区、园艺材料区等特色区块，启动“花商回归计划”，发动各村乡贤及花卉协会作用，采用“政府 + 公司 + 协会”招商模式，吸引乡贤回乡创业。截至 2019 年年底，新注册园林花木类公司或个体工商户 108 家，注册资本达 2.2 亿元。

（三）“千亩花田”优化农业产业体系

发挥产业优势，利用山坡地资源，大力推动土地整理开发，变废为宝，开展花海种植，打造四季常青的“花文化”农业旅游基地；同时引入棠棣驿站、乡村振兴实训基地、智慧农业等配套设施，建成集休闲、观光、体验为一体的现代化新兴农业园区，2020 年 7 月棠棣村也因此入选第二批全国乡村旅游重点村，2020 年至今共接待游客超 5 万人次。

三、以融合发展为动力，实现城乡互惠共赢

“花香漓渚”田园综合体坚持人民至上发展理念，围绕就业、增收主题，通过“创业、创新、创收”融促发展，大力推动全面建成小康社会在试点区域的率先实现，为其他地区提供浙江样板和绍兴经验。

（一）双渠道推动大众创业

依托田园综合体创业平台，做大品牌影响力，引导科技、资金、人才等资源要素流向农村，以线上、线下双渠道推动创业。花木产业吸纳 6000 名代理商分赴全

国各地开展花木销售，3个千亩吸收121家经营户入驻，其中最大的浙江峻瀚智慧园林有限公司计划投资3.5亿元，有力推动花木产业蓬勃发展，三年来吸引社会投资7亿元，2019年花木销售额达13亿元。搭建电子商务服务平台，以直播带货、电子商务等方式，拓宽花木销售渠道，网店注册22家，从过去“一根扁担跑天下”到“一根网线卖天下”，尤其是疫情期间联合“柯小微云带货”直播团队开展网络直播带货，开播第一小时兰花成交量就达150余单，为兰花销售找到新渠道，直播助农的方式也被央视1套和央视新闻频道并机直播的《新闻30分》报道。

（二）多载体推动科技创新

与杭州电子科技大学合作开展智慧农业项目，建设智慧温室及智能化农业装备示范基地，带动了农业专家、技术人员下乡，补齐传统花木产业技术短板。与彩云涧兰花有限公司合作建成兰花数字工厂，总投入400万元，引进专业技术设备，聘请两位专家长期驻点进行科技育兰，增加传统兰花产业科技附加值，已进入研发阶段。与浙江省委党校等党校、高校合作建成乡村振兴实训基地，传播经验知识，培育新型农民，推动民间人才的成长；2019年4月运行至今，已举办各类培训班180期，培养人员约1.5万人次。

（三）多途径推动农民创收

成立镇、村、国资公司参股的田园综合体开发有限公司，发挥财政资金的杠杆作用，撬动社会资本参与，集体占股分红，增加集体、农民收入。田园综合体建设中采用集体租用、租金分红方式，流转土地2300亩，提高土地租费，促进1200户农户增收。大力发展节会经济，季季有活动，每年有展会，汇聚人气、激活商气，将漓渚花木产业的声誉推向全省乃至全国，间接带动花木交易增加，三次省级以上兰展累计交易额达5000万元，有效促进了花农增收。

第四节 柯桥区美丽乡村升级版建设战略规划

一、规划背景

我国的新农村建设源于浙江省的“千村示范、万村整治”工程。2003年，浙江省委省政府做出了实施“八八战略”的重大决策。时任浙江省委书记习近平同志提出，要进一步发挥浙江生态优势，打造“绿色浙江”，从农村居民最关心的农村环境脏、乱、差问题整治入手，开展“千村示范、万村整治”活动，从而率先揭开了中国新农村建设的瑰丽篇章。2005 年 10 月，党的十六届五中全会通过《十一五规划纲要建议》，提出要按照“生产发展、生活宽裕、乡风文明、村容整洁、管理民主”的要求，扎实推进社会主义新农村建设。2008 年，浙江省实施了新一轮的“千村示范、万村整治”工程。2010 年 10 月，党的十七届五中全会进一步提出，要加快社会主义新农村建设，建设农民幸福生活的美好家园。浙江省委、省政府随即做出了在全省推进美丽乡村建设的重大决策，着力建设规划科学布局美、村容整洁环境美、创业增收生活美、乡风文明身心美，宜居、宜业、宜游的“四美三宜”美丽乡村。2012 年 11 月，党中央在党的十八大报告中首次提出，要把生态文明建设放在突出地位，融入经济建设、政治建设、文化建设、社会建设各方面和全过程，努力建设“美丽中国”。2014 年 5 月，中共浙江省委十三届五次全体会议做出了“建设美丽浙江、创造美好生活”的决定。2015 年 10 月，中共中央《关于制定国民经济和社会发展第十三个五年规划的建议》提出，要提高社会主义新农村建设水平，建设美丽宜居乡村。2015 年 11 月，浙江省委、省政府提出要围绕建设“两美”浙江的总目标，在美丽乡村先进创建的基础上深化美丽乡村建设，推动美丽乡村建设从改善城乡关系向改善人与自然关系拓展，从建设“物的新农村”向建设“人的新农村”迈进，着力打造美丽乡村升级版。2016 年 3 月，《国民经济和社会发展第十三个五年规划纲要》进一步明确提出，要开展生态文明示范村镇建设行动和农村人居环境综合整治行动，加大传统村落和民居、民族特色村镇保护力度，传承乡村文明，建设田园牧歌、秀山丽水、和谐幸福的美丽宜居乡村。2016 年 11 月，省委原书记夏宝龙同志在全省美丽乡村和农村精神文明建设现场会上进一步提出，要以更高的政治站位、更新的理念思路、更实的工作举措，不忘初心、继续前进，翻篇归零、继续攀登，照着“绿水青山就是金山银山”的路子走下去，坚定不移推进绿色发展，全面提升美丽乡村建设水平，更好地打造美丽中国样板，让浙江美丽乡村成为美丽中国版图上最闪亮的明珠、最耀眼的繁星。

柯桥区原为绍兴县。2013 年 10 月，绍兴县撤县设立柯桥区。开展“千村示范、万村整治”工程以来，特别是撤县设区以来，柯桥区紧紧围绕省市有关工作部署，按照城乡统筹的要求，以城乡一体化为目标，不断丰富美丽乡村建设内涵，深化美丽乡村建设内容，完善美丽乡村建设体系，按照“修一条乡道、串一带风景、富一地百姓、正一方风尚”的工作目标，以美丽乡村公路为基础，以示范样板村为支点，以景观带为轴线，打造“村点出彩、沿线美丽、面上洁净”的示范区，相继开展了清水工程、农房改造、三改一拆、五水共治、四边三化、无违建区创建、五气合治等各项工作，大力实施“富裕乡村、安居乡村、洁净乡村、文明乡村”四大行动计划，全面开展“拆违章、种树木、改立面、装路灯、砌围墙、做小品、治污水、理管线、保整洁”等环境整治提升九大专项行动，严格按照“美化、洁化、序化、绿化、净化、细化和有特色”的标准开展美丽乡村示范村创建，初步形成了“四片一环”的美丽乡村建设格局。通过全区上下的共同努力，柯桥区城乡面貌发生了翻天覆地的变化，生活在绿水青山间的百姓生活越来越好，人民幸福指数越来越高，美丽乡村建设取得了巨大成就。

然而，全区的美丽乡村建设也还存在着一些不足，如农民收入水平有待进一步提高，农村产业发展水平有待进一步提升，村容村貌有待进一步改善，农村公共服务体系有待进一步健全，农村综合改革有待进一步深化，农村社会管理有待进一步加强。因此，在新的起点上，科学编制下一阶段全区美丽乡村升级版建设的战略规划，明确下一阶段的努力方向和工作重点，以更大的决心、更强的力度、更有效的举措，建设美丽乡村、经营美丽乡村、共享美丽乡村，全力打造美丽乡村升级版，全面提升全区的新农村建设水平，无疑具有很强的迫切性，同时也具有重大现实意义。

二、美丽乡村升级版建设重大项目

（一）精准小康建设工程

党的十六大提出了到2020年全面建成小康社会的宏伟目标。省委十三届八次全会提出了浙江省“十三五”时期的发展目标是高水平全面建成小康社会。全面建成小康社会的重点和难点都在农村。高水平全面建成小康社会，不仅要从总体上、总量上实现小康，更重要的是缩小区域差距、人群差距，让小康惠及全区人民，时刻守住不把绝对贫困带入小康社会底线。另外，脱贫不是终点，致富才是关键。继续深入开展产业开发帮扶、就业创业促进等各项活动，实施“低收入农户精准奔康工程”，使全区低收入农户家庭人均收入增幅高于农民人均纯收入增幅，逐步缩小收入差距，率先高水平全面建成小康社会。对“两无人员”进行政策兜底，不断提高农村低保标准和政策兜底水平，力争到十三五期末实现全民精准小康，确保不让一个农户在全面小康进程中掉队或是“被小康”。

（二）“美丽五环”工程

以“越秀柯桥、美丽五环”为品牌，实施“美丽五环”美丽乡村建设工程。具体包括以下几项内容。

一是创建一个省级美丽乡村示范县。以“美丽城市—美丽城镇—美丽乡村—美丽田园—美丽家庭（农家）”的全域美丽建设为工作主线，建设美丽乡村升级版，把柯桥打造成为率先实现“农业强、农民富、农村美”三农发展新梦想的样板区，闯出一条美丽乡村升级版建设的“柯桥路径”。

二是打造5条美丽乡村精品环线。即打造滨海水乡园区环（东环）、富美城乡风貌环（西环）、稽山舜源古韵环（南环）、古镇新城风情环（北环）、柯山鉴水悠游环（中环）5条特色鲜明、内涵丰富、可游可宿、可看可体验的美丽乡村精品环线。

三是建设100个“美丽乡村+”综合体。充分发挥柯桥优势，形成自身特色，积极培育以“美丽乡村+运动、探险、体训”为主的乡村体育经济综合体；引进培育以“美丽乡村+养老养生”为主的乡村健康经济综合体；借助利用历史文化村落保护开发，培育以“美丽乡村+寻根、写生、创作”为主的乡村文创经济综合体；挖掘丰富的非物质文化遗产资源，培育以“美丽乡村+民族节庆、农事节庆活动”为主的乡村节庆经济综合体等。力争建成100个具有一定规模的“美丽乡村+”综合体。实现五星达标村不少于200个，达到3A级景区化建设示范村不少于20个。

四是发展1000家农旅结合、一二三产业融合的民宿、森林人家或现代农庄。积极引导经营者利用农村房屋和院落，结合地域性自然景观、生态环境、人文风情及农林牧渔生产活动，以“慢生活”“家服务”“趣体验”为特色，为游客提供乡野生活空间。加大美丽乡村建设成果的运用和地方特色文化元素的提炼，开发亲子体验型、避暑度假型、养生养老型、休闲农庄型、民俗风情型等不同类型民宿产品。推动绿道向景区景点、田园果园、集镇农村、山上溪边延伸，顺势培育民宿产业。以新型农业经营主体为建设主体，结合茶园、果园等农业园区建设，发展一批现代农庄和森林人家。争取到2020年年末，发展1000家农旅结合、三产融合的民宿、森林人家或现代农庄。

（三）美丽田园建设工程

扎实推进农田基础建设，以“一区一镇”建设为抓手，在发展“整洁田园、美丽农业”的基础上，以“五化”（农田环境绿化、美化、洁化，基础设施标准化，农田功能多样化）为标准打造高水平“美丽田园”，努力做到农田园区化、园区生态化、生态景观化。加强农园中农业生产管理用房的整治改造。实施“美丽田园”行动计划和“裸土美化”工程，努力还原纯净的、如诗如画的田园风光。要以美丽乡村精品线沿线、主要河流水系两侧以及村庄周围可视范围内为重点，全面开展荒田荒山治理。着力清洁田园，开展“田间地头顺手捡”活动，捡除田间地头的农药化肥包装物、农用薄膜等生产废弃物，以及树枝、垃圾等。地角田边，因地制宜设置一些即情小景，丰富田园景观。

（四）绿道古道修建工程

进一步推进绿道和游步道建设，推动绿道和游步道向河边湖边、景区景点、田园果园、集镇农村、山上溪边延伸，配套发展公共自行车租赁点，顺势培育农家乐和民宿产业。另外，柯桥区古道资源丰富，辖区内共有日铸岭古道、陶宴岭古道、同妃古道等数十条人文底蕴深厚的森林古道。规划引入“无痕山林”理念，进一步加强具有丰富历史、文化内涵的古道修复与开发。要在保持古道原貌基础上，适当进行整修，沿途设置一些休憩小站和营地，增添安全防护和环卫设施，加强沿途WIFI覆盖，打造一批“风情古道”和“古道观光运动带”。

（五）“强村固基”工程

实施“强村固基”工程，推进农村集体经济管理体制、运行机制、发展模式创新，努力实现村级集体经济发展有好带头人、有稳定收入、有增收来源渠道的目标，进一步筑牢党在农村的执政基础。大力加强村级班子和村级经济组织建设，通过“资源变股权、资金变股金、农民变股民”和“村办实体、资源转化、股份经营、物业服务”等模式，挖潜增效，拓宽村级集体经济增收渠道，形成强有力的财政兜底、项目兜底或帮扶兜底等机制，全面消除经常性收入低于30万元的集体经济薄弱村，形成较为完善的村级集体经济收入稳定增长机制和自我发展机制，不让一个薄弱村在发展中掉队。出台有序妥善处理村级债务的相关政策，多措并举化解村级历史债务，合理村级集体经济负债水平。

三、规划实施的保障措施

（一）建立健全坚强有力的组织领导机制

今后一个时期，是柯桥区高水平全面建成小康社会的关键时期，也是经济社会转型发展的战略机遇期，各级党委政府要深刻认识到这一时期的历史使命和责任，加强美丽乡村升级版建设的组织领导，努力形成党委领导、政府负责、各部门齐抓共管的工作推进机制。党委政府要站在全局和战略的高度，从实际出发，切实担负起“建设美丽乡村、发展农业和农村经济、带领农民共同富裕”这一光荣而又艰巨的历史使命。要把握好“三农”发展的方向和节奏，谋划好“三农”发展的思路和方法，落实好美丽乡村升级版建设规划的具体实施。要积极探索美丽乡村升级版建设的新思路、新途径和新举措，农村改革要有新突破，努力开创社会主义新农村建设的新局面。要充分利用村级班子新换届上任的有利时机，烧好“新官上任三把火”，以党建促美丽乡村建设，充分发挥新班子成员的积极性和创造性，激励其投身美丽乡村升级版建设。

（二）建立健全导向科学的激励考核机制

要积极适应新时期对干部工作考核的新变化和新要求，积极制定导向科学的考核激励机制。坚持把高效生态农业是否发展、农民是否增收、美丽乡村是否提升作为考核各级党政班子和领导政绩的重要依据。将美丽乡村升级版建设工作任务纳入区委、区政府综合目标责任制考核体系，层层分解责任，强化督查和考评，实行严格的责任追究制，进一步在全区上下形成合力，推进美丽乡村建设的浓厚氛围，通过考核激励进一步推动美丽乡村升级版建设。

（三）建立健全改革创新的发展动力机制

要以保障农民权益、增进农民利益为核心，全面深化农村产权制度改革，扎实推进农村集体股份制股权、农村土地承包经营权、山林承包经营权以及农民住房“三权一房”确权登记，实现“产权到人，权跟人走”。当前特别是要深化农村产权制度改革与创新，赋予农民更多财产权利；要坚决破除体制弊端，建立健全城乡生产要素平等交换和公共资源均衡配置的机制体制。促进城乡资源要素合理流动，激发农民创造力与活力，形成大众创业、万众创新的新局面。按照农民主体、政府主导、市场运行、社会参与的思路，优化城乡资源要素配置，创新工作机制，增强区域发展活力和动力。

（四）建立健全科学高效的要素支撑机制

不断提升土地、资金等基本要素支撑能力，建立科学高效的基本要素支撑机制。要充分利用各种时机，积极争取上级省市政府和有关部门在土地、资金等方面的支持。着力通过农房集聚、产业集聚和设施集成等方式，提高建设用地节约集约利用。积极盘活存量用地，加快推进低效用地再开发，着力推进“批而未供、供而未用、用而未尽”土地清理。拓宽土地利用空间，积极利用省级“坡地村镇”试点，科学开发利用山坡地、林地等非耕地资源。制定出台民宿产业和村级集体经济发展用地专项政策。进一步加大项目投入，建立和完善以政府投入为导向、经营主体投入为主体、社会力量积极参与的美丽乡村建设投入机制。进一步整合各级、各部门支农资金，优先支持、聚焦投入现代农业和乡村休闲旅游建设。要采取多种政策激励措施，引导民间资本积极投入特色小镇、美丽乡村、养老养生和文化教育等各项建设事业。积极探索土地经营权抵押、农房抵押和农村股权抵押，切实解决农民创业贷款难的问题。

（五）建立健全与时俱进的政法保障机制

在全面依法治国框架下要依法护农、依法兴农，与时俱进提供政策法治保障。这是农业农村治理体系和治理能力现代化的新课题。围绕美丽乡村升级版建设，大力开展农业法律法规的普及宣传，加大对农民的普法宣传力度，组织开展多种形式的法制教育活动，提高农民群众守法经营和自我保护的意识与能力。抓好“三农”执法队伍建设，完善运行保障机制，确保执法的公正、公平，保护农业、农村、农民切身利益，提高农业综合执法能力和水平，为美丽乡村建设提供法治保障。

第五章 上虞区："五山一水四分田"生态乡村新变化

第一节 上虞美丽乡村建设规划实施

上虞美丽香薰建设的规划实施是依据浙委办发〔2019〕52号文件《关于高水平推进美丽城镇建设的意见》和浙委办发〔2019〕60号文件《关于深化"千村示范、万村整治"工程高水平建设新时代美丽乡村的实施意见》来进行的，具体实施过程如下。

一、上虞美丽乡村建设的总体要求

（一）指导思想

以习近平新时代中国特色社会主义思想为指导，围绕"美丽家园、幸福生活"目标，坚持"高质量、可持续、普惠性"，对标国际国内一流，协调推进乡村振兴和新型城镇化战略，实施"美丽城镇、美丽乡村、美丽公路、美丽河湖、美丽园区、美丽街区、美丽小区、美丽庭院"八大行动，统筹推进、全域打造，各美其美、美美与共，进一步走实城乡融合发展之路，建设更高水平"创新之区、品质之城"，为浙江省"大景区""大花园"建设提供上虞样板。

（二）总体目标

扎实推进八大美丽行动，创新城乡发展模式，创建城乡特色风貌，创造城乡优良环境，创优城乡公共服务，打造浙东唐诗之路发祥地、全域旅游目的地、美丽建设标杆地，形成"一处美、处处美"的美丽景象。力争到2022年，更高质量建成美丽城镇5个以上，美丽公路、美丽园区、美丽街区各10个（条）以上，美丽乡村、美丽河湖、美丽小区各100个（条）以上，美丽庭院35000个以上，更高品质构建美丽风景带10条，成功创建国家全域旅游示范区、省美丽城镇建设先进区、省美丽乡村示范县。

一是布局美。坚持规划引领，做到设施先进、功能集成，数字建设全面覆盖，整体布局科学合理，具有一流的空间感、愉悦度。

二是环境美。加强城乡人居环境整治，形成"地洁、水碧、天蓝、花红、草绿"的优质环境，宜居宜游，人与自然和谐相处。

三是业态美。产业特色鲜明，创业氛围浓厚，业态丰富、创新引领，建成具有地理标志的发展品牌，形成美丽经济。

四是人文美。党的建设全面加强，各具韵味的人文积淀充分挖掘，新风尚新文化全面弘扬，文明善治持续推进，社会治理有效有序，现代文明、乡愁文化相得益彰。

（三）基本原则

一是注重统筹整合。围绕区委区政府总体部署，整合资金、项目、人员等力量，落实各类要素保障，集中资源、相互衔接、同频共振，合力开展美丽行动。

二是注重群众参与。发挥基层主体作用，深化提升"三治融合"在美丽行动建设中的运用，充分调动广大人民群众的主动性、参与性和创造性，积极发挥全国人民代表大会代表、中国人民政治协商会议全国委员会委员的作用，共建共享美丽家园。

三是注重资金绩效。开展资金、项目竞争性安排，创建并举，以奖代补，工作推进重实干，出实效，有实绩，使创建效益最大化，力戒形式主义、铺张浪费、超强度建设。

二、上虞美丽乡村建设的过程

（一）主要建设任务

（1）实施美丽城镇建设，构建城乡一体融合圈。按照"功能便民环境美、共享乐民生活美、兴业富民产业美、魅力亲民人文美、善治为民治理美"的要求，以全区 18 个建制乡镇、街道（除百官街道、曹娥街道外）为主要对象，融合美丽乡村建设，改善人居环境，推动公共建筑通透式围墙改造，提升城镇数字化和医疗养老服务水平，统筹推进城镇村三级联动发展、一二三产业深度融合、政府社会群众三方共建共治共享，初步构建以小城镇政府驻地为中心，宜居宜业、舒适便捷的镇村生活圈，城乡融合发展体制初步建立。到 2022 年，全部小城镇达到省美丽城镇基本要求，建成美丽城镇省级样板 5 个，争创全省美丽城镇建设先进区。

（2）实施美丽乡村建设，打造秀美乡村新景象。按照"生态更优良、乡村更秀美、产业更兴旺、文化更兴盛、治理更高效、生活更美好"的要求，坚持党建引领，以"五星 · 3A"创建为主抓手，持续深化"千村示范、万村整治"工程。全面推行生活垃圾分类，提高源头分类准确率，加强资源化处理站点运维管理，高标准建设一批生活垃圾分类示范村。全面普及无害化卫生厕所，实现标准化运维管理全覆盖。全面持续开展村容村貌提升行动，整治农村环境乱象，治理危房，整治“空倒房”，广泛开展村庄绿化亮化，田园美化，推进农村杆线有序化。坚持“一村一品”“一村一景”“一村一韵”的建设主题，进一步提升村庄景观节点、挖掘历史文化、培育旅游业态，打造一批“村美民富产业兴”的精品示范村。到2020年，创成省级美丽乡村示范县；到2022年，实现农村人居环境“三大革命”高水平全覆盖，新时代美丽乡村比例达到100%，新时代美丽乡村精品村比例达到30%以上，美丽乡村示范乡镇比例达到70%以上。

（3）实施美丽公路建设，深化“四好”农村路建设成果。按照“质量好、环境美、服务优、带动大、安保强”的要求，依托高水平建设“四好农村路”行动，结合美丽乡村和美丽城镇建设，创新“美丽公路+”发展的创建模式，提升完善“两轴四环”美丽公路网，串起美丽乡村、连接美丽景区、联动美丽产业、带动美丽经济、促进美好生活。以精品树样板，以示范促引领，着力打造“美丽公路+特色经济”“美丽公路+乡村旅游”“美丽公路+历史人文”“美丽公路+体育健身”“美丽公路+健康养生”。到2022年，形成涵盖350千米以上的“两轴四环”美丽公路网，打造特色，美丽公路10条，创建美丽公路示范乡镇10个。

（4）实施美丽河湖建设，形成全域大美河湖新格局。按照“安全流畅、生态健康、水清景美、人文彰显、管护高效、人水和谐”的要求，全力实施我区“一江十河百溪水美”工程，深入推进曹娥江上虞段治理，强化水利工程补短板，加快实施“百项千亿”防洪排涝工程。乡镇主要河流实施全线治理，大力开展农村溪流、河沟、引水渠、池塘提升整治。因地制宜，按照不同河湖类型，结合河湖自然文化禀赋和分区分段功能要求，充分挖掘、特色打造，展示河湖的治水文化和人文历史，以美丽河湖串联起美丽城镇、美丽乡村、美丽田园，基本形成“一村一溪一风景、一镇一河一风情、一城一江一风光”的全域大美河湖新格局。到2022年，打造县域美丽母亲河1条、特色美丽河湖10条（个）以上、乡村美丽河湖100条（个）以上。

（5）实施美丽园区建设，创建高品质发展平台。按照“规划布局美、生产环境美、管理服务美、劳动和谐美、发展效益美”的要求，以工业园区整治提升和小微企业园建设发展为主要抓手，完善规划、美化环境、优化治理、提升效益，为“两园"内企业营造良好的发展环境，为实现区域经济高质量发展提供强有力的平台支撑。到 2021 年，全区 9 个工业园区全面通过市级验收；到 2022 年，小微企业园通过省级认定 25 个以上且实现绩效评价全覆盖，高质量建成美丽园区 10 个以上。

（6）实施美丽街区建设，勾勒城市亮丽风景线。按照"一街一品、一路一风格"的要求，以突出主业态发展为前提，通过"统筹规划、形神兼治、打造特色、长效管理"，加强环境卫生整治，推进街区园林化改造，培育建设主题景观，加入时代潮流风情，着力打造既宜商宜休、又富有时尚特色的美丽街区，带动配套餐饮休闲、零售购物等多种产业发展，让居民和游客享受消费、社交、娱乐等服务。到 2022 年，全面完成百官街道、曹娥街道 13 条美丽街区以及其他乡镇（街道）18 条美丽街区建设。

（7）实施美丽小区建设，营造安居宜居生活区。按照"环境美、秩序美、设施美、治理美、人文美"的要求，以违章整治、环境改造为抓手，实施违规违章清除、基础设施提升、通透式围墙改造、环境卫生改善、美化绿化提升、管理秩序健全、治安防范加强等行动，提升小区美丽、文明、平安、智慧指数，将小区建设成为配套齐全、环境优美、管理有序、服务完善、文明和谐、共建共享的社会生活共同体。到 2022 年，创建美丽小区 100 个以上。

（8）实施美丽庭院建设，塑造美好农村大花园。按照"环境卫生清洁美、摆放有序整齐美、院落协调布局美、栽花植树景致美、乡土气息韵味美、自主养护长效美"的要求，依托美丽乡村整治提升行动，结合"五星・3A"创建和成果巩固，通过全面发动、重点培育、示范引领，从"点"到"线"向"面"拓展，力争通过三年时间，在全区实施庭院革命，以庭院小美成就乡村大美。到 2022 年，打造不同区位、不同特色、不同景致的区级美丽庭院廊道 4 ～ 5 条，打造村级美丽庭院示范带 300 条，建成美丽庭院全域建设村 10 个（其中每年打造美丽庭院精品示范村 1 个，累计 3 个），实现"绿币计划"行政村全覆盖，其中"绿币计划"示范村 100 个，完成精品美丽庭院改造 1000 户，新增区镇村三级美丽庭院 35000 个。

（二）上虞美丽乡村建设实施的安排

坚持循序渐进、分期建设，有计划、有步骤地推进，逐步形成以点带面、全域添美的局面。

1. 准备阶段（2019 年 12 月至 2020 年 3 月）

（1）制定方案。组建美丽行动建设工作专班，编制完成新时代美丽行动三年计划实施方案，明确“八大”美丽行动具体内容，细化各类项目建设的时序与要求。

（2）动员部署。召开动员部署会议，统一思想，分解落实各乡镇（街道）和有关部门（单位）工作职责和建设任务。

（3）项目申报。责任部门（单位）牵头开展2020年度“八大”美丽行动建设项目申报，在深入调研摸排基础上，按照“点线面”相结合的要求，确定实施项目清单，明确项目建设标准。

2. 推进阶段（2020年4月至2022年12月）

（1）建立工作机制。建立协调推进、月度报送、季度交流、日常督查等工作机制，定期会商、分析、解决难点与问题，各乡镇（街道）和责任部门（单位）明确时间节点，制定推进计划，确保项目顺利推进。

（2）加快项目建设。项目实施主体及时开展规划设计，开展项目工程建设，督促施工单位严格按照相关规范和标准施工，确保工程质量。工作专班办公室组织相关部门（单位）开展定期和不定期的督导检查，并及时通报建设进度和督导情况。

（3）开展“亮美”竞赛。每半年召开一次全区新时代美丽行动现场观摩会，定期开展“亮美”行动，形成比项目、比建设、比美丽“你追我赶〞的生动局面。

3. 总结验收阶段（每年11—12月）

工作专班办公室组织部门（单位）和专家每年12月月底前对当年度的新时代美丽行动建设进行考核验收。

第二节　空间优化　生态宜居

一、空间布局优化

（一）村庄空间布局规划

1. 村庄发展动态

（1）村庄规模发展动态。现代生活方式的高要求，村庄规模小而散不利于公共设施和基础设施配套，村庄规模大有利于设施共享。为便于行政管理，同时减轻村民负担的行政管理费用，村庄必须具有一定规模。

（2）村庄人口流动态势。由于上虞产业中仍有相当比重的劳动密集型产业，农村人口向中心城区流动成为主流。但随着集镇、中心村建设水平的提高和生活居住环境的改善，村庄人口除向城市转移外，更多地向建成区和中心村集中。下山移民是指顺应城市化，随着经济快速发展生产力水平的提高，使更多的农村劳动力转移到二三产业，从山区向平原迁移是人口流动的又一主流。

（3）村庄迁移态势。主要是指那些地处边缘山区、生产条件恶劣，基本上无集体经济收入的村庄，向平原地区迁移趋势明显。位于特殊控制区内的村庄，影响景区、水源地的保护和地质灾害易发区村民的生命和财产存在潜在危害，必须迁至安全地居住。区域性基础设施建设（道路、水库等）、城市建设、开发区和工业园区建设需要大量土地，区内村庄需要拆迁改造或异地安置。

2. 空间布局规划总体思路

以公共交通为导向的村庄组团空间发展模式，规划布局上虞农村空间。上虞城市规划区和五大中心镇（崧厦、丰惠、小越、章镇、道墟）规划区设用地内的现状村庄规划为城市社区，其他一般乡镇农村规划形成村庄组团和特色村。

工业企业应加强规模和集聚效应，方便基础设施配套，尽量往城区和乡镇工业功能区集中，从而引导就业及人口往城镇迁移。但考虑到上虞五金、包装、伞业等传统工业的产业组织特征，生产体系往往形成以规模企业为核心的集群式分工协作形式，各一般村的家庭作坊式工业企业在相当长时期内仍然有生存的经济基础，因此，除了城镇以外可能会保留一些村庄中的工业，但是应该尽量向组团中心村集中。一般村原则上不布置工业企业，形成以居住和从事农业生产为主的居民点。风景区、水源保护区、地质灾害区等特殊控制区的村庄，按相关专项规划等，及时完成撤村迁村，做好保护控制工作。

3. 村庄空间布局规划

（1）概念界定。①组团中心村。即 1 个组团中心村和若干个一般村，1 个组团中心村是今后重点加强基础设施和公共服务配套建设的区块，是一定地域范围内，区位优势相对良好、各方联系相对合理、公共交通便捷、公共服务及基础设施配套较为齐全、对周边村庄具有一定吸引力、具有一定发展空间的农村区块。若干个一般村是在每个核心功能区周边划定 1 ～ 5 个一般行政村，接受组团中心村的辐射、带动，最终形成以公共交通为导向的组团中心村的空间布局。②特色村。具有保护价值的历史文化村、具有旅游资源的生态特色村，或者农业、工业等产业发展优势突出的行政村。特色村通过选择建设“村庄核心”，适当配套必要的半径依赖型公共服务设施和公共交通站点，带动行政村内要素的集聚。

（2）村庄组团和组团中心村的确定。①人口和经济规模。组团中心村必须具有一定的人口和经济规模，并且具有人口集聚和经济增长的潜力。规划一般以山区 2000 人以上，平原 3000 人以上为初步筛选标准。②用地条件。组团中心村应有充足和良好的建设用地，以利于组团中心村的建设和扩展。③社会服务设施条件。组团中心村现状宜有农贸市场、小学、卫生所等公共服务设施基础，对周边村庄有一定的吸引力。④区位条件。组团中心村必须具有较好的交通区位条件，尤其是对外交通条件。同时组团中心村应处于相对中心的地理位置，以利于公共交通站点等服务设施的合理配置。组团中心村的辐射半径，山区一般为 3000 米，平原一般为 2000 米。

（3）空间布局规划内容。通过以公共交通为导向的村庄组团空间发展模式，上虞农村空间规划形成 66 个村庄组团（覆盖 173 个行政村，32.6 万农村人口）、73 个特色村和 4 个自然缩减村；上虞城市规划区内的 70 个行政村（居委）和镇规划区建设用地内的 50 行政村（居）规划为城镇社区。

（二）上虞农村公共服务设施规划

上虞市委办〔2013〕135 号文件要求三年内实现上虞农村每个组团中心村都要“有一个综合服务中心、有一个农贸市场、有一家小型超市、有一个医疗服务站、有一个金融网点、有一个文体中心”的“六个有”的要求，优先配置组团中心村公共服务资源，为周边村提供组团式服务。

1. 近期公共服务设施规划建设标准

（1）综合服务中心坚持实用、规范、集约的原则，合理确定村级公共服务中心布局，原则上平原村建筑面积 800 ～ 1000 平方米，山区村建筑面积 500 ～ 800 平方米。其中，农村文化礼堂建设标准：新建虞舜会堂面积不少于 200 平方米，并配置面积不少于 50 平方米的舞台；新建虞舜学堂面积不少于 50 平方米；新建文化活动室、图书室（农家书屋）、广播室、“春泥计划”活动室、文化信息资源共享工程基层网点等市内文体活动场所总建筑面积不得少于 150 平方米，同时也要有一定面积的室外活动场地。

（2）农贸市场商业用房面积不低于150平方米，星级市场面积不低于1000平方米。

（3）小型超市（直营）经营面积200平方米左右。

（4）医疗服务站业务用房建筑面积80～100平方米。

（5）金融网点要求在一楼，建筑面积20平方米左右。

（6）文体中心要求建筑面积310～410平方米，包括：文化讲堂（兼培训室）建筑面积50平方米左右，图书阅览室（电子阅览室）建筑面积60～100平方米，影视播放室建筑面积50平方米左右，棋牌室建筑面积50平方米左右，排练室建筑面积60～80平方米，"一村一品"展示厅建筑面积50～80平方米，室外文体广场占地1000～1500平方米。"六个有"的公共服务设施分别归口农办、工商局、供销总社、卫生局、人民银行上虞支行和文广新局牵头负责，本次规划将六项公共服务设施分解组合，适当归并，集约利用。综合服务中心中除村委办公等功能外的其他建设内容与文体中心基本重叠（仅多出广播室），本次规划近期在建筑面积允许的条件下建议综合服务中心和文体中心（不含室外文体广场）合并设置。室外文体广场以活动场地为主，可利用村内闲置土地灵活布置，本次近期规划不再对其单独选址。

2. 近期公共服务设施规划

规划以"实用合用、规范集约"为原则，对"六个有"的公共服务设施适当归并。初步给出上虞近期组团中心村公共服务设施新工程规划建议，具体建设方式、建设标准、建设内容、用地面积等要求，以经批准的村庄建设规划和主管部门的年度实施计划为准。

（三）城乡道路交通系统规划

1. 城乡道路系统现状

目前，上虞城乡道路系统已得到了快速的发展，已建立起高速公路、国道、县道、乡道和村道五个层次的道路结构体系，道路网络已经覆盖上虞全部乡镇、街道。据调查，城区与乡镇、乡镇与乡镇之间联系道路（除虞南山区以外）均为三级以上的公路，虞南山区公路也已进行改造提升，达到公路三级标准以上，路基宽为8.5～18.0米，路面宽7～16米；镇与中心村的道路路基宽为4.5～6.5米，路面宽为3.5～5.0米；村与村以及村内道路2～5米。

现状已基本实现城区与镇、镇与镇、镇与中心村“镇、村通车”要求，但镇与基层村、村与村、村内自然村之间由于道路路面较窄，达到“村村通车”较为困难。现状县道以县道以上道路路面均已硬化，采用沥青混凝土路面或水泥混凝土路面：乡道及乡道以下道路路面材质较为复杂，有水泥混凝土路面、沥青混凝土路面、沥青贯入式路面和粒料加固土路面。

2. 城乡道路系统规划

上虞城乡道路系统中国道、县乡道已建立十分完善的公路网络，本次道路系统规划着重对“连村道路系统”进行规划。本次连村道路系统规划在“村村通公交”基础上，尊重村民出行习惯，加强组团式中心村的公共服务设施辐射和集聚作用，节约、集约利用土地，尽量在现有村道、田间小路的基础上进行改拓建改造，将分散的各村落有机地联系起来，达到各行政村“村村通公交”、各自然村“村村通车”的规划目标。按连村道路服务对象不同分为通公交连村道路和一般连村道路二个等级。通公交车的连村道路要求路基宽≥ 7 米，路面宽≥ 6 米；道路线形需达到四级公路要求：不通公交车的一般连村道路路基宽≥ 5 米，路面宽≥ 4 米。

二、生态宜居

（一）保护全域生态本底

将上虞划分为 3 个生态功能区，分别如下。

1. 北部钱塘江河口湿地保护生态功能区

其主导生态服务功能包括注重滩涂及平原生态环境的整体保护，加强绿化和植被保护。切实改善生态环境，保护自然资源，建立沿杭州湾滩涂湿地和沿海防护林带，以及平原产业防护林带，因地制宜安排粮食、经济林、果园用地。

2. 中部宁绍平原城镇发展与农业生态功能区

其主导生态服务功能包括注重曹娥庙景区、龙山、洪山湖、东山、皂李湖等山水资源的保护和建设，发挥其生态优越性，建立风景区生态保育区，积极开展生物多样性的研究和保护。建立风景林地、经济林、城市保护林带、组团隔离带相结合的绿化体系。

3. 南部水源涵养生态功能区

其主导生态服务功能包括积极慎重地发挥地区资源优势，确保地区生态面貌的完整性，严格控制城市水源地——小舜江水库周边地区的开发建设。对南部山地要加强自然生态资源的保护，加大林牧业建设，保护稀有物种，培育野生动物栖息地，维护好本片区的自然生态环境（图 5-1）。

图 5-1 南部水源涵养生态功能区

（二）重视生态廊道建设

1. 曹娥江滨水生态廊道建设

以曹娥江为纽带，营造以曹娥孝德文化、浙东唐诗文化青瓷文化为中心，以沿江公园、景区、滨水绿地、沿江防护林为主体的自然人文生态体系。重点打造曹娥江两岸平原田园风光和江岸景观，进一步开展曹娥江溪流综合治理，实现曹娥江流域水质达标、环境提升的目标；加大溪流建设投资，对曹娥江全线开展生态驳岸的建设；充分利用曹娥江两岸空间，布置滨水绿化带；重视水际和水生植物的配置，形成搭配科学的植物群落，为生物提供生存和繁衍的栖息地；严格控制曹娥江私挖乱采行为。

（1）系统梳理。结合"五水共治"具体要求，整治疏通水系，去除河段内的垃圾杂物，清理河道内的农业垃圾和生产生活垃圾，形成完整贯通的生态河道、景观河道，为美丽乡村示范、社区公共休闲、乡村旅游发展提供良好的环境基础。

（2）分段整治。对曹娥江及周边河网的护坡驳岸进行分段整治，针对不同的岸边环境，采取不同的水岸空间处理方式，整体驳岸以生态型堤岸为主。

（3）滨江绿化。滨水绿化美化要与滨江游步道、码头、观景平台等有机融合，注意岸边植被的恢复与保护。

（4）亮灯工程。在核心景观水系段落沿岸重点进行夜间亮化，通过水上亮灯工程点亮曹娥江（图 5-2）。

图 5-2　曹娥江滨水生态廊道建设

2. 虞南片区山林景观廊道建设

以“四季仙果”元素作为整条环线的景观轴线，通过一系列措施，如完善道路两侧绿化带建设，提升道路整体景观效果；增加沿线景观小品、休闲设施、指示标识系统及景观节点的建设，夯实休闲旅游景观基础；整理道路两侧建筑风貌，改善农村环境质量；因地制宜发展特色产业，彰显特色文化魅力等，形成一条山村休闲景观带。

（1）建筑风貌引导。作为乡村旅游的重点片区，规划建议其新建建筑风貌应结合生态环境保护、旅游景区及农家乐的开发，建筑的整体风貌应与其周边自然生态环境相协调，建筑样式应传承其历史建筑，选用白墙黑瓦坡屋顶的传统民居样式，增加中式建筑元素，避免出现色彩突兀样式西化的新型农村别墅。

（2）道路景观设计。道路平面规划为自然曲线，路面以柏油路面为主，体现乡村旅游道路蜿蜒曲折的道路景观空间。道路两侧路缘石可采用卵石或石块堆砌，绿化带上层行道树可结合各地段产业特色选择，如樱桃、猕猴桃等，形成各具特色的水果旅游道。

（3）景观小品设计。景观小品设计样式以当地的文化特色、产业特色为源泉，在不同地段结合不同的水果品种。景观小品材质宜就地取材，如该区域作为虞南山区，区域内山林茂密，溪流潺潺，竹材、木材、石材丰富，在休息坐凳、树池、指示牌等设计时运用这些材质（图 5-3）。

图 5-3　虞南片区山林景观廊道建设

(三)推进农村生态环境整治

1. 加大环境污染防治力度

健全农业面源污染防治制度,加大土壤培肥工程、土壤重金属污染预防和畜禽粪便等废弃物无害化、资源化处理力度。完善垃圾收集转运体系,加快工业固废安全填埋场、垃圾填埋场改扩建及农村垃圾集中处理工程建设。提升城镇污水处理效率,提高尾水排放标准。加强与曹娥江上游城市的跨区域水污染联合治理,重视浙东古运河水环境保护,加大环境监测监管和环境执法力度。推进农业农村和城市环境整治,实施清洁空气五年行动计划,开展工业废气污染防治,加强城市交通噪声管理、机动车尾气污染防治和建筑工地、道路扬尘治理,建立并完善环境空气质量评价体系。

2. 加强水生态环境修复

加快对曹娥江等重点区域环境整治,加大对虞北平原河网和中心城区水系的综合整治力度。强化对汤浦水库、城区总干渠和乡镇饮用水源保护区以及曹娥江两岸、小越湖、白马湖、皂李湖等湿地保护区的生态保护管理和污染防治。推广应用湿地生态系统、绿色廊道、生物培养等技术,加强重点污染河流修复、虞南山区小流域生态治理、生态湿地公园建设,恢复市域水体自然生态功能。

3. 加强森林生态系统维护

推进植树造林活动,加快生态公益林、生态防护林和水源涵养林建设;加大对虞南山区森林植被保护、林相改造力度;加快虞北平原生态林、沿海防护林、生态隔离带建设;重点构筑杭甬高速、世纪大道、滨海大道和长海线“三横一纵”绿色生态走廊,创建省级森林城市。加强水土流失治理,严格控制缓坡地开垦(图 5-4)。

图 5-4 森林生态系统维护

（四）提升村庄景观环境

1. 违章建筑、危旧房拆除

在广大农村地区的村庄建设过程中，农户常常根据生活、生产需要，在自家建筑周边形成不少违章建筑，且这些建筑多以一层小屋为主，建筑结构较为简单，外立面或涂以水泥或直接裸露在外，当这些建筑长久闲置时多成危旧房，且周边宜形成脏、乱、差的垃圾堆放处，对村庄环境造成极大的影响。在美丽乡村建设时，对重点村的这些违章建筑、危旧房坚决拆除。

2. 村内主要道路景观改造

村内主要道路景观改造包括沿线建筑立面改造、沿线道路溪流绿化改造、沿线景观节点设计及增加景观小品、休闲设施的内容。建筑立面改造应结合村庄文化、产业特色，尊重村民改造意愿，因地制宜进行改造，如增加建筑围墙、对围墙立面采取粉刷文化图案或重新粉刷或铺装等改造手段。道路溪流绿化改造多以见缝插针的方式进行改造，对一些裸露地块、废弃地块应重新绿化，在一些重要节点或重要地段处，在满足道路通行的情况下，应增加绿化面积，避免大面积硬质景观的出现。

3. 建筑风貌及样式设计

村庄主要居住建筑分为三类，对三类建筑类型应进行分类指导。第一类为村内现有的一些有一定年限的旧建筑，这类建筑多建于 20 世纪 90 年代，建筑样式为 23 层的砖结构坡屋顶，建筑外立面多为水泥墙面；这类建筑一般分两种情况，一是近期要翻新重建的，这种情况则归于第三类建筑风貌引导；二是在一段时间内将保持原状的，对这类建筑统一进行外立面重新粉刷，对建筑构件、屋檐、墙角等部位进行适当装饰。第二类为村内新建建筑，这类建筑多为近期新建，建筑样式新颖，多为新农村别墅型建筑，建筑外立面大多已贴面或粉刷，对这类建筑的风貌引导以增加村庄统一元素为主，如统一的门牌、统一的绿化种植等。第三类为村内规划建设的建筑，这类建筑有的是农户自发建设，有的是以新村形式统一建设。农户自发建设的建筑容易出现与村庄整体风貌不协调的情况，而以新村形式建设的建筑多经统一规划设计，这类建筑应加强对农户自发建设的引导。

4. 公共活动节点规划设计

结合村庄规划，在重点村庄设置公共绿地，作为村民开展活动、健身、交流及休闲的场所，同时也是展示村庄历史文化、个性与特色的重要空间。可利用现有的池塘、河流、苗圃、果园和小片林地等自然条件加以改造，或结合村庄的古祠堂、古树等特色景观资源进行公共绿地的设计。此外，在公共绿地中根据空间情况设置必要的活动场地和设施，满足村民开展活动的需求。也可以利用公共绿地进行传统农具的展列、村庄历史文化的展示，使村民对村庄历史及农耕文化有更多的认识，增强建设家园的信心和动力。村庄公共绿地应尽量避免采用人工规则式图案式的绿化模式，体现乡村自然风光。

5. 乡村田园主题景观打造

（1）**自然的底色。**尽量保留现有大树，多种植最常见的乡土植物，如无患子桂花、竹子桃树、美人蕉等，形成乡土植物的基底。

（2）**乡土的味道。**通过乡村老物件的创意利用和适度点缀，体现乡土风情、乡愁味道的乡村生态美和艺术美。打造"爷爷的手推车""奶奶的花篮""爸爸的自行车""叔叔的鱼篓"等"乡愁故事"系列景观。

（3）**与功能性结合的景观。**景观小品与垃圾箱、路灯、休闲坐凳、游步道铺装等功能性的设施相结合（图 5-5）。避免过多使用缺乏功能的景观设施。

图 5-5 功能性景观

6. 乡村田园主题景观打造

（1）入口景观。结合村庄文化，打造能够代表村庄特色和个性的标志性景观，使得进入村落有鲜活的视觉效果和相异于其他村落的直观感受。村庄标志性景观可以是位于村庄入口处的入口景观，也可以是能够体现村庄历史、有传承意义的景观节点、古树名木等景观。通过对现有特色资源的充分利用，改造或创造本村的特色标志景观或节点，如杨梅村、二都村可围绕杨梅文化来设计。一些新建的标志性景观应避免过于城市化，要能够代表村庄的形象，体现村庄的特色，景观材质也要与乡土环境相协调。

（2）庭院景观。庭院景观设计要经济、朴实、大方，装饰素材选取要因地制宜，利用本地乡土元素，体现乡村特色。可在房前屋后、宅旁，根据庭院特点和农户经济条件，栽植各种观赏性花卉，或栽植一些可以获得经济效益的果树，以发展庭院经济。对于以发展农家乐为主要产业的村庄，利用农家生产生活用品、农作物、花木等装饰农家环境，提升农家庭院的审美价值，打造特色农家庭院。如木桶、大水缸、柳条笆斗、簸箕、竹篓、扁担等，分布在院落墙角、屋檐下以点缀和增添农家的生活氛围。

（3）特色景观小品。特色景观小品可以是独具乡村特色的标识标牌、垃圾桶、路灯，也可以是绿地中放置的景观小品，其共同点是具有浓厚的乡土气息与农村特色。在强调形式的个性与美感的前提下，因地制宜，就地取材，运用农村的特色元素、自然材料甚至是农村旧物的再利用，来打造乡村特色景观小品，起到点缀或装饰环境的作用。如选择手推车、水车、石磨等废弃的生产工具，或竹篓、斗笠等生活用具，加以修饰和再创造，形成独具乡村韵味的景观小品（图 5-6）。

图 5-6　特色景观

7. 传统景观元素保护利用

（1）遗址遗迹。上虞是一个历史文化底蕴极为丰厚之地，留下了众多名人故居、历史遗迹、古建筑、古村庄及自然景点等历史见证物。要按照"保护为先、适度开发；整体保护、修旧如旧；遵循保护开发的原真性、特色性、观赏性"的思路进行遗址遗迹的保护。①名人故居。上虞历代名人辈出，名人故居遍布全市，如东关街道的竺可桢故居，长塘镇的马一浮故居、罗万化故居，丰惠镇的王一飞故居等，对这些名人故居应增加保护力度，积极申请文化保护。②古建筑。上虞的古祠堂、古民居，不仅具有历史的、文化的、情感的和象征的价值，在美丽乡村建设和景观营造时，要使文物建筑在利用中得到全面的保存。对于这一类的老建筑，规划建议对其进行修整，以"修旧如旧"为原则，保留其原有的韵味。③古街。上虞有丰惠镇的古街、汤浦镇的汤浦老街、下管镇的百年老街等历史街道，这些老街多为两层楼的清中晚期商业店铺建筑。这样的老街，记录了古镇的历史进程，应对老街建筑按照原始风格进行修复，还原老街古貌，重现当年古街繁荣。④古桥。古桥作为古镇、古村重要的组成部分，虽历经多年沧桑变迁，但仍有一些保存完好，如丰惠镇通济桥、九狮桥、济富桥、孟宅桥、落马桥等保存完好。将河道加以疏浚，整治好沿河的建筑，结合古镇街道的修整，将来开通水上旅游线。⑤古道。千年古道承载着地区演变发展的记忆，也是文化的重要承载，应结合古道建设，恢复周边景观。对于古道周边的古树、小茅棚等环境景观，应合理保留与修复；对于新建的景观小品、补种的景观植物及道路铺装的设计要求都要与原有景观相协调，保留古道原有的风味。

（2）古树名木。上虞的古树名木是上虞历史的见证，具有特殊的生态、景观、文化意义，它将自然景观与人文景观巧地的融合为一体，保护古树名木不单单是出于生态环境的需要，更是对上虞古老文明和文化传承的保护。上虞村庄历史悠久，很多村庄内都有树龄近千年的古樟树，是不可多得的景观资源。要通过制定管护制度，落实古树名木保护责任制；加强宣传教育工作，提高民众保护意识；建立档案，明确分管责任；严厉打击破坏古树名木的行为等，加强现存的古树名木的保护。

第三节 人文和谐 改革引领

一、人居环境建设

（一）加快农村住房改造

结合村庄的地域分布、资源特色、经济条件等综合因素，遵循"推进公寓式、规范联立式、严控独立式”的基本方针，合理确定住房改造建设的方式、内容和标准，可按集聚发展型、整治改造型、特色保护型、撤并迁建型等分类实施，因地制宜地推进农村住房改造建设，注重农村建筑与乡红文化、自然生态的和谐，大力改善农村人居生态环境。

1. 集聚发展型

此类村庄主要以城中村和中心村为主。可按照城镇社区建设的要求，进行统集中改造建设，完善基础设施和公共服务设施配套，实施社区化管理服务，提升生活居住环境品质。提倡和推行多层、高层公寓式住房，控制建设联立式住房。中心村主要针对具有较好的区位条件和经济基础，已有一定的建设规模和基础设施配套，宅基地整理复垦有潜力的村庄。按农村社区标准，配套建设农村基础设施和公共服务设施，引导农村人口、产业和公共服务集聚，提倡多层公寓和联体住宅。

2. 整治改造型

此类村庄以自然村为主，通过基础设施和公共服务设施配套、生态人居环境改善，适度推进住房改造建设。在住房改造建设过程中，结合农村土地综合整治，通过改建、扩建、翻建、新建等多种方式，加强房屋立面美化改造，盘活宅基地资源，促进土地资源集约利用，畅通村内道路，提升人居景观环境，改善农民住房条件。严格控制新建独立式住宅，鼓励集中建设联立式住宅。

3. 特色保护型

对具有独特人文景观（古村落、古民居、古祠堂等）、生态景观以及民风民俗等具有历史文化保护要求的村庄，在保持村庄原有基本格局、布局形态建筑风貌的前提下，突出“粉墙、黛瓦坡顶”的江南水乡农居特色，体现地域文化内涵，并对村庄风貌及村庄环境进行合理改造和提升，完善公共服务和基础设施配套，开发乡村文化旅游。

4. 撤并迁建型

按照“规划先导、农民自愿、政府扶持、自求平衡”的原则，对因工程建设和抗灾避险等需要，或地域偏远、交通不便、人口分散、地形复杂而必须进行整体搬迁的高山村、边远村，采取农户逐步向中心镇、中心村集中居住的引导方式。列入规划搬迁的村庄，需停止宅基地和建房审批，不得新建和改建住房，积极实施搬迁工程。

（二）推动农村人口集聚

按照“可持续发展、因地制宜、城乡和谐发展、适度超前”的原则和建设农村新社区的要求，大力推进中心村培育和农村土地综合整治工程建设，采取规划引导宅基地整理、政策扶持、宣传教育等措施，推动自然村落整合和农居点缩减，积极引导和促进农村人口向城镇和中心村集中，提高农村人口集中居住和农村土地集约利用的水平。

1. 编制村庄建设规划

积极修编村庄建设规划以及“美丽乡村”整治提升规划，优化村庄布局，完善设施配套，落实村庄建设用地指标，控制和统一建筑色彩、建筑高度和建筑形式，创造具有上虞地方特色的农房建筑风貌。鼓励建设联排住宅和多层公寓，促进村庄的适度集聚和土地资源的集约利用。

2. 开展宅基地整治工作

加大土地开发、农村宅基地整治、空心村改造和复垦力度，落实“以奖代补”和宅基地置换“1+4+X”政策。严格实行“统一规划、统一整治、统一安排使用、统一基础设施配套”以及“一户一宅先拆后建”的规定，所有符合建房审批条件的农户必须安排在规定的区域内建房，拆除原有老宅，由村集体收回宅基地及闲置地，统一安排使用。

3. 加大政策扶持力度

加大中心村培育和农村土地综合整治的资金扶持力度，整合各类涉地涉农资金，切实增加各级财政资金的投入，制定具体补助方案和项目启动资金的筹集措施。积极引导村民自筹和其他渠道资金的投入，充分发挥农民的主体作用，调动农民的积极性，引导农民主动参与人口集聚、退宅还耕、拆旧建新、旧房改造、设施配套、环境整治等行动。鼓励和支持社会资金对有旅游开发价值的古村落、古民居进行改造修缮，开发农家乐休闲旅游、乡村古民居旅游项目。

4. 加强农村宣传教育

利用广播、电视、报纸、网络、宣传栏等多种渠道和形式，广泛宣传村镇规划、宅基地整理、人口集聚等方面法律法规和有关政策，增强农民法制意识，提高农民遵守“三房”改造、“一户一宅”政策和建房审批程序的自觉性；引导农民转变建房观念，支持和参与村庄整治工作，促进农村住房改造和人口集聚工作稳步推进。

（三）推进农村节能节材

深入实施污水净化沼气、畜禽养殖场沼气综合利用、秸秆气化等清洁能源工程，实现农业废弃物的生态循环和高效利用。推动太阳能、天然气等清洁能源在农村地区的广泛应用。积极引导农村住房、公共设施、企业厂房等建筑采用绿色节能新技术、新工艺，支持农户使用新型墙体屋面建材、环保装修材料以及环保节能设备。

1. 推广沼气能源工程

通过建设以沼气为纽带的综合利用工程，有机地将生活污水、畜牧养殖、能源开发利用、作物种植等结合起来，实现农业增产、农民增收，促进农业循环经济健康有序发展。

（1）推广生活污水净化沼气技术。推广生活污水净化沼气技术，彻底改变农村卫生状况，改善农村居住环境，提高农民生活质量。

（2）促进畜禽排泄物能源综合利用。开展以沼气工程、有机肥生产为主体的“能源生态型”“能源环保型”“综合利用型”等能源环境工程建设，采用“猪—沼—果（菜）”生态种养模式，促进畜禽养殖废弃物的资源综合利用和耕地土壤肥力的提高。

（3）开展秸秆生物气化利用。推广秸秆还田、秸秆快速堆肥、秸秆氨化作饲料和生物气化利用等多渠道综合利用技术，鼓励企业和农民积极参与农业循环经济建设，使农业废弃物循环利用和能源建设工程紧密结合，达到发展清洁能源、节省燃料消费、减少废弃物、促进农村经济发展的目的。

2. 开发利用可再生能源

根据上虞各村实际，积极推进农村能源多元化，开发利用可再生能源，获取较好的经济效益和生态效益。结合农村住房改造、中心村建设等项目的推进，新建及改建农居可统一安装太阳能热水器；部分基础条件较好的村庄道路亮化工程可安装环保节能路灯；扩大农村企业和居民使用天然气，加快天然气门站、汽车加气站等天然气工程建设，建立可靠性高、供应能力强、多种能源互补的能源供应网络。

3. 推广绿色生态建筑

按照国家和省（区、市）规定的节能设计标准和规范进行项目设计，结合当地民居特色、生活习俗、地形条件等因素，因地制宜大力推广农村新型节能材料及生态绿色材料，推动新建住宅、公共建筑节能和现有建筑节能改造。新建和改建住宅可充分利用当地丰富的石材、竹材、木材等绿色生态建筑材料，与自然环境和谐共生。引导城乡居民广泛使用节能型家电、节水型设备，倡导绿色出行，打造低碳社区。

（四）完善农村基础设施

1. 道路交通

围绕"三城一区域"（滨江新城、滨海新城、高铁新城、曹娥江旅游度假区域）的城镇发展体系，以高速公路网络建设为重点，以干线公路、农村联网公路为主体，对外联系上海、杭州、绍兴、余姚等周边县市，对内实现与各乡镇有效连接，构建"畅通、高效、安全、绿色"的综合交通运输体系。

深化实施农村联网公路建设，构筑"便捷、安全、和谐"的农村公路交通体系。以"打通断头路，减少回头路，沟通便捷路"为途径，以解决"联络节点、连通断点通达盲点"为重点，以实现"提升农村公路的网络化水平以及联网公路的整体功能，促进城乡交流，开发农村经济，方便农民出行"为目标，使全区农村公路网达到连点成线、点线成网，确保通达顺畅，为新农村经济和社会发展奠定良好的交通基础。

2. 电力电信

积极实施农村电网改造工程，以"安全、经济、可靠"为原则，加强上虞区电源建设以及农村电网线路改造整治工程，优化电网结构，构建以220kV为主、110kV为辅的配电网络体系，建设成为"电源容量充足、系统安全稳定、网络坚强可靠、电网运行灵活、设备先进规范"的现代化电网，逐步提高电网供电可靠性和稳定性。

推进电信网、互联网和广播电视网"三网融合"，加快用户光纤接入网建设和改造，优化网络资源，建设大容量、高速率、高质量、安全可靠的公众骨干传输网，并逐步向农村地区延伸；推动"数字上虞"建设，加快数字信息化的推广与普及程度，逐步建立包括节目、传输、服务、监管功能在内的统一平台；加强农村综合信息服务平台建设，建立区、乡镇村三级垂直信息化管理体系提供基础服务，拓展农村综合信息网络功能，农村信息化提供支撑服务；加快农产品市场联网步伐，准确及时提供各类农产品市场信息，及时为各地提供农产品价格、市场信息，加快农产品的流通。

3. 给水工程

加快实施农村饮用水改扩建工程，完善农村供水配套网络。建立中水利用系统，提高河网水体的自净能力和水资源的自然循环能力，有序规范地下水资源开采利用。注重饮用水水源地保护，加强曹娥江、小舜江、下管溪、萧曹运河等重点流域的整治与保护，建立和完善隐潭溪、汤浦水库等水源保护地及重点流域的预警和应急机制，强化监测、监察工作，保障全区饮用水的供给和安全。

生活用水的供应方式应结合上虞区实际地形地貌统筹考虑，对地势较平坦、人口集中、距离较近的乡镇进行区域集中供水，如梁湖、丰惠、谢塘、小越等虞中虞北乡镇；对地形高差大、距离远的乡镇，如岭南、陈溪、下管等虞南乡镇，应根据各个时期的需水量增长情况分期实施水厂的新建、改扩建和技改工作，主要供应集镇及周边有条件的村庄；对偏远地区、水利条件差的村庄以简易水厂、蓄水池、地下井等为主，采用集中与分散相结合的方式进行供水。

4. 污水工程

针对上虞地形多样，村庄数量多，分布散，经济状况各异等特点，上虞农村生活污水处理必须从实际出发，因地制宜，主要采取城镇集中型处理、相对集中型处理和农户分散型处理三种模式。对于城区、镇区周边合理范围内的村庄可纳入城镇污水处理体系统一处理；对于村庄布局相对密集、规模较大、经济条件好的单村或联村可采取集中处理；对于一般的中心村和自然村，应从资源化利用角度出发，采用分散治理和集中治理相结合的方式；对布局分散、规模较小、地形条件复杂、污水不易集中收集的村庄，可采取分散处理模式。

充分利用村庄地形地势、水塘沟渠及闲置地，提倡采用净化沼气池、人工湿地、常规生物处理等无动力或微动力处理技术进行处理，实现污染物的生物降解和氮、磷的生态去除，结合当地农业生产需要回灌农田，或为山林植被提供必需的养料和水分，促进循环经济和生态农业的发展。

5. 水利设施

加快水利基础设施建设，深入实施以小型农田水利设施、中低产田改造、灌溉渠道疏浚、水库除险加固、田间机耕道路等为重点的农田基础设施建设。新建和改造一批小山塘、小堰坝、小水池、小机埠和小沟渠，加快渠系改造和田间工程配套，完善灌排体系。以防治水土流失为核心，对山水田林路进行综合规划、综合开发、综合治理，通过工程措施、植树造林以及农艺措施治理水土流失，切实改善流域农业生产条件。全面提高防汛防台抗旱综合能力，构建防灾减灾骨干工程网。采取防治洪水与规避洪水风险相结合，工程措施与非工程措施相结合，解决洪涝灾害和农村水环境问题。进一步提高水库山塘防洪安全标准，扩大河道泄洪排涝能力和调蓄能力。

（五）健全公共服务体系

1. 教育

办好乡镇（街道）中心幼儿园和中心村幼儿园，扩大农村优质学前教育资源。推进农村中小学校迁、并、建工程以及"园安工程"，并加强数字校园和开放式课堂建设，深入开展教育开放区创建工作，稳步推进"协作教学""信息教学"等教学模式，形成具有校本特色的校园文化体系。积极发展农村职业教育与成人教育，不断扩大、提升职业教育规模和档次。组建机电、汽车、建筑、财经专业技术学院，实现精品办学、连锁办学、开放办学，增强服务产业重构能力。大力实施"农村'双创'人才培训计划"，整合发展农技推广中心、农科远程教育、专业合作社等载体，形成便捷有效的农业科技推广和优质服务体系。

2. 体育

大力发展群众体育事业为抓手，加快体育会展中心建设，切实加强社区全民健身锻炼点和农村体育基础设施建设，构建亲民便民、利民公共体育服务体系。深入开展全民健身活动，以举办"全民健身节"和备战省体育大会为契机，大力开展机关趣味运动会、乡镇综合性运动会等大型全民健身活动，不断提高城乡居民健康素质。

3. 医疗卫生

完善新型农村合作医疗制度，稳步推进公立医院改革省级试点，鼓励社会力量兴办民营医院，逐步形成覆盖城乡的医疗服务网络，积极解决看病难、看病贵等问题，切实保障群众多层次的健康需求。加大财政扶持，鼓励和吸引高校医学毕业生和优秀卫生人才到基层医疗卫生机构服务，着力提高基层医疗卫生队伍素质。加强食品药品安全监管，完善药品监督和供应网络。加强农村医疗卫生机构和基本医疗服务体系建设，健全社区卫生服务中心（站），推进社区首诊、分级医疗和双向转诊等制度。提高农村基层医疗卫生服务便利性，建立城乡一体的医疗卫生服务新机制。

4. 文化休闲

深入实施“文化惠民”工程，健全区、乡镇（街道）、村三级城乡公共文化服务网络，实现乡镇（街道）有综合文化活动中心、村（社区）有文化活动室。实行城乡文化设施共建共享，推进图书馆、名人纪念馆等文化设施向社会免费开放。创作一批文化艺术精品，提高公共文化产品供应能力和服务水平，不断满足人民群众多元化、多层次的精神文化需求。加快文化产业发展，以发展特色文化产业集群、建设文化产业示范基地、推进重大文化产业项目、培育优势文化企业、扶持文化节庆会展为重点，彰显“梁祝传说”“越窑青瓷”“虞舜文化”“东山文化”等特色文化；培育壮大印刷业、文化中介、广告业、影视传媒业等新型文化业态。大力发展文化旅游业，促进文化旅游资源有机融合，建设“中国孝德文化之乡”。

以文艺创作队伍建设为重点，提高农村文化队伍的整体素质，丰富群众的文化生活，实现基层文化体育活动经常化、大众化。积极实施“上虞市文化遗产保护工程”，加强民俗文化保护和传承，以农民文化节系列活动为载体，重视对农村优秀民间民俗文化资源的系统发掘、整理、扶持和保护。

5. 社会保障

全面构建多层次社会保障体系，实现保障对象全民化、保障方式便利化、管理服务社会化。完善城乡社会保险体系，完善养老、医疗、工伤、失业、生育五大保险制度。完善新型农村合作医疗制度，建立医疗保险异地就医结算体系，提高住院和大病报销比例。构建新型社会救助与福利体系，提高农村“五保”和城镇“三无”对象集中供养水平，完善城乡最低生活保障和困难群众医疗救助制度，探索发展“红十字”、社会捐赠、群众互助等多形式的社会救助机制。按照“政府主导、社会参与、市场推动”的原则，建立健全区、乡镇（街道）、村三级社会养老服务体系，建设居家养老服务网络和服务平台，实现城乡居家养老服务基本覆盖。

二、乡村文化建设

（一）加强文化设施建设

1. 完善乡镇和村庄的文化活动设施

建成内设多功能活动厅、图书阅览室、信息资源共享服务室、教育培训室、文艺排练厅、综合展示厅、管理用房、篮球场等于一体的镇文化活动中心，成为全镇开展文化服务，组织文艺培训的主要阵地。加强农村文化礼堂功能性文化设施硬件建设，建强农村文化宣传阵地。完善村级文化活动室、农家书屋等文体设施的日常管理和使用，提高文体设施的使用率。组建农村群众性文体活动队伍和志愿者队伍，加强农村文化队伍建设。

2. 完善各级各类公益性文化单位服务体系

各级各类公共文化服务机构要向社会公开服务时间、服务内容、服务标准和服务程序，认真做好窗口接待、场所引导资料提供和内容讲解等工作，进一步拓宽服务领域，增强服务能力，提高服务水平，努力营造良好环境，为城乡居民提供优质高效、普遍均等的公共文化服务。图书馆、博物馆、纪念馆、文化馆、文化站、爱国主义教育基地等要尽可能做到免费或优惠向社会开放，对城市低收入居民、残疾人、未成年人、老年人和农民工等特殊群体实行免费或半价开放。

3. 引导文化资源向公共文化服务领域合理流动

充分利用市场机制的作用，采取参股经营、合作经营等方式，引导文化资源向公共文化服务领域合理流动，拓宽人民群众对公共文化产品的选择空间，增强公共文化服务效能。如鼓励兴建大众化的影剧院；鼓励经营单位薄利多销，改变票价过高、群众消费不起的状况；鼓励农家书屋的承包管理经营，丰富农家书屋的文化产品。发展专、精、特新中小文化企业；鼓励、引导农民和社区居民自办文化，开发独特文化资源，丰富面向基层、面向群众的文化产品种类和数量。支持各类市场主体积极开发农村出版物发行、电影放映、文艺演出等文化市场。

（二）积极发展民间文化

上虞文化建设要突出发展"本土文化"，要形成上虞自己的特色，就必须彰显上虞地域文化特色、保护和发展民间非物质文化遗产，只有这样才能避免新农村文化建设中的千篇一律，才能有利于传承和构建各乡镇特色的农村文化。农村很多原汁原味、具有浓厚乡土气息的民间文化遗产因其独具特质、富于地域文化特色，在农村文化建设中有着举足轻重的地位，势必今后将成为新农村特色文化建设的不竭源泉和永久动力。

1. 加强对优秀乡土文化的发掘、保存和展示工作

上虞农村文化建设应以“种文化”为项目依托，发展民间文化。积极培养农村文艺骨干，努力引导农民参与到“种文化”活动中来，让农民变成文艺活动的参与者、表演者、组织者。以深化“民间艺术之乡”创建为载体，加强对优秀乡土文化的发掘、保存和展示工作。一方面，开展“百村千户文化示范创建活动”，深化以民间吹打、音乐舞蹈、书法剪纸、玉雕工艺等“特色文化”为主要内容的文化示范村、文化示范社区、文化示范户系列创建工作。另一方面，广泛开展“十佳文化特色村”“十佳文化特色户”“十佳群众文化活动”“十佳民间艺人”“十佳文化活动中心（室）”“五个十佳”评选活动。

2. 开展各类节庆群众性文化活动

因地制宜扶持庭院文化，以有一技之长的农户为中心，吸引左邻右舍开展各种形式的文化活动。在此基础上，抽调文化干部对全区各乡镇（街道）、村（社区）、企业的文化阵地、文化活动进行分片业务包干辅导和服务，协助开展各类节庆群众性文化活动，如百官街道的社区文艺调演、曹娥街道的文化艺术节、上浦镇的东山文化艺术节、小越镇的乡土文化周、汤浦镇的卡拉 OK 大奖赛、东关街道保驾山村的农民文化节会、道墟镇“新屯南”文艺晚会等，充分活跃了农村、社区文化生活。

（三）促进农村文化产业

发展农村文化产业就是要探索文化遗产传承与合理利用的有效途径，让其重新焕发生命活力。将可以市场化的文化遗产推向市场前台，走物质、非物质文化遗产产业化之路，使之形成文化品牌，成为一种新兴文化产业。鼓励各方对文化遗产的活用，从民俗表演到旅游开发，从青瓷等工艺品生产销售到文化创意发展，全方位开发文化遗产中的文化价值和经济价值使静态的资源在弘扬传统文化、振兴民族艺术的同时也为开发人文旅游景观、刺激地方经济发展发

挥应有的作用。

1. 利用人文资源发展文化休闲旅游业

通过加强对有历史或研究意义的名人故居、古迹、古祠堂、古民居以及名馆、名山名园的建设，将文化与旅游、经济、科技、体育等有机结合起来，做到互相联动、优势互补、共同开发、共同发展。以虞山舜水的文化气质为统领，挖掘、提炼上虞核心文化内涵，重点突出"梁祝传说""越窑青瓷""虞舜文化""东山文化"等亮点资源，形成较好的特色文化品牌。

2. 依托非物质文化资源优势发展文化创意产业

整合上虞的历史人物、传说民俗、手工技艺、诗词歌赋、地方戏曲等，如标有上虞印记的越窑青瓷、流传近千年的东关玉雕、工艺精湛的上虞剪纸、源远流长的吴弄竹编、虞南麦秆扇等。对这类资源，首先需要判断它们的文化价值和历史价值；再为这些文化资源注入当代元素，让资源与当代人的精神生活形成一种相互融合、相互接纳的互动关系，从而构成文化生产和文化服务；然后再通过相关或系列资源的相互补充与烘托，最终成为具有完整市场吸引力的商品。

（四）弘扬农村文明风尚

1. 发挥村规民约的作用

充分发挥村规民约在村级治理、风气引导、行为规范等方面的作用，促进村民守规矩、知荣辱、讲道德。

2. 发挥村民自治组织的作用

充分发挥乡贤参事会、红白理事会等村民自治组织在构建和睦邻里关系、化解各类矛盾等方面作用，有效遏制村内歪风邪气群体性封建迷信活动。引导群众殡葬依法文明，酒宴节俭适宜。

3. 持续开展文明创建活动

结合农村党员实际，通过专题党课、观看影片等方式，深入开展社会主义核心价值观宣传教育。充分挖掘宣传身边好人好事，加大评选表彰力度，以身边人身边事感染身边人、教育身边人（图 5-7）。

图 5-7　文明创建活动

第四节　乡土特色　业新民富

城乡产业发展一体化要求加速区域经济的协调发展，使三大产业在城乡之间进行广泛联合，城乡经济相互渗透，相辅相成，最终实现共同繁荣。其重点：一是要加速城乡工农业经济的一体化，使城乡工农业相互补充，互相促进；二是要加快城乡商贸流通业的一体化。前者要求统筹规划全区工农业经济布局，以特色优势产业为基础，打造先进制造业基地，努力将上虞经济全面融入长三角；后者要求充分发挥上虞的交通区位优势和旅游资源优势，依托区域特色产业、专业市场优势和新型商业业态，大力推进商品专业市场建设、发展商业连锁经营，建设观光、休闲、生态旅游区。

一、特色优势农业和农业产业化

在上虞“四季仙果之旅”的带动下，全区形成了具有产业特色的产业带和产业区块，涌现出了一批专业镇、专业村，龙头企业培育也取得较大成效。突出“绿色、品牌、基地”，实施农产品品质提升工程，规划建设一批有规模、有品牌、标准化的茶果、花木、蔬菜、畜禽、水产等名特优农产品基地。加快培育一批高档次的城市设施农业，推广农产品精分类、精包装、精加工，着力提高农产品档次和附加值。注重农业与旅游业互动发展，实施“四季仙果之旅”三年行动计划，有序建设一批特色休闲观光农业基地和农家乐。

二、块状集群产业

围绕骨干企业培育、重大项目实施、服务平台建设、质量品牌等工作，加强对技术改造、信息化应用、品牌创建、服务平台、协作配套、专业市场等关键性项目的政策支持，强化部门与乡镇联动，建立和完善市场营销合作、产品配套协作、金融服务支持、行业协会管理等服务体系。推动乡镇间合作，探索共建块状模式，实现优势互补、共赢发展。八大乡镇块状经济壮大提升导向分别如下。

1. 伞件

重点发展太阳伞、广告伞、功能性伞及旅游用品、户外用品等中高档产品及伞配件，打响"中国伞城"区域品牌，培育伞业总部经济，推进"世界伞城"打造。

2. 手套袜业

重点发展功能性手套、中高档生活用袜和超高模高强度聚乙烯纤维系列产品，培育"手套袜业"区域品牌，打造成具有国际竞争力和区域竞争优势的手套袜业基地。

3. 铜管

做精做专家电、建筑领域传统铜管产品，大力开发高性能翅片管、医用高精密铜管等新型产品，打造成为全省重要的铜管产业基地。

4. 童装

重点发展高档针织童装，打响"汤浦针织童装"区域品牌，打造成为全省乃至全国的生态化针织童装产业基地。

5. 机械仪器

重点发展土工、公路、煤炭检测（试验）、医疗等仪器仪表，积极发展高档无损检测仪器及机械仪器延伸产品，打造成为全国中高端机械仪器产业基地。

6. 消防压力容器

重点发展灭火器、智能消防系统、新型灭火机、高压容器、新型压力容器等系列产品，培育"小越消防器材压力容器"区域品牌，打造中国消防器材高科技产业基地。

7. 风机

重点发展民用风机、地铁隧道风机和核电风机，加快新产品研发，培育"风机"区域品牌，打造成为全国风机主要生产基地。

8. 新型包装

重点发展铝氧化产品、化妆品包装、铝质防伪瓶盖、组合式防伪瓶盖等绿色环保中高档产品，打造成为全国领先的化妆品、酒瓶盖等新型包装产业基地之一。

三、商贸流通业

按照建设大市场、大流通、大商业的要求，规范现有农副产品批发市场、建筑装潢市场、农贸市场，培育商业龙头企业，发展商贸新型业态。

抓住沪、杭经济中心形成过程中向外辐射的各种机会，适应消费不断升级的发展趋势，大力培育和发展各种类型的新型商业业态。采取多种扶持措施，鼓励连锁企业发展。

四、农业支撑体系和服务平台

加大强农惠农力度，加强农业基础设施完善，推进中低产田改造和标准农田建设，提高农业综合生产能力。加快现代农业示范园区、粮食功能区建设，提升农业新技术推广和机械化水平。加强农业种子资源和生态保护，深化农业科技创新和成果转化应用，优先发展循环农业经济。加强基层农技推广、动植物疫病防控、农产品质量安全监管等三位一体的基层农业公共服务体系建设。整合农业信息资源，提高农业信息服务水平和覆盖面。健全粮食收储体系和农产品购销网络。

推进农村合作“三位一体”建设，扶持加工型农业龙头企业、区域性农产品市场，形成以农业企业、专业合作组织和专业大户为主体的农业经营格局。支持农民和农业企业依托本地优势产业，到市外建基地、拓市场。健全土地流转服务平台，有序推进整村整组、联村连片土地流转，引导优势特色农业向园区集聚。

第六章 诸暨市："七山一水二分田" 振兴农业新发展

第一节 诸暨市乡村振兴材料引领

为认真贯彻省委农村工作会议和市委第十六次党代会精神，全面提升诸暨市美丽乡村建设水平，全力打造全面小康标杆示范县市。根据《浙江省美丽乡村创建示范县评价办法（试行）》，特制定本实施方案。

一、总体要求

围绕"市域大景区"的目标，大力弘扬以西施为主题的古越文化，打造"最忆乡愁·最美乡村"，实现全民共建共享的发展要求，按照"点上扮靓盆景、线上打造风景、面上形成胜景"的总体思路，高标准规划，高起点建设，加快培育农村发展新动能，全力争创省美丽乡村示范县。

二、主要任务

（一）全域谋划，推动美丽乡村建设"整体美"

（1）优化美丽乡村全域规划。全面分析区域传统历史、人文积淀、资源禀赋、产业基础和群众意愿，顺应城乡一体化趋势，高起点编制市域美丽乡村建设规划、市域村庄布局规划、市域村庄建设规划、农村住房改造建设规划。谋篇布局全域景区化，完善美丽乡村建设标准，确定村庄类别、功能定位、发展方向，加强对村庄整体风貌控制导引、人口转移时空导引、村庄设计个性化指引。

（2）创建美丽乡村示范乡镇。按照"产业为基，就业为本，服务完善"要求，加强分类指导，明确乡镇功能定位，彰显地域文化特色，完善区域综合功能。深入实施"一加强三整治"小城镇环境综合整治行动，按照"产、城、人、文"四位一体要求，创建特色鲜明、面上整洁美丽有序、历史文化有效保护挖掘的特色示范小镇。今年创建 7 个以上绍兴市级美丽乡村示范乡镇。

（3）建设美丽乡村景观带。按照"村点出彩、沿线美丽、面上洁净"的要求，围绕“西施”为主题的古越文化，结合“四边三化、两路两侧”环境综合整治，以绿化彩化、干净整洁、品质塑造、整体风貌为重点，串珠成链，连线成片，提升“榧香古镇、东白古宅、七彩五泄、珠乡湿地、古越风情”等景观带骨干网，深入推进沿线村庄景区化、庭园精致化、产业精品化，打造富有地域特色的风景长廊。今年在提升完善东南西北四条景观带基础上，启动建设古越风情景观带。

（二）全面整治，推动美丽乡村建设“生态美”

（1）巩固农村生活污水治理成果。按照“村点覆盖全面、群众受益广泛、设施运行常态、治污效果良好”的要求，坚持“建管并举、重在管理”的原则，健全“专业 + 五位一体”治理设施运维管理体系，有效提升生活污水治理设施。全面推广“动态全覆盖”模式，对已完成治理村的新增受益农户，实现应纳尽纳、应集尽集、应治尽治，达到“污水进、清水出、湿地生态植物长势好”的目标。今年确保全市主要河流出境水质考核优秀，主要河渠水质保持在Ⅲ类水及以上。

（2）普及农村生活垃圾分类处理。坚持垃圾分类与环境整治同步进行，加快建立“分类投放、分类收集、分类运输、分类处理、综合利用”的垃圾处理系统，完善农村“户分、村收、有效处理、综合利用”的运行模式，全面建立农村生活垃圾“三分四定”制度（分类投放、分类清运、分类处置、定时上门、定人收集、定车清运、定点处理），并纳入村规民约，建立“有人做事、有钱办事、有章理事”环境卫生长效保洁机制。探索建立农村环境卫生公益金制度，深入开展“洁美镇乡”“最美村庄”“美丽庭院”创建等活动，充分发动农村妇女、中小学生、青年志愿者，全面提升巩固美丽乡村垃圾分类和环境整治成效。今年农村生活垃圾分类村扩面 234 个，全市农村生活垃圾分类实现全覆盖。

（3）打造美丽生态田园人居环境。深入推进“三改一拆”、平原绿化、森林村庄、“清三河”、地质灾害防治等行动，开展村庄杆线、墙院、赤裸房等整治行动，开展村庄有机更新和改造提升，形成整齐有序、绿意盎然、河水清澈的村庄新形象。以“美丽田园、美丽牧场、水土气污染治理”为载体，全面整治田园脏乱差形象，加快农业面源污染综合治理，实现田园清洁化、生态化、景观化。

（三）全景打造，推动美丽乡村建设“内在美”

（1）传承地域传统文化。围绕“保护建筑、保护肌理、保存风貌、保全文化、保有生活”等保一批要求，实施历史文化村落保护利用项目，严格保护村落格局、风貌、景观的存有环境空间形态，保护好"有时代印证、有文化标志、有人文故事"的乡土建筑，开展乡村故事编撰和乡村档案建立，组织开展形式多样美丽乡村宣传推介活动，传扬具有诸暨味道和地域特色的活态文化。围绕"让古村活起来"的要求，坚持乡村物质遗产和非物质遗产保护并重，坚持保护发展与开发利用相结合，深入开展"一村一品、一堂一景"农村文化礼堂建设和古村文化旅游景点建设。

（2）培育一批特色精品村。以营造"一村一品、一村一景、一村一韵、移步换景"为主题，从自然、人文、产业、建筑、风俗、饮食、特产等方面，多角度、全方位地挖掘村庄个性特色，开展村庄景区化创建，重点打造"三个一批"：一批以环境优美著称的绿色健康养生的"绿色村庄"，一批风景旅游型、特色农业基地型、综合精品发展型、电商集聚型、民宿休闲型等各具发展活力的"活力村庄"，一批能够传承"忠、孝、礼、义、智、信、善、勇"优秀传统文化的"文化村庄"。以注重风貌协调为主题，体现城镇与农村、田野与村庄、村内建筑的风貌协调，加强入村口及两路两侧的环境整治美化建设和农民建房管控，建设好浙派民居，改变千村一面、千房一面现象，加强人与自然相互协调的和谐美感。按规划分批分类进行建设，今年启动 13 个特色精品村建设。

（3）弘扬基层美丽党建文化。积极探索"美丽党建"工作实践，筑实农村基层党建，助推美丽乡村建设。紧紧围绕党建覆盖率、贡献率、满意率，深入实施"整乡推进、整县提升"，确保达标村比例达 95% 以上，示范村比例达 50% 以上，软弱落后党组织 100% 整转完成，率先实现"整县提升"。加强党建显性化建设，有序推进各类党建地标、党建示范点建设，每个镇乡（街道）有 1 条以上基层党建示范线。创新实施"党建 +"模式，探索党建引领经济社会发展的有效途径，深化党员先锋指数考评和党员日常行为量化管理，从问题导向向突出效果导向迈进，在美丽乡村创建中彰显党建引领力和贡献率。

（四）全民创业，推动美丽乡村建设"发展美"

（1）大力发展农村新型业态。围绕产业布局集聚，以现有主导产业为基础，以全产业链和品牌化为主线，三次产业充分融合，加快发展品质型都市农业，聚合资源建设农业"一区一镇"，全力打造农业"两区"建设升级版。依托乡村田园山水、村落民居、人文历史资源，注重农旅结合、文旅结合、农商结合，规范提升农家乐，大力发展精品民宿，走出一条"差异性、个性化、高端式"发展路子，打响

“好美诸暨”品牌，全力打造乡村旅游升级版，确保旅游总收入占15%以上。推进“电子商务进万村”工程，以淘宝村、电子商务专业村创建为载体，大力培育农村电子商务人才，积极搭建乡镇电商创业平台，开展村淘提质升级，进一步完善农产品质量标准体系建设，努力扩大农产品和农家乐线上销售，着力打造农村电子商务升级版。同时不断拓展社区服务、养老养生、文化创意、休闲娱乐新业态。

（2）培育农村创业创新队伍。深入实施“千万农民素质提升工程”，加强农民大学、农民学院和农民学校培训体系建设，选择一批规模较大、经营规范的家庭农场、农民合作社、农业龙头企业建设农民实训基地，健全覆盖新型职业农民、农村实用人才、高技能务工人员的分级分类培训体系。大力培育一批“农创客”“新农人”，开展乡村创客年度人物评选，引导更多的大中专毕业生、返乡农民工、退伍军人、大学生村官等在农村创业。加大对农村乡土专家的培养力度，制定农村实用人才和职业农民管理办法，充分发挥合作经济组织的联合、众筹、创投等作用，让农民合作经济组织联合会和有条件的农民合作社成为农村创业的新型主体和全民创业的有效载体。

（3）积极拓宽富民强村路子。广泛开展村庄经营，把发展美丽经济与壮大村集体经济相结合，立足村情、因地制宜，重点推广“集体资产盘活型、物业经济发展型、乡村旅游增富型、存量资金运作型、村办主体运作型、市场平台联动型”等集体经济发展模式，逐步形成“一村一品、一村一业”发展格局，实现村级集体经济持续增收。深入实施“低收入农户收入倍增”计划，大力推进精准扶贫，通过“产业开发、培训就业、金融支持、异地搬迁、医疗救助、低保兜底”等措施，确保农村居民人均可支配收入增幅8.5%以上，低收入农民人均纯收入增幅15%以上，美丽建设惠及每户农民，形成共享共美共管格局。

（五）全员发动，推动美丽乡村建设“风尚美”

（1）加强依法治理。深化民主法制村创建，提高依法治理水平。健全农村公共法律服务体系，引导和支持农民运用法律手段、合法途径表达诉求，依法维护自身合法权益。认真落实村组织职责和村务决策管理程序，加强对村干部行使权力的监督制约，把“小微权力”关进制度的笼子。按照“村级版”权力清单制度的规定，对涉及财务收支、美丽乡村创建、工程建设等村重大事务，要及时向村民公开，接受村民监督。

（2）加强村民自治。完善村党组织领导的村民自治机制，发展农村基层民主，支持和保障村民开展自治活动，扩大民主恳谈、民情沟通、民主听证等民意表达方式，扩大村民知情权、参与权和监督权，充分发挥民智民力在美丽乡村建设中的作用。建立健全村规民约等基层规范，组织群众参与民主选举、社会治安综合治理、美丽乡村建设、村务管理等事务，促进自我管理、自我服务、自我教育、自我监督。

（3）崇尚乡风文明。坚持"物的美丽"与"人的美丽"并重，充分发挥社会主义核心价值观的引领作用，加强"最美人物""身边好人"等典型报道，弘扬"最美"精神，打造忠诚大义、爱国爱乡的道德品牌。树立文明乡风，组织开展"文明出行、文明旅游、文明服务、文明礼仪"系列主题实践活动，提升文明素养。充分挖掘乡贤资源，发挥乡贤作用，发挥道德教化作用，用嘉言懿行垂范乡里、教化乡民、涵育乡风，让农村处处可见好乡风、好家风。加快发展农村公共文化，实施农村文化礼堂品质提升工程，新建文化礼堂 20 家，开展"我们的文化""我的文明"等群众文化体育活动，丰富群众精神生活。

（六）全力攻坚，推进美丽乡村建设"制度美"

（1）深化农村产权制度改革。继续深化"三权到人（户），权随人（户）走"改革，逐步构建归属清晰、权能完整、流转顺畅、保护严格的农村集体产权制度。落实承包地"三权分置"办法，全面完成农村"三权"确权登记颁证工作，依法赋予抵押、担保、流转、转让等职能。建立健全农村产权流转交易市场体系，建成县、乡、村三级联通一体的农村产权交易平台，支持引导进城落户农民依法有偿退出或转让"三权"。抓好集体经营性建设用地入市和农村宅基地制度改革试点工作，推行"地票"政策。健全耕地保护和补偿机制，深化集体林权制度和小型水利工程管理体制改革，为美丽乡村建设集聚要素、增添能量。

（2）深化农村金融改革创新。深入推进供销合作社综合改革，完善"三位一体"农民合作经济组织体系和有效运转的体制机制，密切与农民的利益联结，提升基层组织经营服务能力。深化农村金融改革，支持各类金融机构拓展"三农"业务，大力发展农村普惠金融和合作金融，全面推进农村信用体系，确保涉农贷款投放持续增长。推进生产经营体制改革，加强农民合作社规范化建设，创新农业社会化服务机制。推进农业政策性保险扩面、增品、提标，开发满足新型农业经营主体需求的保险产品。

（3）深化公共服务体制改革。实施“标准化 +”公共服务，深入推进城乡公共资源均衡配置。加快推进教育现代化县（市）创建，力争绍兴市教育优质均衡示范镇乡创建率达 85%。分步实施幼儿园改薄扩容工程，实施义务教育农村寄宿制学校宿舍条件提升工程，深入推进“美丽校园”创建，创成比例达到 70%。深入推进“双下沉、两提升”，制定和实施乡镇卫生院、村卫生室建设管理标准，加快形成以县级医院为主体、乡镇卫生院（社区卫生服务中心）和村卫生室为基础的基层医疗卫生服务体系。大力发展慈善养老事业，开展农民保障房建设。着力提升社会保障水平，继续推行低保提标扩面，完善困难人员大病医疗救助制度。

三、保障措施

（1）加强组织领导。为加强对省美丽乡村示范县创建的领导和组织协调，成立以市委书记、市长为组长，市委副书记、分管副市长为副组长，组织部、宣传部、农办、建设局、国土资源局、农林局、水务集团、城管执法局、文广新闻出版局、旅游局等部门为成员单位的创建省美丽乡村示范县领导小组，成立专门创建办公室（设在市农办）。按照主体责任明确、部门密切配合、上下齐抓共管的要求，整合部门资源，健全项目协同机制，推动公共产品向农村倾斜配置。各镇乡（街道）也要成立相应的组织机构，明确责任人，把握时间节点，倒排工作任务，立下军令状，确保按时完成创建工作。

（2）加强要素保障。市财政加大保障，同时统筹整合美丽乡村建设、农业产业项目、五水共治、传统村落保护、乡村休闲旅游发展、一事一议助推美丽乡村建设以及农林水相关产业发展资金等，全面加强创建工作资金保障。市国土资源局对创建工作及示范点打造中所需要的土地指标等要素，优先保障。

（3）加强督查考核。将省美丽乡村示范县创建纳入市委、市政府对各镇乡（街道）和相关部门年度综合考核的重要内容。强化督查推动，市创建办及时对各部门、镇乡（街道）工作进展情况进行通报，对工作不力、行动迟缓的，要通报批评；对未完成任务的，要严肃追究有关领导和相关人员的责任。

（4）加强管理服务。对美丽乡村建设涉及工程招投标和政府统一采购的事项，要简化审批手续、开辟绿色通道、优化服务质量，凡涉及美丽乡村工程建设管理收费的项目，原则上要能免则免，能减则减。

（5）加强宣传氛围营造。加大创建氛围宣传，充分发挥电视、广播、报刊、网络等主流媒体的作用，大力宣传、报道创建活动中涌现出的先进典型和创新做法，形成全社会共同关心、参与创建省美丽乡村示范县的良好氛围。

第二节 诸暨市全域旅游规划建设

一、诸暨市全域旅游总体规划

全域旅游，是将一定区域作为完整旅游目的地，以旅游业为优势产业，统一规划布局、优化公共服务、推进产业融合、加强综合管理、实施系统营销，有利于不断提升旅游业现代化、集约化、品质化、国际化水平，更好满足旅游消费需求。

（一）从全球来看

旅游已成为世界经济增速最快的产业之一。据联合国世界旅游组织预测，到2020年，国际旅游人数和消费平均增长率将分别达到4.35%和6.70%，远远高于世界经济平均3%的幅度。

（二）从国内来看

旅游作为战略性支柱产业，地位更加巩固，对国民经济贡献及产业带动性增强。

国家旅游局数据中心测算，2017年我国人均出游达3.7次，旅游业综合贡献8.77万亿元，对国民经济的综合贡献达11.04%，对住宿、餐饮、民航、铁路客运业的贡献超过80%，旅游直接就业2825万人，旅游直接和间接就业8000万人，对社会就业综合贡献达10.28%。

（三）从人民群众对美好生活的需要来看

优质旅游是满足人民群众美好生活需要的有效举措。当前，我国社会主要矛盾已经转化为人民日益增长的美好生活需要和不平衡不充分的发展之间的矛盾。全域旅游以"旅游+"为手段是供给侧结构性改革的有力抓手，有助于不断满足人民群众日益增长的美好生活需要。全域旅游是贯彻浙江省大湾区大花园大通道建设的关键工程。

1. 浙江省战略性支柱产业

浙江省委省政府提出要大力发展以信息、环保、健康、旅游、时尚、金融、高端装备制造业和文化产业为支柱的产业体系，推进各产业融合互动、业态创新。

2. “大花园”建设的关键工程

针对“大花园”建设，浙江省委省政府提出要通过实施全域旅游推进等五大工程，形成全域大美格局；到 2022 年，把全省打造成为全国领先的绿色发展高地、全球知名的健康养生福地、国际影响力的旅游目的地。

3. 全域景区化的有效抓手

浙江省委省政府提出要按照全域景区化的目标要求，加快建设美丽乡村、美丽田园、美丽河湖、美丽城市、国家公园，全省 5A 级景区力争达到 25 家、国家级旅游度假区 10 家以上，百城、千镇、万村成为 A 级景区。

二、全域旅游对诸暨市有显著的带动作用

1. 推进新旧动能转换的有效手段

二产比重下降，三产比重上升，诸暨正处在新旧动能转换的关键阶段。

以“改一强二兴三”为主线，抢抓省级战略机遇，借力杭州大都市区湾区经济发展，优化产业经济结构。

推动服务业、振兴乡村、增进民生福祉、落实创新驱动，为下一轮北承南接架设新的强大引擎。

2. 拉动消费经济的重要途径

根据相关研究，旅游将能够为诸暨构建一个由数千万游客参与、数百亿投资推动、关联上百行业的产业发展及消费平台。

有助于将诸暨中心城区大量的商业设施转化为旅游购物休闲场所，将现有的发展成果优势转化为消费经济优势。

提升城市知名度的关键抓手，当经济水平发展到一定阶段，许多城市开始追求文化自信和城市品牌。全域旅游将显著提高诸暨城市的知名度、宜居性、便捷度、服务成熟度，有助于创造更好的营商环境和生活环境，吸引投资的同时，吸引大湾

区高精尖人才定居、创业。提升软硬实力，助力北承南接。

三、诸暨市全域旅游总体规划

（一）生态条件

（1）五泄山水，闻名天下。以五泄瀑布为代表的五泄山水自古闻名，是诸暨市生态资源的代表。

（2）山林秘境，生态康养。诸暨市地处会稽山腹地，拥有全世界面积最大的原始香榧林，拥有野生动植物自然保护区，拥有大面积的水源通养地，整体生态环境优越。

（3）水乡泽国，鱼米之乡。诸暨市水资源丰沛，以白塔湖、渊阳江为代表的河网密布，物产丰盛。

（二）文化条件

（1）世界西施文化的核心区。诸暨市是西施故里，拥有世界影响力的"西施传说"，西施文化遗存丰富。

（2）中国古越文化的支撑区。诸暨市是越国古都，勾践、范蠡西施、"卧薪尝胆"等历史人物和历史事件使诸暨拥有浓厚的越文化气息。

（3）浙江文化的重要发源地。会稽山是古越文化的发源地，自古即被视为浙江地区的文化地标。

（4）浙江省宗教文化的重要传播地。五泄样寺为佛教曹洞宗的发源地之一，在宗教界拥有一定的影响力。

（5）全国社会综合治理的示范地。"枫桥经验"自诞生以来不断创新发展，成为全国社会综合治理典范。

（三）产业条件

一大批具有较高影响力的产业资源：珍珠、袜艺、香榧等。

一大批全国前列的产业资源：环保、教育等。

一大批省内知名的产业资源：烧酒、蓝莓、茶叶、竹笋等。

四、全域旅游资源评价

（一）独有优势资源——东方美的精华所在

主要以珍珠产业、袜艺产业、香榧产业、西施文化等进行分析。

1. 资源价值

诸暨市珍珠产业世界知名，珍珠产量位居世界第一，且珍珠产业通过向时尚产业转型，能够形成极具特色的、具有世界级吸引力的旅游产品。

诸暨袜艺在世界享有盛誉，且袜子是与游客生活密切相关的产品，依托袜艺产业基础，能够形成与生活息息相关的文创体验产品。

诸暨市拥有世界最大的原始香榧林，香榧产量全国第一，香榧的康养价值可以作为诸暨旅游发展的重要卖点。

西施是诸暨市独有的文化符号，是诸暨市独有的知识产权（IP），应当重点打造。

2. 开发现状

（1）珍珠产业。目前较多涉及珠宝首饰加工制作、珠宝购物等方面，在珍珠文创、珍珠文化体验等方面严重不足。

（2）袜艺产业。目前较多集中在袜子生产、特色功能袜子研发、旅游购物等方面，对于袜艺文化的挖掘、袜艺体验等方面的打造存在不足。

（3）香榧产业。目前仅处在初级的采摘加工—售卖阶段，对于香榧更高价值的康养美颜价值尚未挖掘。

（4）西施文化。目前仅集中在西施故里景区，且以观光为主，缺少西施文化的深度体验。

3. 开发难点

（1）珍珠产业资源。其开发难度在于如何提升珍珠产品的售卖价值，如何增加游客的消费黏性。

（2）袜艺产业资源。其开发难度在于如何将袜艺打造成核心吸引力，让袜艺体验成为核心旅游目的。

（3）香榧产业资源。其开发难度在于转变“香榧树私有化、各户分散生产”的思维，实现香榧产业的规模化生产，引进香榧康养相关的雄厚资本。

（4）西施文化资源。其开发难度在于西施文旅产业的培育打造，以及与城市业态的衔接。

（二）共有优势资源——诗画浙江的重要支撑

以生态康养资源、户外运动资源、古越文化资源、城镇资源为主进行分析。

1. 以五泄、东和乡、东白山、白塔湖为代表的生态康养资源

诸暨与周边县市共享会稽山、龙门山等生态资源，应当放大某一资源特色，如五泄禅修秘境、会稽山康养环境、白塔湖湖居等，针对目标客源市场，推出针对性体验产品。

2. 以斗岩、汤江岩、布谷湖、灵岩山为代表的户外运动资源

诸暨应当注重与国内外知名体育组织合作，承办特色体育赛事，形成产品的突破。

3. 以草塔抖狮、同山烧等非物质文化遗产为代表的古越文化资源

诸暨应加强与周边古越文化分布地区合作，共同推进古越文化资源的开发，形成古越文化旅游的大区域环境

4. 以大唐袜艺小镇、枫桥古镇、草塔古镇等为代表的城镇资源

依托城镇资源基础，做强相关城镇的旅游集散、风情体验，形成片区内的旅游综合服务中心。

（三）非优旅游资源——推进乡村振兴

以乡村旅游资源、农业旅游资源为主进行分析。

1. 开发策略

针对乡村旅游资源、农业旅游资源等相对周边县市具有明显劣势的资源，鼓励依托美丽乡村建设、3A景区村建设、休闲庄园、农村综合改革集成示范区等为抓手，形成示范发展，作为推进诸暨乡村振兴的重要手段，将劣势旅游资源转化为推进诸暨全域旅游发展的内生动力。

2. 开发难点

如何激发乡村、现代农业的附加值，如何把乡村旅游、休闲农业打造成为乡村振兴的重要推动力是开发的难点。

五、全域旅游的发展理念与实施路径

（一）以五大发展理念为统揽，树立全域旅游观

1. 坚持创新发展

推动诸暨景区管理体制、投融资体制等创新突破，探索景区的三权分立等。

2. 推进智慧旅游发展创新

推进旅游产品创新，推进旅游统计工作创新等。

3. 坚持协调发展

坚持诸暨工业经济主战略不动摇，推进旅游业与特色工业相互赋能；促进一二三产业、景区景点内外、城乡、城市软硬件之间协调发展。

4. 坚持绿色发展

划定生态旅游空间开发红线，将诸暨“七山一水二分田”的生态环境优势转化为旅游发展优势，创造绿色财富。

5. 坚持开放发展

一是旅游部门主动作为，寻找与相关行业产业的结合点，拓展发展空间，推动“旅游+”；二是针对相关行业与旅游融合发展意识不强现状，制定融合发展路径，把相关行业作为落实主体，实现“旅游+”；三是坚持“走出去，请进来”，吸引国际国内知名旅游企业来诸暨投资发展。

6. 坚持共享发展

全域旅游不是另搞一套，而是通过其拉动、融合、催化、集成作用，使诸暨高品质的城市、大体量的商业、完善的基础配套、丰富的乡村设施、美丽的山水田林湖、特色的文化和产业等在共建共享中发挥更大价值，让全国人民都能畅游美好诸暨，发现美、享受美、传播美，共享诸暨现代化成果。

（二）发展战略

1. 产旅互融 IP 战略

以融合发展促产品创新。全域旅游绝对不应该是一个面孔，反而越是全域旅游越要体现一个地区的特色，特别是对产业和文化的挖掘和融合。诸暨拥有珍珠、袜艺、香榧、教育服装、蓝莓等多个特色产业，可通过主动融合、充分融合和创新融合等方式，形成一系列诸暨特有的旅游业态及泛旅游产业集群。如旅游与体育的融合，打造诸暨“篮球”体育旅游 IP；旅游与海亮等教育产业的融合，打造诸暨研学旅行 IP；旅游与珍珠产业的融合，打造世界级珍珠文化旅游 IP。

2. 文创驱动战略

以"旅游文创"途径激活诸暨文化资源放大文化优势。将诸暨代表性的文化元素通过创新的手段和方法实现创意化、情景化、体验化，转化成游客乐于接受，且能够消费的旅游商品、文化场景、景观地标、节庆活动、IP形象等，进而孵化文创产业、提升文化价值。

3. 乡村振兴战略

坚持"可持续发展"原则，以"乡村振兴"为核心指导思想，依托美丽乡村、美丽城镇等基础建设，做美丽乡村环境。用文创的方法塑造乡村灵魂，用保护的方法留住乡村原生活，保留乡村底蕴，形成乡村民宿、乡村美食等个性化的旅游吸引鼓励农民积极参与到乡村旅游建设中，用运营的思维打造乡村产业增创富民来源，成为乡村振兴的真正主体，成为乡村旅游的实际受惠者。

4. 景城同建战略

以"城市即景区"理念打造城市旅游，将西施名片的弘扬与诸暨的城市营销、文化自信、招商引资相结合，提升城市旅游形象；将西施文化的故事彰显与城市建设相结合，强化城市夜游；将西施文化的内容体验与城市商业结合，升级城市传统商业成为旅游商业，吸引大量旅游消费；将西施历史的场景展现与城市的地标、景观、街区、社区公共空间相结合，提升诸暨城市的西施文化氛围；整体打造主客共享、文旅产城融合发展的全域旅游核心区。

5. 生态优养战略

一是围绕"健康"主题的生态度假开发。如市域"健康云服务"主题，珍珠小镇"康美"主题，会稽山"旅居养生"，主题"户外运动"主题等；二是生态型景区的体验创新，以五泄白塔湖等山水生态景区为重点，分别包装"来五泄、放轻松"等特色IP；三是生态资源的优选利用。依托森林、茶叶、竹林，分别发展三界尖丛林探索基地等"轻建设，强本验"项目；四是全域生态建设水平的系统提升。包括加大生态环境治理。推动村庄绿化建设、打造生态田园环境等，最终让绝佳生态为全域诸暨赋能。

6. 改革引领战略

形成党政统筹领导，部门合力推动的统筹协调机制；深化政府服务功能，

优化综合执法机制、资源整合机制和社会保障管理机制；强化运营能力，完善市场机制，为大型旅游投资集团进入诸暨做好铺垫；落实旅游考核机制，构建从全域谋划到具体推进的工作格局，推进从景点旅游到全域目的地旅游的转变。

（三）实施路径

八大工程铸造全域格局，近期重点抓前四大工程：产品体系、产业融合、乡村旅游、公共服务（图 6-1）。

1.抓产品	引擎重塑，构建IP型“引客-迎客-留客”产品体系
2.促融合	强化旅游与特色产业/行业融合，推动旅游要素提升
3.强乡村	以全域旅游促乡村振兴，以文化活化为乡村铸魂
4.建公服	公共服务体系、要素支撑体系、政策保障体系
5.推品牌	面向沪杭，兼顾周边，打响诸暨旅游目的地新形象
6.优体制	党政共抓，部门联动，实现全域旅游“一把手工程”
7.搭平台	四大板块，五大平台，强化招商，构建产业格局
8.美环境	实施旅游环境颜值美化工程，提升诸暨旅游大环境

图 6-1　八大工程

第三节　诸暨市美丽乡村建设规划思路

一、诸暨市高水平推进农村人居环境提升三年行动方案（2018—2020 年）

为贯彻落实中共中央办公厅、国务院办公厅关于印发《农村人居环境整治三年行动方案》的通知精神，大力推进诸暨市农村基础设施建设和城乡基本公共服务均等化，高水平提升农村人居环境，着力解决发展不平衡、不充分的问题，奋力推动乡村振兴走在全省前列，特制定本行动方案。

（一）指导思想

高举习近平新时代中国特色社会主义思想伟大旗帜，深入贯彻党的十九大和十九届二中、三中全会精神，按照省第十四次党代会和省委十四届二次全会部署，坚持以人民为中心的发展思想，深入践行绿水青山就是金山银山理念，不断总结"千村示范万村整治"经验，按照乡村振兴战略规划部署，聚焦"生态宜居"和"大花园"建设，统筹城乡发展，统筹生产生活生态，共建共享，改革创新，高起点规划，高标准整治，高水平推进农村人居环境提升，着力解决城乡协调、环境卫生、风貌特色和管理体制机制等方面不平衡不充分的问题，为高水平推进美丽乡村示范县创建、实现城乡居民共享经济社会发展成果打下扎实基础。

（二）主要目标

全面实施以农村生态环境改善、城乡基础设施完善、美丽乡村创建、村落保护利用、城乡环境融合发展"五项工程"为主要内容的农村人居环境整治提升行动，力争到2020年全市全面消除农村"脏乱差"现象，率先在全省构建起"环境美、村庄美、住房美、乡风美、生活美"的美丽宜居乡村建设新格局，建立完善农村人居环境建设治理体系，实现治理能力现代化。

（三）重点任务

1. 持续改善生态环境

（1）打好生态环境保护战。争创国家生态文明建设示范市，推进生态文明体制改革，健全完善市场化、多元化生态补偿机制，推进园区、企业生态化改造，提升绿色发展指数。启动生态保护红线勘界定标工作，实行"三线一单"最严环境准入制度，努力打造环保执法最严县市。落实城镇、农业、生态空间和生态保护、永久基本农田保护、城镇开发边界三条红线，加强耕地资源保护和绿色空间守护。加强生物多样性保护，推进自然保护区、森林公园和湿地公园建设。落实最严格的水资源管理制度，加强山区小流域治理和水土保持生态建设。

（2）打好污染防治攻坚战。抓好中央环保督察问题整改落实，大力实施"碧水蓝天"工程。深化畜禽养殖场污染治理和病死动物无害化处理，全力推进农业面源污染防治，开展水产养殖污染治理，强化土壤环境综合治理。加大"低小散"企业整治力度，突出抓好制鞋、五金涂装行业VOCs整治，实现行业结构合理化、区域集聚化、企业生产清洁化、环保管理规范化。加强农村环境监管能力建设，严禁工业和城镇污染向农业农村转移，全面实行主要污染物排放财政收费制度、与出境水质和森林质量挂钩的财政奖惩制度。

（3）推动村庄绿化建设。推进国家森林城市创建，实现中心镇“省森林城镇”创建全覆盖，创成省、绍兴市级森林城镇各 2 个，省、绍兴市级森林村庄 15 个。开展“一村万树”行动和绿色生态村庄建设，大力发展珍贵树种、乡土树种，充分利用闲置土地开展植树造林、湿地恢复，重点加强房前屋后、进村道路、村庄四周等薄弱部位的绿化，构建多树种、多层次、多功能的村庄森林生态系统。健全村庄绿化长效管养制度，注重古树名木保护，预防和制止各类侵绿、占绿和毁绿行为。

（4）打造生态田园环境。以美丽田园、美丽庭院等创建为载体，深入推进整洁田园、美丽农业建设，完善田间农业废弃物回收处置体系，加强农作物秸秆综合利用，推进农业投入品合理有效利用。以“无违建县”创建为载体，深入推进农村“三改一拆”、平原绿化、“清三河”、地质灾害防治等，按照宜耕则耕、宜建则建、宜绿则绿、宜通则通的原则，积极开展村庄生态化有机更新和改造提升。

2. 完善城乡基础设施

（1）扎实推进厕所革命。深化农村户厕改造，普及卫生厕所。强化规划引导，推进农村公厕合理布局。按照卫生实用、环保美观、管理规范的要求，大力推进农村公厕和旅游厕所改造建设管理，积极建设生态公厕。全面实施厕所粪污同步治理，达标排放或资源化利用。做好改厕和城乡生活污水治理的有效衔接、纳管排放。按照“属地负责、合理布局、提档升级、规范管理”的总体建设管理方针，通过一年时间在全市范围“新建一批、改造提档一批、服务提升一批”公共厕所，全面加强公共厕所规划建设步伐，提升公共厕所管理水平，实现公共厕所需求与城乡群众需求增长同步发展。

（2）治理农村生活污水。对集镇和城市规划区内生活污水未治理村有条件的实施截污纳管，无条件的实施就地生态化治理，填补集镇和城市规划区农村生活污水治理空白。加强农家乐、民宿等经营主体的污水治理，规范隔油池建设，推进农村污水处理设施提标改造。创建全国农村生活污水治理示范县，推动城乡生活污水治理统一规划、统一建设、统一运行、统一管理。开展农村污水处理设施运维标准化试点，统筹推进生活污水系统治理。深化河（湖）长制，开展“污水零直排区”创建，推进 121 个城（镇）中村雨污分流改造，确保境内主要河渠水质保持在Ⅲ类及以上水质。

（3）深入推进农村生活垃圾分类。持续深入推进农村生活垃圾分类，实现城乡生活垃圾回收利用率30%以上、资源化利用率达80%以上。实施农村生活垃圾源头减量、回收利用、设施提升、制度建设、文明风尚等五大专项行动。加快从"户集、村收、乡镇运、县处理"的传统集中处理模式向建立"分类投放、分类收集、分类运输、分类处理"的有效处理系统转变。继续推进生活垃圾减量化资源化无害化处理试点，加强农村生活垃圾分类处理资源化站点建设。抓好非正规垃圾堆放点排查整治，扎实推进村庄及庭院垃圾治理，重点整治垃圾山、垃圾围村、工业污染"上山下乡"。

3. 深化提升美丽乡村创建

（1）全面加强规划设计。高质量推进美丽乡村规划建设，完成新一轮村庄规划修编工作。推进乡村建设规划编制全覆盖，推动市域乡村建设规划与美丽乡村建设规划、土地利用规划等多规合一。大力开展村庄设计，实行农房通用图集全覆盖，全面提升村庄设计和农房设计水平。制定乡村地域风貌特色营造技术指南和乡村建设色彩控制指导方案，加强村容村貌整治。结合"坡地村镇"建设、田园综合体打造等，拓展落地试点类型，加快"浙派民居"建设。

（2）深化美丽系列创建。深化美丽乡村公路示范乡镇（街道）创建，加快环会稽山国家森林公园美丽公路等建设，争创省万里美丽经济交通走廊示范县市。深入开展美丽河道创建，实施浦阳江西岸环境综合整治改造工程，打造城市水生态景观示范带。推进以中心城区为重点的全市域绿道网建设，高标准打造沿江、沿河、沿山、沿湖美丽走廊。

（3）开展全域土地整治。实施百乡全域土地综合整治试点，对农村生态、农业、建设空间进行全域化优化布局，对"田水路林村"等进行全要素综合整治，对高标准农田进行连片提质建设，对存量建设用地进行集中盘活，对美丽乡村和产业融合发展用地进行集约精准保障，对农村人居环境进行统一治理修复，实现农田集中连片、建设用地集中集聚、空间形态高效节约的土地利用格局。

（4）规范农房改造建设。加快建设农村住房保障体系，完成农村危旧房治理改造任务。深化地质灾害隐患综合治理"除险安居"三年行动，健全农村危旧房风险防范机制和处置措施，及时发现和排除各类安全隐患。全面推进农村危房治理改造，落实危房改造"五个基本"，严守质量安全底线。以安全实用、节能减排、经济美观、健康舒适为导向，开展绿色农房建设示范，进一步提升农房建设水平。抓好农村住房建设管理，开展村庄“墙院”和“赤膊墙”整治，形成市、镇、村农房管理机制，着力解决乱搭乱建现象。

（5）强化景观风貌管控。遵循先规划、后许可、再建设的原则，按照有项目必设计、无设计不施工的要求，落实带方案审批制度，规范乡村建设规划许可管理。强化镇乡（街道）属地综合管理职责，联合基层规划、国土资源、综合执法等部门，加强跟踪监管。村庄规划设计的主要内容应纳入村规民约。鼓励镇乡（街道）统一组织实施村庄环境整治、风貌提升等涉农工程项目，支持村级组织和农村“工匠”带头人承接小型涉农工程项目。

（6）深入开展示范创建。坚持以点带面、整乡整镇和点线面片相结合抓推进，全域提升美丽乡村建设水平。加强示范村串点成线、连线成片建设，促进乡村资源配置更为合理、功能服务更为完善、景观风格更为协调、地域文化韵味更为彰显。以“五星达标、3A 争创”为抓手，深入开展卫生镇乡（街道）、卫生村创建活动，建成 1 条美丽宜居示范带和 3 条美丽乡村风景线，创成 5 个绍兴市级以上美丽乡村示范镇，确保 352 个村实现五星达标，创成 30 个 3A 级景区村，争创省美丽乡村示范县。

4. 整体提升村落保护利用

（1）推进全面系统保护。探索建立传统建筑认领保护制度、传统民居产权制度改革，引导社会力量通过多种途径参与保护。注重保护的完整性、真实性和延续性，展现村落与地域环境相融的景观风貌特色。加大基础设施项目建设，健全保护管理体制，保障防灾安全，改善生产生活环境，增强村落保护发展综合能力。

（2）加强保护利用监管。严格执行村落保护规划，加强技术指导，加快历史建筑和传统民居抢救性保护，协调村落、传统民居周边建筑景观环境，彰显村落整体风貌。加强文物保护，实施总投资 1800 万元的盘山小学修缮工程、马剑应氏宗祠修缮工程等 16 个文物修缮保护工程。启动天元塔、新胜古建筑群、马剑古建筑群等第七批省保单位的“四有工作”。持之以恒做好文物安全工作，落实主体责任，加强巡查管理。健全预警和退出机制，防止损害文化遗产保护价值。加强科学利用，有序培育发展休闲旅游、民间工艺作坊、民俗文化村、乡土文化体验、传统农家农事参与，以及民宿、文化创意等特色产业。加大非遗文化的挖掘力度，启动诸暨市第八批非遗项目申报工作，完成 5 项以上市级非遗项目名录公布。

（3）传承弘扬优秀传统文化。开展西施文化、“三贤”文化等优秀传统文化的研究发掘、传承保护行动，承办好第八届西施文化节。积极参与历史文化名城、名镇、街区、村落及古建筑、古树名木保护行动，发挥优秀传统文化凝聚人心、教化群众、淳化民风、培育产业的重要作用。加强文化礼堂等公共文化服务设施建设，把农村文化礼堂作为传承传统文化的重要场所。深化"千村故事"编撰和"千村档案"建立工作，推动文明村创建活动。

5. 统筹提升城乡环境融合发展

（1）打好小城镇整治攻坚战。加大小城镇环境整治攻坚力度，协调推进六个专项行动。改善小城镇环境面貌，优化小城镇空间布局，完善小城镇基础服务功能。深化"腾笼换鸟"，加强老旧工业区改造，推进产镇融合，打造一批有文化、有特色、有产业的样板乡镇。巩固整治成果，健全长效管理机制，推进数字城管、智慧城镇等建设，提升治理水平。巩固提升已通过省级验收 14 个镇乡的整治成果，全力做好剩余 12 个镇乡（街道）的小城镇环境综合整治工作，确保 2018 年一举通过省级考核验收，提前完成小城镇环境综合整治三年行动计划。

（2）加快特色小城镇培育建设发展。坚持小城镇有重点、有特色发展，按照特色鲜明、产城融合、市场主体、惠及群众的要求，推进特色小城镇建设发展，构建特色鲜明的产业形态、和谐宜居的美丽环境、彰显特色的传统文化、便捷完善的设施服务和充满活力的体制机制。制定特色小城镇规划设计编制标准，提高规划设计编制和项目实施的水平。

（3）促进城乡基础设施一体化建设。完善城乡基础设施，深入实施城乡供水、公交、垃圾和污水治理"四个一体化"工程，扎实推进农村厕所革命、污水革命、垃圾革命，加快教育、医疗、卫生、文化等优质资源向基层衍生。加快 03 省道东复线江藻至王家井段、环城东路延伸线、兰店线等建设，实施乡村道路大中修（一期）工程，创成省"四好农村路"示范县（市）。推进小型水库除险加固和山塘综合整治，建成运营城北水厂、浣东再生水厂，完成农村饮用水提升任务。实施城乡居民安全用电工程，加快推进城镇、农村配电网改造升级，建成投运 500 千伏诸暨变电站、220 千伏诸中变电站。加快推进 5G 基站和小微基站建设。完善就业创业政策，新增城镇就业 2 万人以上，失业人员再就业 6500 人以上，城镇登记失业率控制在 3% 以内。扎实推进教育现代化，启动创建全国义务教育优质均衡发展县（市）。开展省健康城市试点，完善"双下沉、两提升"长效机制，实施妇保院易地新建、绍兴护士学校改建、120 急救中心建设等工程。加快老龄事业和产业发展，大力发展居家和社区养老服务。

（4）全面实施乡村振兴战略。制定实施贯彻落实乡村振兴战略、加快农业农村现代化建设行动计划，推进“三农”全面转型发展。深化农业供给侧结构性改革，突出抓好国家现代农业产业园建设，提升发展农业“两区”，打造现代绿色农业示范样板。举办首届农博会，大力发展乡村旅游、民宿经济、农村电商，促进农业与二三产业融合发展。落实粮食安全生产责任制，完成播种面积 65 万亩以上、总产量 29.8 万吨粮食生产任务。严守农产品质量安全底线，确保农产品检测合格率达 98% 以上，创建省级畜牧业绿色发展示范县。抓好农村宅基地和房屋确权登记发证工作，加快建设农村住房保障体系，完成农村危旧房治理改造任务。深化农村金融体制改革，确保农村抵押贷款增长 30% 以上。推进林业股份制改革省级试点，完成农村土地承包经营权确权登记颁证工作，确保土地流转率、规模经营率均达 65% 以上。深化农村经营体制改革，建成示范型农创客 10 个、示范型家庭农场 15 家、星级专业合作社 30 家。深入实施村级集体经济转型发展三年行动计划，完成 171 个市级薄弱村转化。实施低收入农户共享全面小康工程，精准做好低收入百姓增收帮扶工作，确保低收入农户增收快于城乡居民收入平均增幅。

（四）工作措施

（1）加强组织领导。在市乡村振兴暨“五星达标、3A 争创”领导小组统一领导下，成立市农村人居环境提升工作办公室，办公室设在市建设局，由市建设局局长兼任办公室主任。办公室负责具体协调工作，拟定实施方案，明确工作目标、建设任务、实施项目、责任部门和资金等要素保障以及体制机制创新等各项工作。各相关部门、镇乡（街道）要切实提高思想认识，真正把改善农村人居环境作为实施乡村振兴战略的重要内容。

（2）加强要素保障。各有关部门要根据本行动方案制定配套支持政策。加大市级公共财政投入，调整现有资金安排结构，多渠道筹措资金，支持农村人居环境整治。城乡建设用地增减挂钩所获土地增值收益，按相关规定用于支持农业农村发展和改善农民生活条件。村庄整治增加耕地获得的占补平衡指标收益，通过支出预算统筹安排用于当地农村人居环境整治。按照市里为主、中央和市级补助的政府投入体系要求，统筹整合相关资金，加大投入力度。加强金融支持，调动社会力量，倡导乡贤回归，支持农村人居环境整治。鼓励农村集体经济组织通过依法盘活集体经营性建设用地、空闲农房及宅基地等途径筹措资金，用于农村人居环境整治。

（3）督查协同推进。结合市"六大硬仗"，组织部等相关部门牵头将改善农村人居环境各项工作纳入政府目标责任制考核，并作为干部政绩考核和环保督查的重要内容。市农村人居环境提升工作领导小组抽调各相关单位专业人员组建专项督查组，定期对各项农村人居环境提升工作开展督查指导、技术帮扶、教育培训等工作，全面建立和落实跟踪督查、按月通报、曝光制度。市公共服务中心牵头做好深化农村"最多跑一次"改革，简化整治项目审批和招投标程序。各镇乡（街道）在落实街长制、路长制、网格长制等的基础上，探索建立完善的长效管理机制。

（4）实施有效治理。各镇乡人民政府（街道办事处）牵头出台以政府、村集体、村民等各方共谋、共建、共管、共评、共享"五共"机制为核心的农村人居环境提升有关项目规划、设计、建设和运行的办法和以村民自治为核心的长效管理机制。创新发展"枫桥经验"，深化"基层治理四个平台"建设，建立健全党委领导、政府负责、社会协同、公众参与、法治保障的现代乡村社会治理体制。

（五）加强宣传引导

要充分发挥广播、电视、报刊以及网络新媒体等的作用，广泛宣传农村人居环境整治的目的、意义和重要举措，形成全社会共同参与支持的良好氛围。要加强典型宣传报道，讲好美丽乡村建设的诸暨故事。要充分发挥村民主体作用，引导有关各方积极参与，形成政府、村集体、村民等各方共谋、共建、共管、共评、共享机制。要引导广大农村群众养成良好的生产、生活方式和行为习惯，不断增强生态环境保护和环境卫生意识，全面提升文明素质。要充分发挥乡镇、村基层党员干部的示范带头作用以及与群众沟通交流的桥梁纽带作用，争取广大群众的理解支持，为农村人居环境整治提升行动营造良好的外部环境。

二、2019年诸暨市农村生活垃圾分类攻坚年实施方案

为贯彻落实省委、省政府生活垃圾分类处理工作总体部署，坚决打赢垃圾治理攻坚战，按照《关于持续深入推进农村生活垃圾分类处理工作的意见》（市委办〔2017〕106号）要求，特制定本实施方案。

（一）指导思想

全面贯彻习近平新时代中国特色社会主义思想，坚持以人民为中心，围绕生活垃圾"减量化、资源化、无害化"目标，以"提高分类率，提升分类质量"为重点，全面提升农村生活垃圾分类处理工作，为深入推进生态文明建设、农村人居环

境提升、助力美丽诸暨建设提供有力支撑。

（二）工作目标

进一步完善分类投放要定时、分类收集要定人、分类运输要定车、分类处理要定位的“四分四定”农村生活垃圾分类处理体系，围绕六个“+”，进一步提升农村生活垃圾分类水平，实现农村生活垃圾分类覆盖面达100%，投放正确率达85%以上，农村生活垃圾资源化利用率达到90%以上、无害化处理率达到100%、回收利用率达到45%以上，生活垃圾增长率控制在1%以下。

（三）工作任务

（1）“自查+督查”，进一步健全制度体系。要将农村生活垃圾分类列入年度重点工作，制定年度实施方案，有效落实人员和经费保障，各镇乡（街道）要把农村生活垃圾分类工作列入镇、村工作目标责任制考核，月月督查排位，工作推进有计划，示范创建有目标，减量效果有指标，考核工作结果与工作待遇相统一，与评比先进、支部党员星级评定相挂钩，全面建立奖优惩劣的考核评价体系。各镇乡（街道）要完善镇、村农村生活垃圾分类工作制度，落实党员（村民代表）联系包干制度、专业督导制度、农户分类荣誉榜制度、农户门前三包保洁制度、农户分类质量挂钩奖励制度、三支队伍及清运公司绩效考核制度等“6+X”工作制度。

（2）“常态+多样”，进一步加大宣传教育。大力营造“以参与垃圾分类为荣、以准确分类为荣”的浓厚社会氛围。充分发挥工会、共青团、妇联和各级社会组织、志愿者队伍的作用，构建广泛的社会动员体系，形成全民参与的共治共管共享格局。各镇乡（街道）和相关部门要制定年度培训计划，定期开展专题培训。充分利用“五星达标、3A争创”“主题党日”等活动，多形式、多途径开展家庭、学校、村居、农户互学互动活动。做到宣传窗和公告栏有内容、重点区域有标语、公共场所有资料、重点活动有声音、新闻媒体有报道、定期表彰有典型。

（3）“优化+提档”，进一步提升收运能力。开展生活垃圾分类中转站和分类车辆的提档整治工作，重点做好分类村分类车、分类桶、分类袋的标准化配置工作，确保分类收运，严禁混收混运。优化生活垃圾中转站，周边环境整洁美观，转运能力能满足及时转运要求，建设生物处理、氧化吸收等废气处理设施，对现有中转站进行密闭化改造，设置废气处理设施，规范渗滤液处理，所有新建中转站废气收集实现全密闭。厨余（可烂）垃圾处理终端运行日常有专人操作，规范管理制度，台账数据齐全，严格安全生产要求，合理新建改建终端，使处理能力和处理需求相适应，确保站点覆盖范围最优化。

（4）"党建+示范"，进一步提升分类质量。采取示范带动、党建推动、奖励促动、执法行动等措施，以点带面，提升分类质量，以农村"五星3A"创建为载体，采用"党建+垃圾分类"模式，推行党员干部包户制，将垃圾分类责任落实到人。提高源头分类投放正确率，配足配好"上门收集保洁员、村分拣督导员、进仓管理员"三支队伍，各镇乡（街道）要全面开展"源头分类质量高、运行机制顺、回收利用高、垃圾减量多"等标准示范镇乡（街道）、示范村、示范户、示范员系列创建。继续推行实名制垃圾分类投放和二维码可溯源管理，实施"绿色超市"积分兑换奖励，实行公益金收费制度。

（5）"线上+线下"，进一步健全分类回收体系。各镇乡（街道）要科学设置可回收物收集网络，每个行政村至少设立1个回收点，每个镇乡（街道）至少建设1个可回收物中转站，市建设1个可回收物中转贮存中心，形成"点、站、中心"全覆盖、立体式的可回收物收运网络体系。大力培育市场主体，引进和扶持垃圾回收企业，创新垃圾回收模式，完善低价值可回收物资源化利用链条，建立回收利用信息化平台，打通回收利用"最后一公里"，构建再生资源回收利用系统和有毒有害垃圾强制回收体系。推进废旧农膜回收、再生和资源化利用，建立废弃农膜政府引导、市场化运作的回收处理体系。对生活垃圾处理终端产生的有机肥、沼气、沼液要统一进行开发利用，拓展绿色循环利用渠道。

（6）"互联网+智能化"，进一步推进数字化建设。稳步推进"政府主导、公开招标、合同管理、评估兑现"的第三方市场化服务管理模式，探索大数据智能化管理平台，运用"互联网+"形式，推行生活垃圾分类智能化、规范化管理，创建智能化分类示范村。鼓励采用分类实名制、编码识别、智能投放、智能巡检、在线监控等运维方式，建立源头追溯制度，全程管理垃圾分类处理链条，督促农户提高分类投放正确率。加快建立垃圾分类大数据智能化、可视化运行管理平台，开展市级垃圾分类处理监管平台数字化建设。

（四）工作要求

（1）加强组织领导。各镇乡（街道）要落实责任，明确农村生活垃圾分类分管领导和业务负责人，做到主要领导亲自抓，分管领导直接抓，加强考核问责力度，全力推进分类工作。

各相关部门按照责任分工，以问题为导向，加强业务指导、技术支撑和监督管理，配合各镇乡（街道）合力推进。

（2）加大多元投入。市、镇二级财政要将农村生活垃圾分类处理建设资金和运维经费等纳入年度预算，切实保障垃圾分类工作顺利推进，进一步建立“市财政补助、镇村自筹、村民适当缴费、社会帮扶”等相结合的保障机制，尽量减少村级管理支出。要鼓励社会资本参与运营，积极推进政府购买服务，在生活垃圾分类收集、运输、处理、回收和运维各个环节支持特许经营、承包经营、租赁经营、与政府合股经营等模式。

（3）加强工作考核。各镇乡（街道）、部门要采取扎实有效的措施，严格落实重点工作目标任务月度推进计划，每月25日前上报月报表，加强督促检查，将农村生活垃圾分类处理工作纳入美丽诸暨、健康诸暨、农村人居环境、“五星达标、3A争创”等考核内容，完善“平时有督查、村户有评比、月季有排名、年度有表彰”督考机制。镇乡（街道）要对各行政村建立考核办法，每月实行考核排位，要求在4月底前上报制度文件纸质稿，垃圾分类专项考核排名通报要求每月5日前将上月分村考核排名通报盖章后上报。市里定期督查与不定期抽查相结合，并对各镇乡（街道）农村生活垃圾分类处理工作情况进行综合考评。

第七章 嵊州市：诗画剡溪　越剧嵊州

第一节 嵊州乡村振兴战略规划

一、重大意义

（一）国家层面

“三农”问题是关系国计民生的根本性问题。没有农业农村的现代化，就没有国家的现代化。当前，我国发展不平衡不充分问题在农村最为突出，主要表现在：农产品阶段性供过于求和供给不足并存，农业供给质量亟待提高；农民适应生产力发展和市场竞争的能力不足，新型职业农民队伍建设亟须加强；农村基础设施和民生领域欠账较多，农村环境和生态问题比较突出，乡村发展整体水平亟待提升；国家支农体系相对薄弱，农村金融改革任务繁重，城乡之间要素合理流动机制亟待健全；农村基层党建存在薄弱环节，乡村治理体系和治理能力亟待强化。实施乡村振兴战略，是解决人民日益增长的美好生活需要和不平衡不充分的发展之间矛盾的必然要求，是实现“两个一百年”奋斗目标的必然要求，是实现全体人民共同富裕的必然要求。党的十八大以来，在以习近平同志为核心的党中央坚强领导下，我们坚持把解决好“三农”问题作为全党工作重中之重，持续加大强农惠农富农政策力度，扎实推进农业现代化和新农村建设，全面深化农村改革，农业农村发展取得了历史性成就，为党和国家事业全面开创新局面提供了重要支撑。5 年来，粮食生产能力跨上新台阶，农业供给侧结构性改革迈出新步伐，农民收入持续增长，农村民生全面改善，脱贫攻坚战取得决定性进展，农村生态文明建设显著加强，农民获得感显著提升，农村社会稳定和谐。农业农村发展取得的重大成就和“三农”工作积累的丰富经验，为实施乡村振兴战略奠定了良好基础。

在中国特色社会主义新时代，乡村是一个可以大有作为的广阔天地，迎来了难得的发展机遇。我们有中国共产党领导的政治优势，有社会主义的制度优势，有亿万农民的创造精神，有强大的经济实力支撑，有历史悠久的农耕文明，有旺盛的市场需求，完全有条件有能力实施乡村振兴战略。必须立足国情农情，顺势而为，切实增强责任感使命感紧迫感，举全党全国全社会之力，以更大的决心、更明确的目标、更有力的举措，推动农业全面升级、农村全面进步、农民全面发展，谱写新时代乡村全面振兴新篇章。

（二）浙江层面

浙江省是中国革命红船起航地、改革开放先行地、中国美丽乡村建设的重要发源地、习近平新时代中国特色社会主义思想重要萌发地。习近平总书记对浙江发展高度重视、寄予厚望，明确提出“干在实处永无止境，走在前列要谋新篇，勇立潮头方显担当”的新期望，这为全省上下做好各项工作提供了根本遵循。2018 年 8 月 20 日，浙江省委省政府与国家农业农村部签署《共同建设乡村振兴示范省合作框架协议》，浙江省成为全国唯一的乡村振兴示范省。为贯彻落实共建要求，深入落实《全面实施乡村振兴战略高水平推进农业农村现代化行动计划（2018—2022 年）》，全面推进省部共建乡村振兴示范省创建工作，经省政府同意，省农业农村厅决定开展了省部共建乡村振兴示范县创建申报工作。2019 年 4 月 17 日，浙江省委、省政府在坚决贯彻落实党中央的决策部署，以习近平总书记关于“三农”工作重要论述为指导的基础上，出台《浙江省乡村振兴战略规划（2018—2022 年）》，对浙江省实施乡村振兴战略做出阶段性谋划，明确目标任务，细化工作重点，部署重大工程、重大计划、重大行动，强化政策保障，确保乡村振兴战略扎实有序推进、继续走在前列。

（三）绍兴层面

实施乡村振兴战略，是党对“三农”工作一系列方针政策的继承和发展，是绍兴市数百万农民的殷切期盼。在浙江省新一轮区域格局中，绍兴坚定不移推进“八八战略”再深化、改革开放再出发，更高水平打造全省高质量发展的重要增长极，通过产业升级、技术创新、市场拓展等途径，增强中心城市集聚生产要素功能，提高现代产业核心竞争力，推动区域经济高质量发展，在全省“两个高水平”中走在前列，是绍兴实施乡村振兴的战略导向。绍兴市以“五星达标、3A 争创”为总抓手、总载体，突出发挥党建引领作用，计划在绍兴市 1000 个以上村实现五星达标，100 个以上村达到国家 3A 级景区标准，把农村建设为大花园、大景区，实现乡村全面振兴，是谱写新时代乡村全面振兴新篇章的内在需要。

（四）嵊州层面

实施乡村振兴战略，事关嵊州发展，是对嵊州的重大考验。近年来，全市上下坚持一张蓝图绘到底、一年接着一年干，乡村变化鼓舞人心，为实现乡村全面振兴奠定了扎实基础。嵊州市已出台《全面实施乡村振兴战略高水平推进农业农村现代化行动计划（2018—2020 年）》。并且在 2019 年 4 月成为浙江省首批省部共建乡村振兴示范县创建对象。嵊州市自成为首批省部共建乡村振兴示范县创建对象以来，以农业、文化、旅游三位一体服务乡村为切入口，力争打造成为“现代农业示范区 + 全域旅游体验区 + 幸福文明样板区”。嵊州有决心在推动城乡融合发展上谋好新篇，拉高标杆、大胆探索，高起点规划、高质量实施乡村振兴战略，加快走出一条符合嵊州实际的新时代乡村振兴新路子，努力在乡村振兴上继续走在前列，为“大湾区大花园大通道大都市区”提供更多战略空间。

二、振兴基础

嵊州市地处浙江东部，有“百年越剧诞生地、千年剡溪唐诗路、万年文化小黄山”之称。全市四面环山、五江汇聚，中为盆地，地貌呈现“七山一水二分田”的特点，气候宜人，森林覆盖率达到 67.2%，有着“东南山水越为最、越地风光剡领先”的美誉。市域总面积 1789 平方千米，户籍总人口为 72.87 万人，流动人口 8.6 万人。截至 2019 年 2 月，嵊州市辖 10 个镇 1 个乡 4 个街道。2018 年地区生产总值 560.65 亿元，城乡居民人均可支配收入分别为 56360 元、29459 元。

（一）现代农业实现领跑

1. 现代农业发展全省领先

支柱产业有水稻、茶叶、花木、果蔬、畜禽、香榧、竹笋等，是全国茶叶之乡、花木之乡、香榧之乡和桃形李之乡，是全国蔬菜产业重点县、全国珍贵树种培育示范县、省级农产品质量安全放心县。全市特色基地面积 95.3 万亩，其中龙井茶年产量 6000 吨，占全国的 1/3，珠茶出品量占全国的 60%。正在实施国家级现代农业园 1 个，已建成省级现代农业综合区 3 个、省级粮食功能区 7 个共 18 万亩、国家级农业龙头企业 1 家、省级农业龙头企业 14 家。越剧生态保护区已被列为省非物质文化遗产生态保护区，民营剧团走遍全国。仿古木雕、竹编、泥塑、根艺、剡藤纸等一大批特色民间工艺形成产业化。以小笼包、炒年糕、榨面为代表的嵊州小吃从业人员达到8万余人，全国门店3万余家，年收入达100亿元以上，嵊州小吃已成为百姓致富的重要支柱。

2.“两区”建设深入推进

自2018年落户嵊州的全省“水稻新品种核心示范区”被列为全国水稻新品种展示示范基地以来，围绕“打造国家9级水稻文化公园”的总目标，通过与省种子管理站、中国水稻研究所、浙江省农业科学院、浙江大学的长期科研合作，累计展示各类水稻新品种577个，吸引农业企业、种子公司35家；接待科研院校及省内外企业代表近800人次、种粮大户1500人次，完成科研成果转让签约3项、科企战略合作签约2项，带动了属地和周边县市的米袋子“升级”。2019年，市财政计划投资130万元用于提升科学储粮水平，目前建成7个粮食生产功能区共18万亩。同时，积极发展三界省级现代农业园区、崇仁镇农业经济开发区建设，目前后续进展态势良好。

3.“绿色农业”积极打造

以实施农业“1150”工程为切入口，计划投资17亿元，到2020年建成50个乡村振兴先锋基地，其中“绿色有机”被列为重点建设指标之一，今年以来，该市在全省率先推广使用有机肥，当地企业普遍点赞。如浙江飞翼生态农业有限公司在4000亩大棚蔬菜中全面使用有机肥，年产蔬菜预计400万千克，以订单形式发往长三角、珠三角、京津冀等地，一季度订单比去年同期增长30%。

（二）农村面貌日新月异

1.人居环境持续优化

深入开展人居环境整治“三大革命”，452个行政村全面开展了环境整治示范村创建，已建成“五星达标”村160个、各类特色精品村66个、3A级景区村8个、省级历史文化村落重点村5个、美丽乡村风景线8条，22个小城镇建设项目全面完成。书圣王羲之故居华堂村、越剧诞生地东王村、女子越剧发源地施家岙村等一大批村落特色明显。

2.乡村文化持续繁荣

开展“文化三走进”，结合越剧、黄泽哑背疯、舞龙等地方特色开展文化“夜演”，两年来累计开展了2000余场次的演出，覆盖了21个乡镇452行政村，逐步形成了以文化产需求的产业环境，吸引了杭州、上海等地的客商前来投资。以开发区莲塘社区为例，2015年以前群众活动高峰期基本在20：00结束，在开展各色文化活动以来，吸引人流聚集，目前已经形成拥有173个摊位的固定式城郊夜市，该村年租金可达115万元。另外，通过志愿服务带动农村文旅发展，自发或半自发组建"村嫂志愿服务队"，截至目前，全市已有505支村嫂队伍，在册人数11000多人，成为嵊州女子在"越剧"之后的又一张"金名片"。

3. 科技引领产业升级

与中国科学院、中国农业科学院茶业研究所、浙江省农业科学院、浙江省林业科学研究院、浙江大学、浙江农林大学等科研院校建立长期战略合作关系，形成"政府引领+院校支持+科研帮扶+企业自主"四位一体加速产业升级的新思路，打造茶叶、香榧、水果、蔬菜等九大体系特色全产业链，形成以陌桑高科工厂化养蚕为代表的多个农业科学产业项目，现有2个院士工作站、成立了唐诗之路剡溪"智库"。其中，陌桑高科工厂化养蚕项目已成功实现了全龄人工饲料工厂化饲养，巴贝集团成为当前全球首家掌握全龄人工饲料工厂化养蚕技术的企业，产能约占到目前浙江省鲜茧市场份额的50%，在全国"大众创业万众创新"活动周上获国务院总理李克强点赞。巴贝"全龄工厂化养吞"数字农业项目、飞翼小镇、越剧小镇等一大批新兴产业在省内外享有较高知名度。根据区域和特色，创建越剧小镇、飞翼农业小镇、领尚小镇、书圣文化小镇、金庭风情小镇、茶源小镇等特色小镇，以镇带村，通过项目引领建成永久性的文化标志性聚集地，一二三产融合发展和美丽经济转化势头迅猛，

4. 体制机制活力彰显

（1）金融机制改革突显。近年来，各级各部门虽然采取了许多有效的措施和办法来解决农民的资金问题，也取得了很大的成效，如：开展信用等级评定和贷款授信，创新设立"蔬菜贷""农联贷"等金融新产品，对"三农"贷款进行贴息补助、设立三农担保基金及其组织等，但是从整个金融供应链服务上看，转贷这一环节相对薄弱。嵊州市以问题为导向，从长期被遗忘、被忽略的小环节入手，进行积极有益的探索，设立3000万元的"崃农创"转贷基金，每年可为农民节约贷款利息2000万元，撬动社会资本约10亿元（2019年数据）。真正为农民排忧解难办实事，实施乡村振兴战略促进产业兴旺迈出了很大一步，创新的金融机制改革也是

金融要素供给侧改革的一大突破，具有显著的社会效益、经济效益。

（2）七地制度改革彰显。推进“三权改革”，大力推进农村房产、土地、林权“三权”抵押贷款改革，逐步深化农村承包土地经营权抵押贷款国家试点，累计发放“三权”抵押贷款 7.56 亿元。

（3）闲置农房资源激活。3 年内全市吸引社会资本 10 亿元，实施改造项目 150 个，激活闲置农房 1000 幢。目前已激活闲置农房 2400 多幢，吸引社会资本 4.25 亿元。

（三）民生福祉极大攀升

1. 延伸发展小吃经济

以“小笼包”为代表的“嵊州小吃”是当地农民致富的最主要的副业之一，嵊州市专门成立小吃发展工作领导小组，组建小吃行业协会和联络站，设立 2000 万元专项扶持资金，并创新发行全国首张“小笼卡”，每年将得到建设银行 10 亿元授信，为从业者解决资金困难，先后累计为 1656 户小吃经营者提供 1.96 亿元贷款。目前小吃从业人员发展至 8 万余人，门店 3 万余家，年经济效益达 100 亿元以上。推进嵊州小吃全国统标工程，累计实施统标 2182 家。

2. 持续实施“三治融合”

2004 年，时任浙江省委书记习近平到嵊州市甘霖镇黄箭坂村调研时指出，要让老百姓富起来、乐起来。为此，嵊州市创新发展 20 年前的“民情日记”（“民情日记”始于 1998 年的雅璜乡，至今已有 20 年历程，受到了各级领导重视和关注，并在全省得到推广），作为新时代下改进领导方法、联系群众、为民办实事的有力举措。同时，坚持发展新时代“枫桥经验”，不断健全“三治”融合乡村治理体系。深入实施“领雁工程”和“雏雁工程”，大力推动 30 个乡村善治示范村创建，扎实开展“树样传承 100 天”活动，选树宣传一批好支书、好干部，从而夯实党建的基层基础。

三、机遇挑战

（一）产业活力仍需加强

农业龙头企业带动力不够，农业龙头企业规模偏小，农业全产业链不长，农业品牌培育力度不大，乡村旅游、农村电商、农业文化等新兴产业规模小、数量少、整合能力较弱。“三农”建设人才短缺，农技人员队伍不够健全，存在年龄偏大、知识老化现象。

（二）生态宜居亟待升级

美丽乡村资金投入方式单一，市场资本、民间资本参与不够。村级基础设施较为薄弱，总体层次不高，拆后利用难、建设用地盘活难。美丽经济转化不足，示范村、精品村创建后，难以把美丽资源转化成美丽经济。

（三）村级基础尚待提升

村级集体经济有待发展壮大，部分村党组织的组织力、凝聚力、战斗力、带动力有待进一步增强。村级刚性支出逐年攀升，随着村庄建设深入推进和工作要求不断提高，日常管理、保洁管护等刚性支出逐年攀升，不少村级组织面临较大经济压力。农村经营管理理念有待创新，发展村级集体经济仍需创新路径。

（四）公共服务仍需发力

城乡教育卫生水平不均衡，农村基础教育与城市差距较大，生源质量持续不稳，农村医疗资源跟不上农民看病需求。乡风文明缺乏刚性约束，村民素质和家风家训有待进一步提升。

第二节 嵊州市农林产业发展信息

产业振兴是乡村振兴的物质基础。深入开展质量兴农、绿色兴农、科技兴农行动，深化农业供给侧结构性改革，积极推动美丽农业、美丽经济和农业全产业链发展，不断提高农业创新力、竞争力和全要素生产率，加快农业新旧动能转换，率先实现农业现代化。

一、加快农业发展平台建设

坚持生活、生产、生态“三生”同步，创业、创新、创意“三创”并举，一产、二产、三产“三产”融合，以农业供给侧结构性改革为主线，进一步优化农业主体功能与空间布局，强化粮食生产功能区、现代农业园区和特色农产品优势区，以农业“1150”工程为抓手，推进三界国家级现代农业园区和甘霖镇省级特色，农业强镇建设，打造50个乡村振兴产业先锋基地，培育和增强农业发展新动能。到

2020 年，建成 1 个一二三产业深度融合的省级现代农业园区、1 个特色农业强镇、2 个省级农业特色小镇、100 家以上美丽农业场园。加快粮食作物向优质化发展，确保全市粮食生产能力稳定在 15.1 万吨以上，确保 18 万亩粮食生产功能区生产能力。

二、加快农业品质品牌建设

（一）着力优化品质农业结构

保障粮食生产能力。全面落实国家粮食安全战略，严守耕地红线，强化用途管制，建立永久基本农田保护“田长制”，将保障粮食安全作为农业现代化的首要任务。推进粮食生产功能区建设，保护好 20 万亩粮食生产功能区。全面落实粮食生产责任制，深入实施藏粮于地、藏粮于技战略，确保粮食综合生产能力保持在 17.5 亿千克以上。开展粮食绿色高产创建活动，推进“放心粮油”工程，带动粮食生产由产量增加向质量提升转变。做大做强优势特色，产业。传承发展传统经典产业，建成一批特色产业集群，推动主导产业和特色，农产品向优势区域集中。进一步提升发展茶叶、蔬菜、畜牧、水产、花木、干鲜果和竹木七大主导产业，把嵊州打造成为品质茶都以及全省重要的加工型、城郊型蔬菜、畜禽、特色干鲜果、名优水产、特种花卉生产基地。到 2022 年，主导产业产值占农业总产值比重达到 90% 以上。

（二）高效推进绿色农业发展

加快现代生态循环农业发展，打造现代生态农业“多级循环体系”。大力推进农业废弃物资源化利用工程，着力构建农业废弃物资源化利用的有效治理模式。加快推进秸秆及农作物废弃物综合利用，建立健全全面禁止露天焚烧秸秆的长效监管机制，到 2022 年，全市农村清洁能源利用率、秸秆综合利用率分别达到 87%、95% 以上。加快推进农业清洁生产，集中治理农业环境突出问题，大力发展畜禽清洁养殖，推广生态健康养殖模式与技术，到 2022 年畜禽粪污综合利用率达到 92% 以上。推行水产健康养殖、生态养殖，加大近海滩涂养殖环境治理力度，到 2022 年水产养殖尾水实现全域达标排放或循环利用。积极开展农业“两区”土壤污染防治，全面推进测土配方施肥技术，加快推进有机肥、配方肥和新型肥料应用。推行病虫害统防统治、物理生物防控、高效农药替代等绿色防治技术，推进低毒低残留农药的示范推广。加快推进农业绿色发展先行县建设，创建一批省级美丽生态示范牧场，提升田园清洁化、生态化、景观化水平。深入推进化肥农药减量增效，年有机肥推广应用 1 万吨以上，绿色防控技术应用 8 万亩次以上。创建提升美丽牧场 7 个，健康水产养殖场 5 个。建立健全农业标准体系，农业标准化生产程度达到 65% 以上。

（三）加强农业品牌化建设

加快农业品牌建设和宣传。强化绿色兴农、质量兴农和品牌强农理念。打造优质品牌农产品，巩固提升“越乡龙井”“嵊州香榧”“羲之桃形李”“崇仁炖鸭”等区域品牌和“飞翼源”“泉岗辉白”“禾下土”“华发”等一批企业品牌，培育农业“名企名品名牌”，提高“跳出嵊州发展嵊州”的水平，进一步提升嵊州农产品的知名度和影响力。以“一个产业标准，一张模式图、一套讲解光盘、一本操作手册、一个标准示范园”为推广模式，全面推进农业标准化生产。进一步健全标准体系，积极开展“三品一标”创建，严格产地认定和产品认证管理，完善证后监管及退出机制，提升“三品一标”品牌社会公信力。农产品商标注册率进一步提高，品牌农产品产值和市场占有率大幅提高。加强农业品牌推介和宣传，推进农产品电商化营销。借助阿里巴巴、京东等电商网络销售平台、移动端平台、微信平台，积极鼓励企业、合作社等各类经营主体在网上开设嵊州农产品专卖店、旗舰店，结合线下产品体验店，实现“电商、微商、店商”三商融合营销，不断拓展农产品的市场销售途径和渠道。强化农产品质量安全建设。坚持“质量兴农”，以“双安双创”放心示范创建为抓手，强化农产品质量安全监管。建立健全县、镇、村三级农产品质量安全监管体系，健全检测、追溯、合格证制度和黑名单管理，逐步建立食用农产品产地准出制度。推进省放心农贸市场创建工作，加强农产品市场快速检测体系建设。到 2022 年，实现上市农产品无公害全覆盖，农产品质量安全抽检合格率稳定在 98% 以上。全面推进“农安嵊州”智慧监管，农产品综合检测合格率稳定在 98% 以上，争创国家级农产品质量安全放心县。加强农业品牌培育，打造农产品区域公用品牌，主要农产品“三品”认证比例达到 60% 以上。

（四）加快推进科技兴农

优化科技特派员选派工作机制，做好新技术新产品转化对接和新型农业技术培训推广工作，办好嵊州农民学校、嵊州农广校和实训基地。加快粮食生产机器换人，粮食生产综合机械化水平达到 82% 以上。完成 15 个省级现代农业科技示范基地建设，创建绍兴市级以上星创天地 3 家。

三、推进一二三产业融合发展

（一）推进农业接二连三，加快发展美丽经济

重点发展农产品加工业和休闲农业，实现一二三产业融合发展。加快森林休闲、民宿经济、健康养老、体育文化等产业发展，打造一批特色镇村、休闲观光园区、森林人家，大力推进飞翼农业休闲小镇和三界茶源小镇建设。充分发挥“十大森林休闲养生区”“十大森林古道”功能，举办森林旅游节、森林休闲养生节等活动。

（二）打响旅游品牌，活化新型业态

全面打响“唐诗路、越剧缘、书圣情”旅游品牌。到2020年，实现旅游投资100亿元，旅游招商100亿元，旅游业增加值占本地GDP比重达到10%以上，全市乡村旅游实现年游客接待量500万人次、营业收入6亿元，创建省级全域旅游示范县（市）。大力发展乡愁产业。活化以“嵊州小吃”为代表的乡愁资源新型业态，打响“大嵊归来”品牌，启动实施“嵊州小吃”统标工程，结合历史文化、制作工艺等特点，带动乡村经济的多元发展。加强小吃技术培训，进行实体和电商的同步培育，带动线上线下融合发展。续推进生产、供销、信用“三位一体”农合联建设，提升农业社会化服务水平，推动小农户和现代农业的有机衔接。实施电子商务“百村万户”工程，帮助农户共富共享，完善农村金融联络员制度，有效借助金融联络员的人熟、地熟、情况熟优势，拓宽金融支农的深度和广度。大力推进网上支付、移动支付等电子支付业务在农村地区的应用，努力创建移动支付应用示范县。

（三）促进农业多功能开发，做强农业产业链

着力推进农产品生产、加工、销售与旅游、健康、文化、体育等产业融合发展。大力推进乡村旅游提档升级。建立景区村庄创建推进机制，整合资源，统筹建设，每年创建20个左右景区村庄，重点打造3A级景区村庄，推出一批有村味、有活力、有特色的景区村庄。做强产业链，以农产品精深加工为主攻方向，做强茶叶、香框产业链，拉长粮油、蔬菜、中药材产业链，开展抹茶、蔬菜粉等新产品研发。大力推广茶柑套种、桶稻套种、竹笋砻糠覆盖等技术，培育茶叶、花木、竹笋、香榧、桃形李等富民产业。支持农业企业打造“产业联盟”，建立收购、仓储、加工、销售、生鲜物流体系，延伸产业链、提升价值链、完善利益链。打通科技链，建立以农业科研院校为依托、农技大师技术服务团队为主导、农业行业协会自我服务为延

伸、乡镇农科队伍为基础的农业技术服务体系，深化农业科技推广服务体系建设，支持农业企业建立研发机构，建立农科教、产学研一体化的农业科技推广联盟。推进机器换人、数字农业工作，大力推进“互联网+”现代农业，加快发展智慧农业，扩大物联网、云计算、遥感技术应用，重点支持好巴贝“全龄人工饲料工厂化养蚕”项目。

四、推进数字化技术化升级

（一）加快推进数字乡村建设

把数字乡村建设作为嵊州市省部共建乡村振兴示范县的新引擎，深入落实数字经济“一号工程”，全面推进“数字乡村”治理、“数字农业”和农业数字化转型。一是为农产品质量安全和资源保护提供“云保障”；二是为现代农业示范园区升级建设提供“智慧脑”；三是为农业设施装备和“机器换人”提供“升级版”；四是为农业农村建设经营主体提供“技术库”；五是为农产品线上线下电子商务提供“新营销”；六是为乡村智慧治理和“最多跑一次”改革提供“大数据”；七是为乡村创业创富和空间扩展提供“新蓝海”。

（二）促进“嵊州制造”向“嵊州智造”创新跃升

力争数字经济核心产业增加值增长100%以上。深化与阿里巴巴合作，围绕嵊州“特色产业+龙头企业”优势，加快构建“一产业一平台、一行业一朵云”的互联网平台发展体系，努力打造全省农业互联网示范城市。引进和培育农业互联网平台公司10家，新增企业上云600家以上，创建上云应用示范企业20家以上，开发区和高新园区建设成为农业互联网示范城市样板区。开展智能化改造专项行动，完成企业智能化改造30家以上，新增农业机器人200台以上，打造“无人车间”“无人工厂”3个以上，“数字园区”1个以上。

五、创新农业对外开放格局

（一）提升农产品国际竞争力

强化标准生产，引导支持农产品出口产业集聚发展，培育一批具有国际影响力的农业品牌，打造一批熟悉国际规则的农业龙头企业，培养一批国际化经营管理人才。鼓励农产品出口企业设立境外农产品展示中心，举办农产品宣传推介活动。充分利用“互联网 + 外贸”等新型市场拓展方式，拓宽农产品出口渠道。加强重要农产品出口监测预警，积极应对国际贸易纠纷。

（二）深入实施“走出去”战略

打造一个市外“新嵊州”，拓宽与“一带一路”沿线国家和地区的农业合作，鼓励企业到国外进行农业资源开发、建设生产基地、研发基地和营销网络，推动全市外向型农业发展。

（三）强化农业科技国际合作

加强国际农业先进技术和装备的引进，重点引进国外优良种质资源以及农业安全生产、标准化生产、病虫害综合防治和农产品加工、储藏、保鲜等领域的关键技术。鼓励涉农企业通过联建研发机构、委托或联合研发等方式，引进国外先进技术、种质资源的管理经验，建成一批农业科技技术转移、示范服务基地。

第三节 浙东唐诗之路核心区（嵊州）旅游总体规划

一、客源市场分析

基于嵊州市旅游资源特点区位交通关系、未来旅游发展方向及旅游市场宏观背景分析，以及《嵊州市旅游发展总体规划（2017—2030）》中对嵊州的主要客源市场：上海、杭州、绍兴、宁波、金华、台州和嵊州本地的调查问卷和访谈结果，得出嵊州市旅游客源市场总体特点如下。

1. 以家庭为单位的自由行已成为主要出游方式

（1）游客年龄分布。以青年和中年为主，分别占 56% 和 31%。出游方式以家庭出游和结伴出游为主，分别占 42.3% 和 32%。

（2）旅游形式。以自由行为主约 96%。

2. 出游以周末游为主，主要以火车和自驾游为主

出游交通以火车为主，占 47%；其次是自驾车。单次出游时间不长，集中在周末游。出游频率每年 1 ～ 3 次比例较高，平均单次出游停留时间以一天和两至三天为主，分别占 39.3% 和 37.3%。

3. 主要通过网络平台获取旅游信息

在旅游信息获取途径上，使用最多的是手机 App 应用，占 32%；其次是社交网络和网络搜索，分别占 20% 和 14%。

4. 旅游目的地选择以观光和休闲体验为主

目标市场在旅游目的选择上以观光和休闲体验为主，分别占 40.3% 和 25%，这说明旅游者有重视参与、重视自然、重视文化的旅游偏好趋势。

二、旅游大数据市场热点

1. “三小时”中短途游、家庭游、定制游

根据《2019 年上半年全国旅游经济运行情况》《2019 年上半年全国旅游市场情况》《全国文化消费数据报告》《2019 在线亲子游消费分析》等报告，可得如下结论。

（1）旅游人数及人均消费不断增长。2019 年上半年，国内旅游人数达 30.8 亿人次，国内旅游收入 2.78 万亿元，分别比上年增长 8.8% 和 13.5%。

（2）“三小时”中短途出行成出游常态。各月旅游接待人数比较均衡，高铁、自驾方式的周边都市游和乡村游成热点，“热点更热温点不冷”的格局更加明显。

（3）家庭出游成为热点。2019 年国庆期间，高达 70.4% 的游客选择与家人（父母孩子等）出游。“95 后”带动亲子游正在成为旅行新热点，“2 大 1 小”“2 大 2 小”及“4 大 1 小”等家庭组合最为常见。在飞猪旅行平台上，0 ～ 3 岁宝宝预订亲子酒店的增长高达 77%。

（4）定制游成新“网红”。为增加旅途的获得感、幸福感，不少游客都选择个性化的旅游方式，私家团、当地向导、定制游等成为新“网红”。调查显示，27.03% 的游客选择私人定制旅游产品，游客尝试定制旅游产品需求明显，年轻一族占比较高。

2. 夜间旅游、休闲娱乐型景区、时尚化、科技化、共享经济、技术创新和业态创新活跃

（1）避暑旅游、夜间旅游加速成长。2019 年，五一假期游客夜间消费金额占

到全天的29.92%，较去年同期增长近4个百分点，观光游船、主题灯会、文化体验活动备受欢迎。

（2）科技融入提高旅游产品尖叫度。旅游产品透过VR、AR等“科技滤镜”，将为游客带来更多惊艳体验。小屏幕+社交+移动场景等新的消费实力介入旅游。

（3）科技服务让出行更加便捷。小程序和旅行APP让出游选择更加优化，智能化系统和设施应用让入园、入住更加高效，目前有14%的航司和9%的机场正在利用聊天机器人。

（4）休闲娱乐型景区成为景区游热点。2018年上半年，全国线上预订量前50的景区中有42%为休闲娱乐型景区、36%为自然生态型景区，人文历史型景区也占据了22%。

（5）受访者对公益性的活动需求更高，时尚化和科技化趋势更加明显。调查显示，50%的人对现代科技文化类的体验项目更加感兴趣，60%的人对公益活动更加关注。51%的人通过微博微信获取，61%的人通过手机预定来进行文化消费，55%通过移动支付来实现。

（6）旅游共享经济更加深化。共享经济渗透至旅游生活服务各个环节，共享经济专业服务更加开放细分。①共享经济渗透至旅游生活服务各个环节。主要包括交通出行（滴滴、友友租车）、住宅地产（途家、小猪）、导游陪同（丸子、地球、收留我等提供的导游陪同服务）、旅游咨询（最会游、哈达游）、健康娱乐（Yplan等平台以较低价格购买演唱会、露天电影等娱乐活动门票等旅游生活服务领域）。②共享经济专业服务更加开放细分。更加开放：家庭农场、家族遗产、私人藏品等私人财产、不对外开放的旅游吸引物有望借助共享平台进入景区（点）行列；更加细分：共享交通细分（机场租车、家庭孩子安全游、共享飞机），住宿细分（换房服务、寻找分享房间的室友）、美食细分（私厨上门服务、私家美食外卖等）共享娱乐（社交花园交易平台为想要花园和农场的人提供信息、提供适用于每个人的帆船假期）。

（7）文化旅游、运动旅游、健康旅游、亲子旅游和研学旅游。①文化和旅游消费活跃、更趋日常化。超八成受访者表示参加了文化体验活动，异地旅游的文化体验占比超八成。75%左右免费文化场馆的人均购物、餐饮、交通消费集中在“50～200元”，26%游客文化消费占旅游总消费30%以上。②运动旅游。一线城市体育旅游消费热情高，运动年轻化，健身类游客占主导地位，用户以“80后”“90后”居多，“80后”占比最大，其中85%是男性。大数据显示，极限游的爱好者一般是高净值人群，人均年薪在70万左右。从区域分布来看，东部五个大省（直辖市）的高净值人群加起来占比接近七成。高净值人群最集中的地区为北京、广东、上海，其高净值人数在全国的占比分别为17.69%、16.86%、14.96%。此外，旅行社等组织的登山、跑步、徒步、骑行等健身游活动，从小学生到花甲老人均可参与，受到广大游客的喜爱。③健康旅游。健康旅游产品尚在探索期，根据IDG资本数据统计，康养产业未来5年有望达到10万亿元；根据驴妈妈数据统计，60岁以上旅游人数2016年同比增长114%，2018年上半年增长了121%。④亲子旅游。亲子旅游产品井喷，但尚有较大提升空间，目前亲子出游产品不下万余，但品质粗糙，IP化、娱教化、主题化和科技化是亲子产品发展的主要方向。⑤研学旅游。研学旅游市场空间广阔，各区域主要热门旅游城市，如北京、上海、广州、深圳、成都、沈阳、武汉、西安等愿意参与研学旅行的比例基本达到70%以上。据调查，80%左右的人表示对研学旅行很感兴趣，六成左右受访者参加过研学旅行。从参加研学旅行的意愿调查来看，70%的人期望旅行时长是6～10天，人均花费能接受在3000～10000元的所占比例达88%，64%的人认为目前市场上的研学旅行产品能满足需求。

第四节 嵊州市美丽乡村规划与建设

一、乡村振兴理念

2017年，党的十九大提出实施乡村振兴战略；2018年9月，中共中央、国务院印发《乡村振兴战略规划（2018—2022年）》，对实施乡村振兴战略第一个五年工作做出具体部署，是指导各地区各部门分类有序推进乡村振兴的重要依据。

（一）提出背景

1. 三个不平衡

（1）城乡经济发展水平与农民收入状况不平衡。

（2）城乡基础设施建设发展和公共服务水平不平衡。

（3）农村区域发展不平衡。

2. 三个不充分

（1）农业产业发展不充分。

（2）农村资源要素利用不充分。

（3）农业投入渠道与农民增收渠道不充分。

（二）乡村振兴战略要求解读

乡村振兴战略就是要促进农业全面转型、农业全面发展、农民全面进步。

1. 产业兴旺

发展壮大乡村产业，培育新产业新业态。产业兴旺是实现乡村振兴的基石，要求在发展生产的基础上培育新产业、新业态和完善产业体系，使农村经济更加繁荣。一方面，大力发展以新型职业农民、适度经营规模、作业外包服务和绿色农业为主要内容的现代农业；另一方面，推进农村一二三产业融合发展，促进农业产业链延伸，为农民创造更多就业和增收机会。

2. 文化繁荣

保护与传承乡村传统文化，重塑乡村文化生态保护与传承乡村传统文化建设美丽乡村的重要内容，乡村传统文化包括农耕文化、村庄历史文化、民俗文化和地域性特色文化等，深入挖掘乡村文化内涵，重视凸显村落发展的鲜明特色，契合山水田园生态环境，彰显各具特色地域文化，复兴乡村文化。

3. 生态宜居

建设生态宜居的美丽乡村，提升人居环境生态宜居是提高乡村发展质量的保证，提倡保留乡土气息、保存乡村风貌、保护乡村生态系统，将村庄以田园社区建设的理念进行建设引导，从仅仅关注村庄生活环境的整治向更加注重对村庄的产业经济的提升转变，打造在乡村振兴理念指导下的美丽乡村升级版。

二、“全域景区化”发展模式

1. 理念内涵

所谓全域景区化，是指以城乡统筹为理念，以自然生态、品质生活为目标，以美丽乡村建设为主抓手，在农村全镇全程按照景区的标准规划、建设、管理、经营，推动城乡统筹一体化发展的过程。

2. 嵊州市“全城区化”美丽乡村发展策略

（1）全方位保障。出台《全面实施乡村振兴战略高水平推进农业农村现代化行动计划（2018—2020年）》《嵊州市省部共建乡村振兴示范县创建实施方案》《关于开展2018年度农村“五星达标、3A争创”和环境整治示范村创建工作的实施方案》等多个政策文件，构建“市域—风景线—村庄”全域发展体系。

（2）全城规划引领。致力于构建“全域大景区”，按照“市域—乡镇—3A村—精品村—五星达标村”，打造美丽乡村升级版，规划编制市域总体规划、美丽乡村建设规划、市域村庄布局规划，乡镇总体规划、村庄建设规划等。

（3）全景化打造。围绕全域景区，实施美丽乡村全覆盖工程，打造越乡风情、忘忧西白、书圣故里、古镇温泉、花溪飞瀑、鹿门访友、榧谷竹溪、现代田园、唐诗寻踪、卮山探云共10条风景线，精品村、3A村的建设均以体现自身的特色和品牌为目标，形成了“移步换景”“一村一景”“一村一韵”的村落特色。

（4）全产业融合。积极发展“旅游+产业”，将旅游的辐射效应带到各大产业中。依托茶叶、香榧、水果等特色农业产业，开发农业观光与体验、水果采摘等“旅游+农业”项目；依托越剧戏曲文化、书圣文化等文化资源，开发文化体验旅游等“旅游+文化”项目；依托温泉养生、越剧小镇、百丈飞瀑、南山湖风景区等地域特色项目，开发休闲度假式“旅游+地域特色”项目（图7-1）。

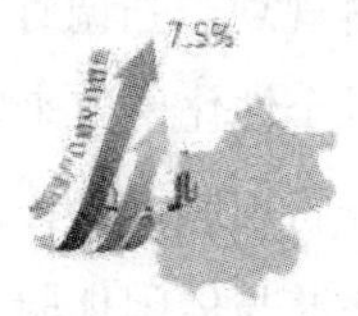

图7-1 嵊州实施农村“全城区化”的基础条件

三、田园综合体发展模式

1. 原因

（1）经济新常态下，农业发展承担更多的功能。

（2）传统农业园区发展模式固化，转型升级面临较大压力。

（3）农业供给侧改革，社会资本高度关注农业，综合发展的期望较强。

2. 理念内涵

田园综合体是集现代农业、休闲旅游、田园社区为一体的特色小镇和乡村综合发展模式，是在城乡一体格局下，顺应农村供给侧结构改革、新型产业发展，结合农村产权制度改革，实现中国乡村现代化、新型城镇化、社会经济全面发展的一种可持续性模式（图 7-2）。

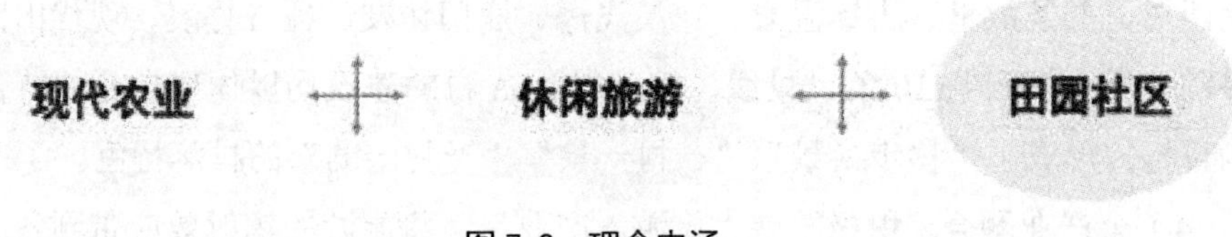

图 7-2　理念内涵

3. 理念提出

最初由 2012 年田园东方创始人张诚的论文《田园综合体模式研究》中提出，并在无锡市阳山镇试点实践了第一个田园综合体项目一无锡田园东方。2017 年“田圆综合体”作为乡村新型产业发展的亮点措施被写进中央一号文件：“支持有条件的乡村建设以农民合作社为主要载体、让农民充分参与和受益，集循环农业、创意农业、农事体验于一体的田园综合体，通过农业综合开发、农村综合改革转移支付等渠道开展试点示范”。

田园综合体是一种“农业 + 文旅 + 社区”的综合发展模式，适用于发达地区的乡村规划，强调有一半按照模块化共性内容作安排，而另一半则应结合项目在地情况以个性化内容来发展。

将田园综合体的理念运用至风景线的打造中，以振兴乡村产业为目标，发展文化旅游与休闲体验（文旅产业），整合村庄现有资源，突出亮点，使得区块范围内的村庄联动发展，形成集聚效应（田园社区），在提升美丽乡村建设水平的同时，促进乡村自身的可持续性发展。

四、总体规划

（一）形象定位与发展目标

1. 形象定位

诗画剡溪、越剧嵊州。

2. 发展目标

立足绍兴，借势浙中，突出嵊州市美丽乡村特色，发展嵊州文化旅游与休闲养生为目标，深挖“剡溪”与“越剧之源”两大唯一性资源，将“诗意的栖居模式”和“艺术化的生活形式”相结合，打造以越剧文化为特色，三产联动为导向，文化养生为亮点，具有省内示范性、地区引领性的嵊州市美丽乡村，塑造“诗画剡溪、越剧嵊州”形象名片。2018 年继续完善“唐诗寻踪”“古镇温泉”“越乡风情”“忘忧西白”风景线的建设、1 点推进其余 6 条风景线的建成，创建 30 个精品村，实现环境整治示范村全盖。

至 2020 年，嵊州市全面建成十条风景线，争创省级美丽乡村示范县。全市内实现五星达标村的全盖，30 个村达到国家 3A 级景区创建标准，创建 100 个以上精品村，实现全市域的农村生态环境的明显变化，乡土特色风貌的充分彰显，农民生活品质的全面提升。

（二）总体规划

结合“十三五”期间嵊州市美丽乡村形象定位、发展目标、整体风貌、村庄分布特点及产业结构，确定嵊州市“十三五”期间美丽乡村总体形成“十线百点”规划结构。

1. 十线

十条风景线：越乡风情风景线、忘忧西白风景线、书圣故里风景线、古镇温泉风景线、花溪飞瀑风景线、鹿门访友风景线、榧谷竹溪风景线、现代田园风景线、唐诗寻踪风景线、卮山探云风景线，对嵊州十二五美丽乡村规划进行调整与优化。

2. 百点

精品村庄、重要产业基地、经典景点等。

（三）交通规划

1. 实现铁路的突破

规划形成“一横一纵”的铁路网，建成杭绍台铁路与金甬舟铁路，加强区域联系。

2. 加快高速公路网设

规划形成“一横二纵”的高速公路路网主骨架，共设 11 个高速下口。在现有高速的基础上，将建杭绍台高速。

3. 升级完交通干线

形成“三横两纵”的国省道交通干线路网，提升交通便捷度。规划将增加 G527、S311（鄞州至桐庐）、S310 东部段、S212 南部段等主要道路。

（四）绿道规划

根据上位绿道规划，市域内将有浙江省 5 号绿道、浙江省 6 号绿道、绍兴市 3 号绿道、绍兴市 4 号绿道、绍兴市 5 号绿道 5 条绿道过境，在此基础上增加目前在建的刻溪绿道、淡山茶亭岗到五龙寺茶厂村的茶园绿道、环月亮湖（坂头水库）的环潮登山绿道、环南山湖绿迦和谷来镇到长乐的乡村景观绿道。选择车流量较少、骑行安全且风景优美的线路作为自行车绿道，并设置骑行驿站。

五、旅游市场定位

（一）旅游市场趋势分析

1. 区域旅游市场支撑强劲

随着杭绍台铁路和金甬铁路的建设完成，嵊州将迎来高铁时代，浙江全省、上海市和苏南地区都将位于嵊州 2 小时交通圈内。这一区域旅游市场的发展也日趋成熟，度假游的市场需求快速增长。嵊州市旅游业发展将成为长三角地区休闲度假地的要节点。

2. 旅游方式的转变趋势明显

我国旅游消费正在从观光旅游转向休闲度假旅游转变。旅游者对生态环境和人文资源的关注度提高。嵊州拥有会稽山、四明山、南山和剡涿流的生态山水资源，又有王谢痛吕等大家为代表的名人文化以及越剧发测地等人文资源，未来的旅游发展潜力巨大。

（二）乡村旅游市场分析

（1）以家庭为单位的自由行将成为主要出游方式。中青年是旅游主体，以家庭为单位的自由行成为主要出游方式，少年人群和老年人群主要随家庭一起出游。

（2）乡村休闲度假旅游市场有很大潜力。目标市场为浙江省内、上海市和苏南地区，但旅游方式还停留在以观光和休闲体验为主的阶段，乡村度假型旅游处于起步阶段，未来市场潜力巨大。

（3）出游以周末游为主，住宿条件提升空间大。出游时间集中在周末游，出行以铁路交通和自驾车为主，对住宿条件的要求正在上升。

（4）对旅游景区的认知度低。对旅游的认知度低，乡村旅游品牌形象较弱，并且旅游品牌知名度不高。

（5）景区风貌、交通设施和配套设施是目前的主要问题。景区建设较弱，交通设施不足，配设施缺乏是目前旅游面临的主要问题。可游内容少，逗留时间短，消费意愿小，回头客少等问题突出。

（6）周边主要景区发展成熟，区域合作势在必行。客源市场对嵊州周边主要景区的认知度一般，相对来说对绍兴市区的认知度最高，未来可考虑区城合作。如金庭书圣文化与绍兴兰亭景区相关，可串联游线，分流客源，协同发展。

（三）旅游市场定位

从市场特征与资源特色出发，重点开发文化体验、养生度假、运动拓展、山水游赏、宗教禅修、乡村休闲等旅游产品，1 点发展 3 小时车程内的旅游度假者、自驾游团体、文化爱好者、户外运动爱好和旅游消费群体。

（四）生态环境保护

将嵊州市市域划分为生态保护核心区、生态保护缓冲区、低丘陵缓坡景观区、平原景观区四类，按照保护对象的不同分别实施不同的保护方式。乡村建设、田园建设以及旅游景点项目开发遵循以下生态保护要求。

（1）生态保护核心区。以会稽山、四明山和南山三大片区为核心，属于生态功能区规划中的禁止准入区和限制准入区，主要保护对象为自然保护区、饮用水源和山地生态系统。严格控制旅游项目开发强度，饮用水源保护区和自然保护区内禁止进行旅游项目开发，其外围区结合乡镇和村庄，适度开展生态旅游和乡村旅游项目。

（2）生态保护缓冲区。位于市域三大山体生态区外围，以及剡溪走廊两侧，属于生态功能区规划中的禁止准入区、限制准入区和重点准入区，保护对象为风景名胜区、山地生态系统、乡村田园和耕地。其中风景名胜区严格控制旅游项目开发强度，适度进行旅游服务设施建设；风景名胜区外围和山地保护区内，应适度提升旅游项目开发强度；田园区域结合农业园区建设，适度进行休闲度假设施开发。

（3）低丘陵缓坡景观区。位于市域中部，属于生态功能区规划中的重点准入区和优化准入区，是嵊州市市域范围内开发强度最高、环境准入门槛最低的区域。

（4）平原景观区。位于市域中部和北部，属于生态功能区规划中的限制准入区，保护对象为乡村田园和耕地。结合农业园区建设，建设现代农业景观，适度开发休闲度假项目。

第八章 新昌县：东南眉目　美丽新昌

第一节 新昌东线与西线的旅游总体规划

一、新昌东线旅游规划

（一）东线认识

东线，研究范围共涉及三镇两乡一街道共计156村。规划覆盖1镇44村作为主要研究对象，主线串联其中1镇6村为重点研究对象。

（二）东线优势

1. 自然资源

两山、两水、两古道，原生态、少破坏，东线是未经开发的隐世乐土。新昌82%以上的森林覆盖率，比周边城市高。新昌总蓄水量约3.17亿立方米，为绍兴市之首。东线黄泽江是三大主要河流之一（表8-1）。

表8-1 自然资源

资源	区位	简介
黄泽江	芦士村—东郑村—大坪头村	至嵊州浦口乡万年亭注入曹娥江。流域面积577平方千米，全长65千米
钦寸水库	东郑村北	兼顾灌溉和发电等综合利用的国家大（二）型水库，总库容2.44亿立方米，满足宁波市民1/3的用水
王罕岭	沙溪镇西北	王罕岭是剡东大湖山西的条古道
剡界岭	沙溪镇东北	剡岭与奉化交界，故名剡界岭
小黄山	董村	石奇山秀，水清松茂，山上花岗岩石巨大，形状各异
沃洲湖	新昌县城东南12千米处	是国家水利风景区和省级风景名胜区。总面积50多平方千米
巧英水库	巧英乡	新昌县第二大水库，是一座以灌溉为主、结合防洪发电的中型水库
罗坑山	新昌县东南部小将镇	林区环境十分优雅，林木深秀，云雾缭绕，公园土地总面积2072.4公顷
毛竹林	巧英乡	3000亩毛竹林漫山遍野

资料来源：现场调研、网上资料收集。

2. 人文资源

隐士文化引领的七重文化浸润，东线可以深挖历史文化，做强文旅融合，提升旅游内涵（表 8-2）。

表 8-2 人文资源

文化	区位	简介
隐士文化	王罕岭（沙溪镇）	王羲之归隐地
剡溪文化	剡界岭	剡溪源头、张家瑞故居
宗祠文化	大坪头村、	胡、俞宗祠祭祖
忠义文化	董村	纪念岳飞师傅宗泽
赏石文化	真君殿（三坑村）	摩崖石壁、小黄山奇石观光
孝字文化	董村	三坑刘氏七世同堂
移民文化	三坑村	多数村民移民到外地

资料来源：现场调研、网上资料收集。

3. 特色村落

东线的村镇，田园、淳朴、有趣，外加笋、蓝莓、茶叶等丰富的农产品，适宜打造一村一品（表 8-3）。

表 8-3 特色村落

村	农产品	推荐一品
芦士村	桃形李、水果、茶叶	桃形李
藕岸村	花卉苗木	花卉
东郑村	西山碧芽、薰衣草	西山碧芽（茶）
西山村	红旗西瓜	红旗西瓜
大坪头村	西瓜、黄桃、水蜜桃	西瓜
沙溪镇	水蜜桃、金银花	水蜜桃
山岸村	蔡峰水稻	蔡峰水稻
真诏村	小京生、板栗	板栗
生田村	蓝莓、	蓝莓
新宅村	蓝莓、苗木、茶叶、药材、小京生	花卉苗木
董村	小京生、柿子	小京生
巧英乡	杨桐伶木、笋	笋
三坑村	笋、毛竹、香榧、红豆	笋
里家溪村	笋、茶叶	笋
南洋村	笋	笋
罗溪村	笋、花木	笋

资料来源：现场调研、网上资料收集。

4. 产业资源（除旅游）

传统产业在提升，新兴产业在萌芽，东线是滋养绿色经济的温床（表 8-4）。

表 8-4 产业资源

项目	区位	投资方	投资额
梅溪康养度假村新和成民俗文化园	大坪头	新和成控股集团	25 亿元
天姥阆苑养生谷	大市聚	浙江馨馨假日	20 亿元
生田社	生田村	置业投资有限公司	1000 万元
立德书院	董村	海归博士	400 万元
药谷养生小镇	羽林街道	乡贤吴宝芹	50 亿元
大项目	芦士村	宁波投资商	30 亿元
凤尾峡漂流、三井龙潭	山岸村	政府	3000 万元
钦寸水库	黄泽江中段	政府	26.88 亿元
彩虹栈道、沿江骑道	黄泽江	政府	2 亿元
黄金和道	生田村	政府	1400 万元
小黄山骑行、漂流	小黄山	政府	1200 万元
农家项目	东郑村	政府	1100 万元
十八渡村	里家溪村	政府	3000 万元
罗坑山国家森林公园	罗溪村	政府	
水库马拉松	巧英乡	投资方	

5. 发展绿色经济，以旅游产业为核心，推进三产融合

加快推进旅游产业与农业、工业、文体康养业等产业的融合，培育综合品牌效益，优化整合沿线的“食、行、住、游、购、娱”等资源要素，带动旅游业与一二三产业融合发展，构建全产业链集合，带动全县的产业振兴（图 8-1）。

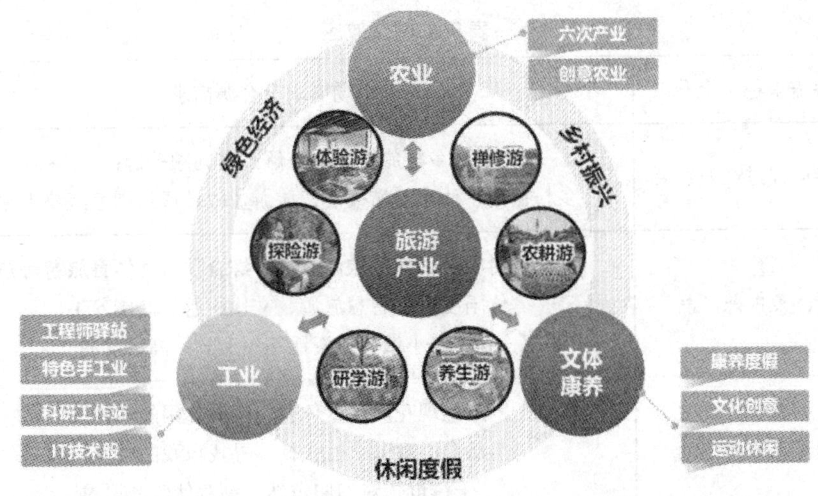

图 8-1 全产业链集群化

二、新昌西线旅游规划

（一）发展背景

乡村振兴、两山实践、全域旅游视角下的新昌样板。我国社会主要矛盾已经转化为人民日益增长的美好生活需要和不平衡不充分的发展之间的矛盾。国家旅游局局长李金早在全国旅游工作会议上就提出：中国旅游要从“景点旅游”到“全域旅游”转变；国家旅游局召开新闻发布会，正式发布《全域旅游示范区创建工作导则》。在“八八战略”实施15周年之际，原浙江省旅游局印发了《浙江省全域旅游发展规划（2018—2022）》。

新昌全域旅游全面推进浙江省首批全域旅游示范区、天姥山国家级风景名胜区、国家园林县城、全国休闲农业与乡村旅游示范县、国家全域旅游示范区创建单位。新昌县依托旅游做强景区，夯实生态，发展乡村旅游，实施“三百工程”，引领全域旅游发展。其中，西线作为新昌全域旅游的重要核心，由省级旅游度假区、镜岭省级旅游风情小镇、十九峰景区、外婆坑江南民族第一村等组成新昌未来生态人文的金名片。

大花园、大通道、大湾区高速发展下的市场契机，人气、流量、资金的全方位支撑。

外部机遇、谋求转型升级、战略提升引导空间效应（表8-5）。

表8-5 时空效应

旅游需求稳步上升	市场需求及客源需求
政策导向促进产业发展	乡村旅游作为破解三农问题关键； 乡村振兴、休闲旅游发展、旅游业改革成为国家战略汇聚点
投资热点催熟产品	集中在乡村旅游、在线旅游、旅游综合项目、体育旅游等热点； 休闲度假、智慧旅游、文化旅游、健康养生、 风情小镇等投资比逐年上升，高速发展
休闲需求成为主流	走马观花向深度体验、度假休闲的转变； 从众心理向个性张扬、寻找自我的转变； 千禧世代对回归自然、创意体验的追求

（二）总体定位

1. 主题形象定位（图 8-2）

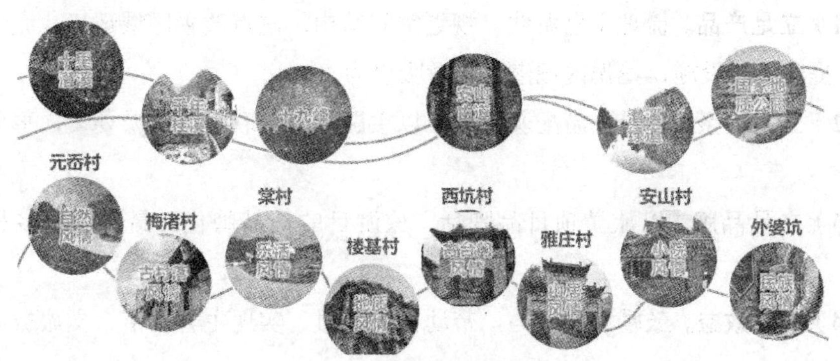

图 8-2 百里丹霞多彩风情

2. 市场定位（表 8-6）

表 8-6 市场定位

市场层级	区域市场
基础市场	新昌、绍兴、台州、金华、宁波、杭州等省内地区
拓展市场	上海、江苏、安徽等泛长三角地区
机会市场	华北、珠三角等其他国内地区及其他国家地区

3. 细分定位（表 8-7）

表 8-7 细分定位

专项市场	市场价值	开发策略
自驾客群市场	众规模巨大，需求旺盛	近期关注摄影自驾客群，中期提升住宿设施，远期构建产品体系
银发客群市场	潜力巨大，出游意愿强烈	近期发展生态观光、乡村休闲，中期发展怀旧旅游，远期发展异地养老
研学客群市场	增长强劲，产业延伸性良好	可开发重要旅游产品，开发重点是自然研学、地质研学、传统文化研学等
团建客群市场	稳定持续，受政府重点扶持	可开发重要旅游产品，开发强调主题体验、户外拓展、产品延展与区域联动
商务客群市场	消费能力强，客源关系稳定	依托新昌现有的 10 家上市企业，开展商务会议、会展旅游、文化交流等活动

4. 游客量预测

（1）近期末（2020 年），游客量达 300 万人次。

（2）中期末（2022 年），游客量达 500 万人次。

（3）远期末（2025 年），游客量达 1000 万人次。

5. 五大发展路径

（1）立足产品。梳理主题游线，规划空间结构，重点改善区域环境、完善标识系统，提升基础设施，挖掘区域潜在旅游吸引力。

（2）立足体系。提升旅游配套设施，以主题有限串联全域旅游要素，形成和谐系统。

（3）立足品牌。以旅游项目品牌话、旅游目的地品牌化，最终实现乡村品牌化。

（4）立足效益。鼓励居民参与，带动富民强村，实现主客和谐、文旅一体化发展。

（5）立足长远。开发过程注重对生态环境的保护与传统文化的传承。

第二节　新昌县美丽乡村建设工作实施规划

一、新昌县美丽乡村建设工作存在短板

（一）农村产业支撑仍需加强

乡村变美了，还要将农村产业发展起来，让农民创业就业增收，将美丽乡村建设成果转化为美丽经济，才能形成美丽乡村建设持续的强大生命力。从总体上看，县农村产业支撑能力相对不足，效益不明显，乡村经济发展质量高，基本上仍处于散乱无序发展的状态。

农业产业主要依靠茶产业，农业生产效率总体不高；近几年“农业 + 旅游”发展迅速，但由于同质化严重，也难以形成独有的品牌优势，一二三产业融合程度有待提升，农业功能形态有待进一步拓展，农村第三产业拉动经济增长的潜力尚未充分释放；产品品牌知名度与附加值有待进一步提升；乡村旅游业发展差异化程度不够，内涵不够丰富，“吸金”能力不足，美丽经济转化不充分，产业发展作为美丽乡村建设支柱地位没有得到很好体现。

（二）持续增收仍需努力

大部分村级集体经济发展面临路子难找、项目难进、人才难求等困境，因此迫

切需要进一步增加农民收入来源，拓宽农民增收渠道，完善农民持续增收的长效机制，提高促进农民增收措施的针对性和有效性，特别是要采取更精准措施加快提高广大低收入农户收入，争实现高水平的全面小康。乡村旅游民宿经济发展已取得一定成就，但是对乡村的带动效应有限，有些村甚至将民宿经济与乡村发展割裂，导致老百姓的参与度不高，集体经济增收缓慢。目前，在全市 182 个集体经济薄弱村中，新昌占 124 个，与兄弟县差距较大。

（三）美丽乡村建设水平有待提升

美丽乡村建设覆盖面不足，与“全域美丽”仍有一定的距离，村庄环境需要进一步提升。

农村空倒房现象普遍，既影响了农村环境面貌，又造成了土地资源的浪费。

乡村建设存在风貌景观相似，缺乏辨识度和村庄个性特色，乡村主题特色不鲜明，建筑景观、绿化景观、文化景观较为缺乏，绿化美化较为粗放，文化元素在美丽乡村建设中的渗透不足等问题。

道路交通等基础设施配套等需要进一步提升完善；公共服务中心、养老照料中心、公共厕所、车场、乡村公园等服务配套有待进一步完善；能满足“主客共享”需求的各类公共服务设施还需进一步提升。

（四）人才断层严重

基层治理、基县发展最关键的因素是人才。但由于种种因素，乡村人才基本处于外流的单向通道，许多中青年劳动力选择了外出务工或非农就业，年轻一代留村或返村发展的比例不高。偏远乡村空心化老龄化现象尤其严重，即便当前大力鼓励大学生返乡创业，但真正扎根农业、扎根农村的仍然较少。农村发展存在人才断层，休闲农业与乡村旅游、古村落保护利用、文化创意产业、民宿、电子商务等农村新兴业态发展和农业新技术推广应用，都有赖于农村劳动力素质的整体提升。可以预见，今后一个时期，谁来建设美丽乡村的问题会变得越来越突出，因此，如何积极创造条件与平台，吸引人才到新昌乡村就业创业，让愿意留在乡村、建设家乡的人留得安心，让愿意上山下乡、回报乡村的人更有信心，是美丽乡村建设面临的一大挑战。

（五）乡村建设长效机制亟须完善

乡村实际工作中，建设轻管理的现象仍较为突出。反映在建设投入期普遍重视，但建成后的使用及维护却不够到位。如文化礼堂建成后，如何有效管理发挥最大效用仍有待破解；城乡垃圾分类设施已基本发放，但如何调动村民积极参与却没有进行系统的思考和设计；“五星达标、3A争创”农村建设如火如荼，但建成后如何有效维护使美景常在，缺乏长远的制度设计；“五水共治”农村污水治理建设完成后，后续的设施维护及污染控制长效机制建设仍有待跟进等。基础设施集中投入建成后，如何能够保持长久的有效运作。全域美丽还有一定的提升空间，美丽乡村建设机制和长效管理机制有待进一步建立和完善，村庄经营的能力和水平还要提升。

二、发展优势

（一）区位优势

新昌是绍兴都市圈的南部副中心，浙东浙南黄金旅游线的枢纽，常台（上三）高速公路、甬金高速公路的通车使新昌对外交通有了明显提升，而未来，杭绍台铁路、金甬铁路和杭绍台高速的逐步建成，将大大提升新昌的区位条件，使其在地域和空间上接轨义舟大通道，融入长三角拓展通道；参与“大湾区”建设，进一步加强新昌与杭州、绍兴地区以及宁波、舟山沿海地区的经济联系，从内陆山区向开放前沿地带转变，加快新昌融入国家“一带一路”倡议及绍兴区域大开发格局。新昌将迎来全新的发展机遇期。

（二）资源优势

新昌县风景秀丽，环境优美，是国家生态文明建设示范县、省级文明县城、园林城市和生态县，两美浙江特色体验地。

新昌有“东南眉目”之美誉，旅游资源极为丰富，县域内有人文和自然景观300多处，区面积120平方千米。以穿岩十九峰为代表的山水形胜堪称浙江经典，以天姥山大佛寺为代表的山水文化具有广泛影响力。

新昌县建置于公元908年，历史悠久、人杰地灵、物华天宝，其文化积淀，深厚文化遗产资源较为丰富。历史文化资源分布十分广泛，全县1213平方千米，16个乡镇街道大都有历史遗迹和文化遗产。同时，在非物质文化遗产方面，王羲之、谢灵运等400多位文人墨客在新昌留下了诸多遗迹和千古传诵的诗篇，并给后人留下了一条文化底蕴极深的“唐诗之路”。国家级非物质文化遗产新昌“调腔”，被认为是明代南戏“四吠声腔”之一，余姚腔的唯一遗音，文化价值极高。

良好的生态环境、丰富的自然资源和人文资源是新昌县美丽乡村建设的重要基础和核心优势（图 8-3）。

图 8-3 生态环境

“唐诗之路”是浙江省大花园建设的精华所在和标志性工程，浙江“唐诗之路”黄金旅游带建设将围绕“自爱名山入剡中”的主线，重点打造“江山诗话”“水乡诗韵”“佛道诗缘”“海天诗境”四大旅游产品，把浙东诗画山水与中华诗词经典有机集合起来，打造国际上极具影响力的黄金旅游带。而新昌作为浙江“唐诗之路”精华地，是浙东“唐诗之路”黄金旅游带建设的重要组成，浙东“唐诗之路”黄金旅游带建设成为新昌彰显文化底气、扩大对外开放、提升全域旅游发展水平的一个重大契机。当前，新昌正紧紧围绕国家全域旅游示范县创建，做好景区建设、城市建设和乡村旅游，深挖人文历史，做透“唐诗之路、佛教之旅、茶道之源”三篇文章，重点打造陆上“唐诗之路”和水上“唐诗之路”，按照“年有声、三年有形、五年有效”的目标，努力把新昌打造成为浙东“唐诗之路”文化研究新高地、浙东“唐诗之路”文旅融合样板地、浙东“唐诗之路”精华地。

（三）机制优势

2017 年以来，绍兴在全市开展农村“五星达标、3A 争创”工作，计划通过 3 年努力，使全市 1000 个以上村达到基层党建星、富裕星、美丽星、和谐星、文明星“五星”标准，其中 100 个以上村达到国家 3A 级景区标准，并明确了“五星”创星标准、底线标准和“3A 争创”工作标准。新昌县结合国家全域旅游示范区创建，在抓重点求突破、创亮点、显特色上下功夫，着力打造“五星达标、3A 争创”的新昌品牌。在目标引领下，一系列创新机制和方法密集跟进，更为重要的是，“五星达标、3A 争创”擎起了党建引领的红色旗帜，激发了农村发展的内生动力。在各种力的集聚下，“五星达标、3A 争创”正推动着美丽乡村向美丽经济转型，吸引资本人才等优质要素向乡村回流，从而推动乡村各项工作继续向前推进，开创了党建与乡村各事业全面发展、同频共振的新局面。“五星达标、3A 争创”不仅为新昌乡村融入“全域游”新思路，也为新昌实现乡村振兴打开“机会窗口”，成为新昌县全面提升美丽乡村建设水平的重要抓手。

（四）时代机遇

（1）党的十九大报告提出要实施乡村振兴战略，这是解决好中国特色社会主义新时代“三农”问题的重大战略，也是解决新时代面临的人民日益增长的美好生活需求和不均衡不充分发展之间矛盾的重大战略举措，对确保我国如期实现全面建成小康社会和实现中华民族伟大复兴中国梦具有极为重要的战略意义。这一奋斗目标赋予了美丽乡村建设新的内涵，即让农业成为有市场重竞争力的高效生态的现代产业，让农村成为农民美好生活的美丽宜居的现代化新家园，让农民成为得到社会尊重的职业新农民。随着乡村振兴战略的逐步实施，后一个时期，国家和省市必然会进一步加大政策和资金扶持力度。

（2）2018 年 8 月 20 日，农业农村部和中共浙江省委、浙江省人民政府签署《共同建设乡村振兴示范省合作框架协议》，共同推动浙江乡村振兴示范省建设，带动全国实施乡村振兴战略。双方将以省部共建、以省为主、试点先行、示范推广、整体推进为工作路径，在多规融合引领发展、高质量发展乡村产业、建设新时代美丽乡村、繁荣发展乡村文化、健全现代乡村治理体系、促进城乡融合发展、全面深化农村改革七个方面深度合作。

（3）各级政策多重叠加，各种体制机制创新效应和各类政策红利将会集中释放，发展空间进步打开，势必为全县下一阶段加快推进美丽乡村建设带来新的机遇。

三、总体战略

（一）指导思想

以习近平新时代中国特色社会主义思想为指引，深入贯彻党的十九大精神，落实党中央、国务院，省委省政府，市委市政府关于实施乡村振兴战略的重要决策部署，牢固树立新发展理念，坚持农业农村优先发展，以“五星达标、3A 争创”为总抓手，加快实施产业提质、生态宜居、文化兴盛、人才支撑、乡村治理、富民惠民、民生优化、改革激活等为主要内容的乡村振兴战略新昌行动方案，把新昌打造成为“产业兴旺、生态宜居、乡风文明、治理有效、生活富裕”和“农业强、农村美、农民富”的“三农”发展新梦想的“县域典范”，闯出一条依托美丽资源、发展美丽经济、经营美丽乡村、共享美好生活的美丽乡村建设的新道路。

（二）基本原则

1. 坚持保护优先

绿水青山是新昌最宝贵的资源，是富民的重要基础。要牢固树立并践行“绿水青山就是金山银山”的理念，统筹推进生态环境保护、资源永续利用、绿色经济发展和生态文明建设，提高群众生态环境满意度。

2. 改革创新

按照农民主体、政府主导、市场运行、社会参与的思路，深化农村产权制度改革与创新，优化城乡资源要素配置，创新工作机制，积极探索加快美丽乡村建设的新思路、新途径。

3. 坚持民生导向

坚持以民为本，把发展的着力点放到保障和改善农村民生上，不断完善民生保障体系，推动社会保障由制度全覆盖向人群全覆盖转变。要坚持富民导向，多渠道增加农民收入；要尊重农民意愿，解决好农民最关心、直接最现实的利益问题；要加快农村确权赋能，切实保护农民权益；要履行政府主体职能，推进公共服务均等化。

4. 坚持产业融合

要做优一产，大力发展规模化、效化、品牌化农业，夯实特色优势产业的基础；做强一产，依托农业龙头企业、农民专业合作社，积极打造集基地建设—生产加工—品牌创建—产品销售于一体的全产业链生产经营组织，增强农产品精深加工能力；做活三产，深挖新昌的人文历史、自然生态产业资源、民风民俗、特色美食、村居田园等资源，大力发展集产业发展农事体验、休闲观光、科技教育、文化传承于体的休闲观光农业，发展乡村休闲旅游，实现农业功能的多样化。强化一产对二、三产的支撑力度，提升二、三产对一产的反哺力度，通过一二三产业的相融相通和乘数效应，拓展农业发展空间，拉长农业产业链，拓宽产业幅，促进农业“接二连三，跨二进三”，实现农村一二三产融合发展。

5. 坚持城乡融合

牢固树立“资源共享优势互补、形成互动、互利共赢”的理念，打破城乡相互分割的壁垒，逐步实现生产要素的合理流动和优化组合，促使生产力在城市和乡村之间合理分布，城乡经济和社会生活紧密结合与协调发展，进一步完善城乡一体化的基础设施规划，加大对农村地区的资金投入力度，提高城乡基本公共服务均等化水平。

6. 坚持农民主体

美丽乡村建设最根本的发展动力来源于群众，要发动群众，依靠群众，尊重农民的主体地位，最大限度地发挥农民的主动性、积极性和创造性，通过系列培训和典型示范引导，改变农村地区干部与群众的传统观念，帮助农民树立转型发展新观念、新思路，增加资源投入，提高自我管理水平和发展能力。

（三）战略定位

（1）东南眉目。新昌素有“东南眉目”之称，同时也意喻新昌在山水环境、佛教文化、茶叶产业等方面的突出优势和地位。

（2）诗。新昌人文历史积淀深厚，其中唐诗文化尤为突出，451 位诗人在新昌留下了 1505 首诗篇，当前新昌正紧抓时代机遇，打造浙东“唐诗之路”精华地。既彰显新昌文化特色，也符合当下新昌的发展趋势。

（3）画。奇山、秀水古刹、怪石，新昌的自然山水秀美如画。以“东南眉目、诗画新昌”作为新昌美丽乡村建设的定位，既很好地体现了新昌的特色、气质和优势，也点明了新昌美丽乡村建设的美好愿景。

（4）全国乡村振兴样板区。农业农业部和中共浙江省委、浙江省人民政府签署《共同建设乡村振兴示范省合作框架协议》，共同推动浙江乡村振兴示范省建设，带动全国实施乡村振兴战略。新昌县争创乡村振兴板样区试点，高水平打造农业农村现代化浙江样板。

（四）建设思路

1. 以“乡村振兴”为建设愿景

美丽乡村建设是乡村振兴的核心内容和重要基础。以“乡村振兴”为愿景来建设新昌美丽乡村升级版，按照产业兴旺、生态宜居、乡风文明、治理有效、生活富裕的总要求，建成与高水平全面小康社会相适应的，具有较强经济实力、文化魅力、生态引力、社会和力、治理活力的社会主义新农村，实现“县强、民富、村美、业兴、人和”的乡村全面振兴。

2. 以“四个转变”为升级关键

（1）建设目标。由“美丽乡村”向“乡村振兴”转变。升级版的美丽乡村不仅要美丽，还要富裕；不仅要县强，还要民富；不仅要物质上的富裕，还要精神上的富有，真正使美丽乡村提升工程成为惠民工程、富民工程、育民工程。

（2）建设阶段。由建设美丽乡村向经营美丽乡村、共享美丽乡村转变。美丽乡村建设要与发展美丽经济相结合，形成产业支撑，缮美丽乡村的长效管理机制。

（3）建设内容。由“外在美”向“内在美”、由“物的新农村”向“人的新农村”转变。

（4）建设投入机制。由财政投入为主向政府引导多方聚力转变。充分发挥财政资金“四两拨千斤”的乘数效应，提供平台引导在外创业的中青年返乡就业，或通过招商引资引导各类社会资本投入美丽乡村建设。充分发动群众，建立和完善“要我建到我要建、要我管到我要管”的美丽乡村建设机制和长效管理机制。

3. 以“五个乡村”为内涵

通过美丽乡村升级版建设，将新昌的乡村建设成以“绿美乡村、富裕乡村、人文乡村、宜居乡村、善治乡村”为内涵的，高水平全面小康社会相适应的，具有较强经济实力、文化魅力和社会活力的社会主义新农村。

（1）绿美乡村。依托新昌良好的生态资源优势，突出生态建设和环境保护，通过“五水共治”“四边三化三改一拆”等，使新昌的山更绿、水更清、天更蓝，乡村更美丽。

（2）富裕乡村。乡村不仅要美丽，还要富裕。美丽乡村升级版不仅要建设美丽乡村，还要经营美丽乡村，共享美丽乡村，实现“美”与“富”“共建”与“共享”的相得益彰。

（3）人文乡村。充分挖掘唐诗文化、茶道文化、佛教文化、民俗文化和各种特色文化，加强农村文化工程建设，发挥文化在美丽乡村升级版建设中的核心价值和灵魂作用，促进美丽乡村建设从“外在美”向“内在美”、从“物的新农村”向“人的新农村”转变。

（4）宜居乡村。构建理想的人居环境，除了打造良好的村庄环境，丰富乡村生活，还要提升乡村公共服务设施建设，完善医疗、养老配套设施，吸引游客前来“吃喝玩乐住养”。

（5）善治乡村。不断提升农村社会治理能力，积极创建基层社会治理的新昌样板。以德治为先导，法治为根本、自治为基础，全面开展农村的德治、法治和自治，建立“三治融合”的农村基层社会治理体系。

4. 以“精品”为示范带动

分类实施，逐级推进美丽村庄建设，以精品项目、精品村、精品线、精品区块建设为示范引领，带动周边村点组团、区块发展。依各村特色，设置从“五星达标村—美丽乡村特色精品村—乡村振兴示范村”的发展提升路径，全面推进全县美丽乡村建设；根据新昌的道路交通、资源特色、产业集聚、景观廊道和生态轴线空间分布等各方面因素，打造特色鲜明、内涵丰富、可游可宿、可看可体验的精品线；串点成线，连线成片，继而推进全县美丽乡村建设升级。

（五）建设目标

（1）空间布局优化美。优化城乡空间布局，强化多规合一，统筹推进美丽城镇、美丽乡村、美丽庭院、美丽田园、美丽公路、美丽河道建设，点线面结合的美丽乡村布局合理、主题鲜明、个性彰显，推动美丽乡村建设从“点状美”向“全域美”升级。

（2）生态宜居环境美。以绿色发展为引领，坚持人与自然和谐发展，按照统筹规划、全域推进、提升质量要求，打好“五水共治”“五气合治”“三治一提升”等生态治理组合拳，推动生产生活生态深度融合，全面提升生态宜居的农村环境。围绕全域旅游建设，“五星达标、3A 争创”，让美丽乡村成为大花园的标志、美丽新昌的底色。

（3）乡士特色风貌美。围绕“彰显新昌特色、体现农村特点、传承优秀文化”的总体要求，进一步挖掘乡士文化资源，加强非物质文化遗产传承保护，传承科学编制历史文化（传统）村落规划，修复和弘扬一批具有时代印记和新昌地域特色的传统建筑和乡土文化。

（4）业新民富生活美。积极培育新的经济增长点、新的产业空间、新的项目载体，引导和推动更多的资本技术、人才等要素向农业农村流动，大力发展休闲农业、乡村旅游、农产品、农村电商、文创、养生养老等美丽经济业态，实现乡村经济多元化，推动以土地、资产入股等形式发展美丽经济或配套产业，通过经营村庄，做大做强村集体经济，促进农民收入持续普遍较快增长。

（5）人文和谐风尚美。加强乡村社会治理机制创新，加强基层民主和法治建设，加快建立共治共享的新型乡村社会治理格局。培育农村新时代新风尚，大力弘扬社会正气，实现农民综合素质进一步提升，农村文明程度进一步提高，社会主义新农村精神动力十足。

（6）改革引领发展美。发展壮大村级集体经济，消除集体经济薄弱村，多渠道增加集体经济和农户收入，进一步缩小城乡居民收入差距，突出精准帮扶，确保低收入农户收入增长速度明显高于全市农村居民平均水平。

第三节 新昌“闲置农房激活计划”的实施

根据市委、市政府统一部署，新昌县制定实施《新昌县闲置农房激活工作三年行动计划（2018—2020 年）》（新委办〔2018〕57 号），通过旅游综合体开发、民宿经营等途径，累计吸引社会资本 10.4 亿元，实施改造项目 300 余个，激活农房 37.38 万平方米，每年带动集体和农户收入 3000 余万元。

一、主要做法

1. 实现统筹化资源管理

一是盘清家当。集中对全县 12 个乡镇（街道）253 个行政村开展全面摸排，共理清优质农房闲置资源 80 余万平方米，可多户、连片或整村激活、条件较好的农户闲置住宅房、村集体闲置用房超过 20 万平方米，其中近 85% 的农民有出租闲置资源增加收入的意愿。大量闲置的优质资源和农民利用农房增加收入的需求，为新昌县“闲置农房激活计划”带来活力。

二是盘活存量。按照“能租不建”原则，将产权原属于县、镇的闲置屋舍整体划拨给村一级租赁运营和开发利用，同时实施农村空倒房整治工作，并积极开展拆后利用，用于农户新建房屋、农村宅基地整治、美丽乡村建设和乡村旅游项目建设等，盘活闲置资源。截至目前，全县共划拨利用县属闲置校舍等达23万平方米。

三是当好管家。镇村成立休闲农村合作社、闲置农房经营服务站等，对农村集体财产权、土地承包经营权、房屋所有权等精准确权，并对闲置农房进行统一收储、分类建库，统一对外招租。目前，全县农村共成立合作社、服务站30多家，统一收储农房500多幢近10万平方米。

2. 探索多样化激活方式

一是联动激活。鼓励乡镇（街道）实施多村联动抱团激活，统筹开发利用农村资源，着力打造半小时乡村旅游休闲圈，确保游客进得来、住得下、留得住。如东茗乡实施“两岩两山两坑”6个村联动激活，形成“下岩贝看雾，白岩看星，后金山看花，后岱山看戏，东丰坑看桥，石下坑看水”的六看茶香风情景观带，实现功能互补，资源共享。

二是整村激活。对地处偏远、老房子较多但居住人口较少的村庄，引导村集体统一进行农房收储，开展闲置农房整村激活，带动村内土地和山林资源全面盘活。目前已有儒岙镇千坑村、镜岭镇泗坑村、回山镇高湾村、大市聚镇沃洲村上泄上等13个自然村已整体激活或正在激活，共激活闲置农房5万平方米，带动盘活土地、山林资源800多亩。

三是“1+X”激活。找准“以发展民宿农家乐为主，其他业态异彩纷呈”的“1+X”激活思路，结合国家级全域旅游示范区创建，大力发展民宿、农家乐，同时依据地域特色，积极引导发展养生养老、运动健身、艺术创作、电商服务、来料加工等，多业态激活闲置农房。目前在激活尚诗堂、溪西里、拨云间等为代表的精品民宿基础上，生田生活实验室、屯外廿四间音乐公社、悠见南山摄影基地、十里云上写生基地、巧云居拓展训练基地等各种业态异彩纷呈。

3. 创新多元化经营模式

一是公司专业经营模式。通过“走出去、引进来”精准招商，引进专业化的运营管理团队，带动闲置农房激活项目向精品化、规范化、标准化发展。2019年，引进山东济宁拾月传媒有限公司，投资6000万元打造小将镇上海自然村旅游综合体开发项目。引进浙江乡悦投资管理有限公司，投资5000万元打造东茗乡石下坑整村开发项目。

二是村户入股经营模式。村集体或村民以土地、山林、闲置房等资源折价入股，以“经营主+村集体”“经营主+农户”模式开发利用。如小将镇茅洋村以闲置校舍、闲置集体用房按5%的股份入股经营民宿。回山镇高湾村26户农户以30间农房折价入股“蟠龙客栈”，既确保了集体经济和农民收入，又确保业态健康发展。

三是“共享”经营模式。探索投资管理公司、网络公司、村集体、村级管理员四方主体团队合作、分工经营、成果共享经营模式，由村集体统一收储闲置农房，投资公司专业开发经营，网站负责宣传推介，村级管理人员服务对接，以专业化、便捷化吸引城市居民短期租住农村美丽庭院。目前以小将镇罗溪村、茅洋村为代表的“共享度假小院”正紧锣密鼓推进。

四是自主经营模式。村集体或村民利用闲置集体用房和农房自主经营开发旅游项目、养老中心、民宿农家乐等，目前全县共有农户自主经营民宿近120家；吸引乡贤、大学生、在外务工人员等一批有文化、有创意、有眼界的“城归族”返乡创业。

二、存在问题

1. 闲置资源分散

新昌是“八山半水分半田”的典型山区县，全县共253个行政村近1200个自然村，村庄多且分散，闲置资源散落在各个村庄，且资源较丰富的村往往地理位置偏僻，好资源“养在深闺人未识”。同时，随着城镇化的推进，农村闲置的大量农房年久失修，破旧不堪，影响资源的有效利用。

2. 激活方式单一

新昌县山水资源较好，闲置农房激活主要方式为民宿农家乐。民宿农家乐中，除天姥山居·尚诗堂、溪西里等整村激活外，大部分经营规模较小，收益不高，小打小闹、单打独斗的情况较明显，品牌经营，抱团发展的意识和理念有待进一步提高。

3. 政策诸多限制

农村闲置农房很大一部分属于“应拆未拆”的老屋，如不拆除进行开发利用，原则上违反“一户一宅”或村级管理用房不超过 1 平方米 / 人的原则。同时，闲置农房在开发过程中，特别是规模型民宿农家乐开发中，配套设施建设中往往会触及政策红线。

4. 行业管理缺乏

闲置农房未形成统一收储、统一招商引资、统一组织交易等规范程序，大部分闲置农房由农户自主流转，流转价格完全建立在买卖双方自愿基础上。由市场自行调节农房流转价格，虽然在一定程度上给部分或个别农户带来较高的收益，但也造成部分投资商以抬高流转市场价格阻止其他投资商进驻，从而影响资源较好村庄的产业集聚发展。

三、下步打算

1. 加强产业引导

进一步完善闲置农房动态信息库，做到一户一档，分类建库；实行农户闲置农房集中收储、统一发布、分类招商经营；出台系列配套政策，规范激活程序，加强行业管理，探索有效激活闲置农房模式。

2. 加强统筹推进

结合国家全域旅游示范县创建、“五星达标、三 A 争创”、美丽乡村建设、三治一提升等工作，统一谋划，整体实施，做好闲置农房激活工作的规划者、组织者、保障者、协调者，发挥好政府主导作用，为闲置农房激活利用创造好环境、搭建好平台。发挥创建办、财政、国土、建设、农林、旅委等作用，形成全县闲置农房激活工作上下联动，合力推进的良好氛围。

3. 加强宣传推介

通过新闻发布会、新闻媒体报道、拍摄专题宣传片、编印宣传册等方式，多渠道、多角度、多方式宣传推介全县闲置农房激活资源和典型案例，切实提高社会知晓度和参与度；通过发布优质闲置农房信息、组织乡贤、企业家下乡看房等，加强信息畅通和供需对接，调动全县农村农民和社会资本参与闲置农房激活的积极性。

第四节 新昌山地生态农业大走廊总体规划

一、规划背景

党的十八大将生态文明建设提升到“五位一体”的战略高度，指出建设生态文明是关系人民福祉、关乎民族未来的长远大计。党的十九大提出实施乡村振兴战略，新时代乡村振兴是乡村生产方式、生活方式的一场绿色革命，以生态文明建设理念来引领乡村振兴发展，为落实“产业兴旺、生态宜居、乡风文明、治理有效、生活富裕”的总要求提供了新思路、新范式、新方略。

自2004年习近平同志提出“走高效生态的新型农业现代化道路”以来，浙江省积极顺应消费需求升级、生态文明绿色发展的新要求，坚定地把高效生态农业作为主攻方向，推动农业转型升级发展，成为全国唯一的现代生态循环农业试点省，为中国特色的新型农业现代化提供了浙江样本。

2020年浙江省委省政府在深入学习贯彻习近平总书记考察浙江重要讲话精神的基础上，高水平开启新时代美丽浙江建设新征程，让绿色成为浙江发展最动人的色彩，努力把浙江建设成为展示习近平生态文明思想和美丽中国建设成果的重要窗口，提出大力打造文旅健康幸福产业、高效循环生态农业和节能环保绿色产业等经济增长点，让生态资源更好地成为生态资本、生态红利。

二、地理位置

新昌隶属浙江省绍兴市，地处浙江省东部、绍兴市南部，距绍兴市区83千米、宁波市区95千米、杭州市区132千米。项目区位于新昌县东部，东邻宁波市奉化区、宁海县，南靠台州市天台县，西接绍兴市新昌县七星街道、南明街道、城南乡、儒岙镇，北连绍兴市嵊州县。项目区交通便利，区域范围内有G104、G527国道及S309、S36省道等多条交通干道，以及正在建设甬金铁路新昌站，位于杭州、绍兴、宁波、金华四市“1小时”交通范围内。

三、自然条件

1. 气象水文

新昌县属亚热带气候，地处中、北亚热带过渡区，温和湿润，四季分明。常年日照约1900小时，年平均气温16.6℃，年降水量1500毫米，无霜期240天。同时具有典型山地气候特征，水平、垂直方向差异明显。

2. 地形地貌

新昌县位于曹娥江上游，地貌特征为“八山半水分半田”。全县山地、丘陵台地、盆地面积分别占31.7%、62.25%、6.58%，境内有澄潭、新昌、黄泽三大主要河流，县境流域面积1209平方千米。项目区范围内以低山、丘陵、台地为主，海拔集中在200～500米。

3. 土壤植被

新昌县土壤主要有红壤、水稻土、黄壤等五大类。红壤是主要自然土壤，有111.11万亩，主要分布在海拔600米以下的低山丘陵及荒坡地带，适宜茶树、杉木、马尾松等林木生长；水稻土面积33.85万亩，占总面积的19%，分布于河谷盆地及低山丘陵间的梯田、洼地上，适宜种植水稻、大小麦等粮食作物；黄壤土面积8.7万亩，主要分布在600米以上的山地，适宜种植各种用材林和毛竹。项目区范围内以红壤为主，有部分水稻土和黄壤土。

四、农业农村经济概况

生态环境日益改善，全力打好污染防治攻坚战。深入推进“五水共治”，加快“污水零直排区”建设，“三江”出境断面水质均值保持Ⅱ类水标准。扎实开展空气质量达标进位行动，PM2.5平均浓度30微克/立方米，空气优良率达93.4%。纵深推进垃圾分类工作，中心城区和农村分类覆盖面分别达80%和82%。经济快速发展、人均收入稳步提升、绿色农业全面布局及生态环境日益优化等因素聚力推进乡村全域旅游持续升温。新昌县2019年共接待国内外游客1815.62万人次，旅游总收入159.02亿元，以乡村文化体验游、休闲采摘观光游等形式为主。当前正以浙东“唐诗之路”精华地建设为统领，打造全省文旅融合样板地，争创国家全域旅游示范区。做精做美乡村旅游，加快推进4个省级旅游风情小镇建设，高标准打造29个旅游发展重点村，带动东线“运动养生线”、西线“丹霞风情线”、南线“寻梦唐诗线”。大力推进“旅游+”，完善吃住行游购娱等配套，讲好人文故事，打造特色主题产品，推动农商文旅融合发展。

五、“SWOT”分析

（一）优势（Strengths）

1. 生态环境优势突出

近年来，新昌县全力打好污染防治攻坚战，深入推进“五水共治”、空气质量达标进位等行动，人居生态环境逐步改善。项目区不断促进生态文明体制改革，塑造了“山之巅、水之源、花之海”生态金名片及绿色生态农业形象，始终以高度责任感抓好河道治理、渠系建设、除险加固、封山育林等生态屏障保护修复工作，促进区域生态文明建设走在全县前列。

2. 水人文资源丰富

新昌是中国山水诗画发祥地，唐诗文化、佛教文化及茶道文化内涵丰富，拥有天姥山国家级风景名胜区、国家地质公园、国家级水利风景区，以及大佛寺、沃洲湖、穿岩十九峰三大省级风景名胜区。项目区范围内有“戏水品茗”。“留住乡愁一日游”省级休闲农业与乡村旅游精品线路一条，董村、小黄山景区等知名度较高。

3. 特色农业优势突出

2018 年，新昌入选国家“两山”发展百强县、被科技部确定为首批创新型县（市）。特色农业优势突出，“大佛龙井”以 38.23 亿元位列中国茶叶区域公用品牌价值排行榜第五，在项目区内有多个生产“大佛龙井”的茶厂；新昌小京生有着 400 多年的种植历史，曾经一度作为朝廷贡品，项目区整是小京生的原产地和主产区。此外，项目区还有沙溪水蜜桃、天姥红茶、高山蔬菜等特色农产品。

4. 农旅融合势头良好

新昌农旅融合有序推进，全县范围内有两条浙江省休闲农业与乡村旅游精品线路，项目区内有 1 条。项目区还有世豪中医药文化旅游基地、董村、荣越蓝莓等多个农业休闲养生、山水人文观光、美丽乡村建设示范、科普教育等资源，农旅融合基础扎实，发展势头良好。

（二）劣势（Weaknesses）

1. 农产品价值认识不深

农业经营主体对生态农产品价值的认识还不够深，大多数农业经营主体习惯于传统方式耕作，对市场热衷的生态产品需求捕捉不够迅速，少数主体探索了一些生态发展举措，但总体来说标准化程度还不高，同时对生态农产品的品牌塑造力度还不够大。

2. 农业生产布局分散

项目区范围内有精品果蔬、茶叶、花卉、中医药等特色农产品，但布局方面呈“插花状”，蓝莓、草莓、铁皮石斛、水蜜桃等家庭农场遍布各区块，且大多规模不大，未形成产业集聚区。

3. 受生态文明发展红线制约

山地条件既是项目区发展特色农业的优势资源，也是农业机械化、高效化发展的桎梏。项目区内耕地、林地资源紧张，加上有钦寸水库、沃洲湖、巧英水库等生态保护区，限定区域内农业不能走规模化、化学化道路，也限定了农旅融合业态发展和游客接待的体量。

（三）机遇（Opportunities）

1. 生态文明发展战略引导

近十多年来，浙江在“两山”科学论断的指引下，围绕发展高效生态循环农业，坚持“一张蓝图绘到底”，不断探索、不断创新、不断实践，取得了丰硕成果，乡村振兴战略的落实贯彻，赋予生态农业新的发展定位。

2. 功能农业需求兴起

党的十九大提出了新的社会主要矛盾，具体反映到现代化农业层面，即人民对健康、安全、高品质农产品的需求日益增加与实际供给不足之间的矛盾。农业生产活动由于参与性、体验型强，文化内涵丰富，所处的环境满足现代城市人的向往，逐步展现出多功能特征，是缓和社会主要矛盾的重要方式。

3. 经济一体化和全域旅游发展带动

长三角区域一体化发展已经上升为国家战略，全省大湾区、大花园、大通道、大都市区建设加快实施。杭绍台高铁即将通车，拉近了新昌与大城市的距离。随着新昌国家全域旅游示范区创建、浙东“唐诗之路”精华地的加快打造，项目区内宝贵的自然资源、旅游资源、人文历史资源将进一步被充分激发。

（四）威胁（Threats）

1. 竞争日益激烈

发展生态农业本身竞争日益激烈，生态农庄、特色村镇等各类生态主体在全国遍地开花，丽水山耕等生态品牌具备了相当的知名度；生产农产品竞争压力也非常大，如沙溪发展水蜜桃，就面临着奉化水蜜桃较大的竞争压力。

2. 消费者需求多元化发展

消费者对生态农业的需求，不仅是生态农产品，还包括生态观光、生态养生、生态体验、生态采摘、生态居住等多个方面，是综合性的需求。此外，消费者还追求生态产品和形式的创新，个性化需求较为突出。SWOT 分析结论表明，新昌发展山地生态农业的优势更加明显，机遇大于挑战。因此，建议新昌统筹布局谋划，加强要素串联，加大项目推进力度，提升各类农业园区发展水平，推进农旅融合，创新产品形式，全力发展山地生态农业。

第九章 浙江省新时代美丽乡村的若干思考

第一节 浙江省乡村振兴工作的启示

进入新时代，“三农”工作面临着新的历史任务。作为“三农”工作者，迫切需要用新理论武装思想，用先进地区的实践经验开拓工作思路，用专家的研究成果提升工作水平。7月下旬，笔者有幸参加了浙江大学举办的山东省枣庄市乡村振兴战略与城乡融合发展专题培训班，受益匪浅，收获良多，以下是几点启示。

一是要有“不忘初心，牢记使命”的历史责任。“不忘初心”需要追根溯源，南湖就是个追根溯源的地方。历史的车轮滚滚向前，新时代我们的初心是什么？我们“新农人”的使命是什么？在南湖革命纪念馆，我们应该有更多的思考。习近平总书记将红船的精神概括为“开天辟地、敢为人先的首创精神，坚定理想、百折不挠的奋斗精神，立党为公、忠诚为民的奉献精神”，作为工作在第一线的“三农”工作者，我们应牢记总书记的指示，以习近平新时代中国特色社会主义思想特别是“三农”思想为根本遵循，以乡村振兴战略为新旗帜和总抓手，做到“任何时候都不能忽视农业、不能忘记农民、不能淡漠农村”，通过持续推进乡村“五个振兴”，让农业成为有奔头的产业，让农民成为有吸引力的职业，让农村成为安居乐业的美丽家园。

二是要有“一张蓝图绘到底”的现实担当。乡村振兴是个长远工程、系统工程，不能、也不可能一蹴而就。在2018年的中央一号文件中明确了时间表和路线图：到2020年，乡村振兴取得重要进展，制度框架和政策体系基本形成；到2035年，乡村振兴取得决定性进展，农业农村现代化基本实现；到2050年，乡村全面振兴，农业强、农村美、农民富全面实现。“三农”发展与国家现代化蓝图的时间节点是一致的。可以说，乡村振兴是实现中国梦的重要一环。中央和山东省都已经出台了乡村振兴2018—2022年的战略规划，山东省还一并出台了“五个”振兴的工作方案。枣庄市也正在制定乡村振兴的战略规划和“五个振兴”工作方案。下步，关键是如何持之以恒、久久为功地抓好落实。纵观浙江省乡村振兴的经验，从

“千村示范万村整治”到“万村景区化”再到“大花园”建设，无不是靠一任接着一任干，才取得了今天的硕果。正如浙江省农办林爱梅处长所讲的，“浙江省最大的经验就是一张蓝图绘到底，一任接着一任干，久久为功，有足够的历史耐心和匠心。”

三是要有“绿水青山就是金山银山”的发展理念。13年前，时任浙江省委书记的习近平同志在安吉余村调研时首次提出了“绿水青山就是金山银山”的科学论断，这给当时正在犹豫要不要关停矿山的余村指明了一条“绿富美”的大道。13年来，关掉矿山的余村，空气干净了，山上的竹子也更绿了，一切都慢慢恢复了生机。今年66岁的胡领珠和家人于2017年5月将自家农房改造成民宿，1年多来接待游客1万多人次，有的民宿虽然高达几百元一间，但是仍然需要提前预订；而余村的村集体经济收入也达到了每年近3亿元，余村人着实让绿水青山变成了致富增收的“金山银山”。余村的发展也正是浙江省践行“两山”理论的样本与缩影，像德清的“洋家乐”模式，像遂昌的“遂昌公社”模式等，无不在践行“绿水青山就是金山银山”发展理念中奔向小康大道。

四是要有“敢闯创”的创新精神。浙江大学柳宏志博士在总结浙江的成功经验时，在人的因素上用了“敢、闯、创”3个字。浙江民营企业家的“敢、闯、创”是众所周知的，但是“创新之花”离不开培育其的土壤。这中间各级党委、政府的大力支持应该说是至关重要的，特别是基层干部敢想敢干、敢闯敢创的精神，是浙江经济繁荣发展的动力和源泉。如，在新型城镇化和美丽乡村建设上，浙江省探索的“抱团飞地”（将贫困村、薄弱村用地指标集约打包和城郊用地指标置换）模式，就很值得学习借鉴。再如，当年“淘宝大学”大学生创业的做法曾经受到非议，但是得到了当地政府的大力支持，在成就了一批年轻人的财富梦想的同时，也引领了大众创业、万众创新之风。

五是要有尊重城乡发展规律的科学观念。做任何事情都应该遵循其内在的科学规律。如，乡村振兴必须要有产业的振兴作为基础和前提，只有产业兴旺了才会有人气，才会实现生活富裕。而产业的兴旺不能以牺牲生态环境作为代价，必须是生态宜居的，否则这样的产业是不可持续的。像浙江省安吉县，除了发展乡村旅游之外，立足当地农业资源禀赋开发的安吉白茶俨然已经做成了大产业，价格是当地同类产品的3倍。安吉的竹业年产值200亿元，全国第一；竹制品年出口总额19319万美元，全国第一。再如，在美丽乡村建设上，要注重公共服务和基础设施的提升，要注重“面子”，更要注重“里子”。浙江省的“五水共治”（排涝水、治污水、保供水、防洪水、抓节水）工程，文化礼堂建设等，应该说是为美丽乡村“里子”建设探索了成功经验。发展乡村旅游，在政策上要灵活，要在不违反国家政策法律法规、充分保障农民权益的基础上，搞活经营权；要做好农民增收、市民良好体验相结合的文章，做好旅游开发和生态保护相结合的文章，政府在规划、引导和规范上多做工作，充分发挥基础群众的创造力和市场的调节力，达到经济效益、社会效益和生态效益的“三赢”。

第二节 新时代美丽乡村推进中的几个关键问题

一是着眼于农业农村优先发展推进农村土地制度改革，增加农村内生性动力。农村土地制度是农村基本经济制度的核心，党的十九大报告指出，保持土地承包关系稳定并长久不变，第二轮土地承包到期后再延长三十年，这是继续发挥农村基本经济制度优越性，发挥好农村作为现代化建设战略总后方作用的根本保障。习近平总书记在论及农村土地制度改革时指出：“要尊重农民意愿和维护农民权益，把选择权交给农民，由农民选择而不是代替农民选择，可以示范和引导，但不搞强迫命令、不刮风、不一刀切。不管怎么改，都不能把农村土地集体所有制改垮了，不能把耕地改少了，不能把粮食生产能力改弱了，不能把农民利益损害了。”因此，无论是农村承包地、宅基地还是集体建设用地改革，都应当以促进农村稳定、农业发展、农民利益为依据，而非以一味地以推进城市化和发展工业为目的，这也是习近平总书记在党的十九大报告当中讲的“要坚持农业农村优先发展”的本意。以完善城乡建设用地增减挂钩政策体系为例。当前，增减挂钩产生的节余建设用地指标只允许在县域内流动，农村土地增值空间非常有限，不足以抵偿村庄建设和土地复垦的成本，也不能将发达城市地区的资金通过土地渠道转移到农村建设中；同时，单一的地方财政投资渠道又极大限制了农村建设的规模和水平，事实上成为农村宝贵土地资源被城市廉价使用的重要渠道。如果能够逐步建立省域和全国性的节余建设用地指标交易平台，通过建设用地指标跨区域交易，就可以更好落实土地用途规划，显化土地价值，为农村建设提供充足资金保障。通过土地指标交易渠道，城市资金、发达地区资金可以直接进入农村地区和欠发达地区，比各级层层转移支付的财政渠道更直接便捷。农村土地价值通过有形规范市场得以显化，交易价格明显提升，土地增值部分作为地方财政收入可用于农业农村建设的资金量将会大幅增加，农村建设领域随之产生社会资金进入的利润空间，避免目前完全依靠基层财政投入进行农村建设带来的政府债务等一系列问题，可以将城市开发建设的成熟经验、充裕的社会资金供给、农民改善生活条件的强烈愿望、地方政府积极的行政作为充分结合起来，使农村作为今后一段时间建设的主战场，有效化解过剩产能，全面改善农村基础设施条件、农民居住生活条件，提升农村地区负载产业和人口的能力水平，为实施乡村振兴战略提供更好的展开条件。

二是发展农村集体经济多种实现形式，发挥集体经济综合功能。党的十九大报告指出："深化农村集体产权制度改革，保障农民财产权益，壮大集体经济。"推动乡村振兴，实现内生性发展，壮大集体经济是基础。要鼓励基层和农民群众在创新集体经济组织形式、产权形式上进行大胆实践，在实践基础上实现集体经济实现形式理论和政策的创新。要重点研究解决当前集体经济"两张皮"的问题，尤其是农民合作社中，"一股独大"必然使合作社变相成为翻牌公司，合作社社员成为大股东的雇佣劳动力，失去集体经济的性质特点；而如果股权分散，则缺乏组织性，决策成本高昂，市场竞争能力减弱。如何真正发挥合作经济和共有产权在农村的积极作用，成为农村集体经济的重要形式，是关键性的课题。要将集体经济发展与农村基本治理单元相结合，通过发展集体经济构建农村新型生产生活共同体，在保障农民权益的同时全面提升农村社会治理水平。近些年来的新农村建设呈现出以财政高额投入为手段、以基础设施建设为主要内容、以物质配备水平为评价标准的倾向，对由于人口结构、产业结构和生产组织方式变化所带来的社会治理内容的剧烈变化应对办法不多，依旧以行政村为社会治理单元，却忽视了在行政村层级上，行政边界、社会边界和经济边界往往已经不能够统一，以行政村为单位发展集体经济也不是唯一的形式，而农民合作社等经济组织由于功能定位单一、生产与生活相分离而不能有效发挥社会治理的功能。应当在发挥集体经济解决农民就业、增加农民收入功能的同时，通过政策安排，赋予集体经济组织担负一定的为本社区提供公共服务的职能，使农民共享集体经济的基础设施，以各种类型具有集体主义色彩、体现社会主义性质的农村经济体，重塑农村社区居民的生活习惯、心理结构和精神面貌，使生产组织与生活共同体在空间上高度融合、利益诉求方面高度一致，实现物质、人口和精神三个再生产的统一，这将是乡村振兴的理想图景。

三是积极鼓励农民返乡创业，构建良性乡村治理体系。乡村振兴，关键在人。政策导向上应当从鼓励“资本下乡”转向大力支持外出农民返乡创业，扎实开展好正在进行的“结合新型城镇化开展支持农民工等人员返乡创业试点”，推动建立城乡相互吸纳机制和城乡精英循环机制。实践证明，资本下乡这种“资合”方式不可避免地具有社会成本高昂和“道德风险”等问题，资本逐利和流动的基本特点也在切割农村原有社会关系结构，容易引发农村社会治理中一系列问题。外出农民返乡创业，可以将他们多年积累的经济资本、社会资本、管理经验与乡土资源、信任关系很好结合，将经营成本、道德风险降到最低，实现地缘、血缘、业缘纽带的充分联结，实现“资合”与“人合”的内在统一，实现企业与农村社区的高度融合，同时很好发挥农村精英的“组织员”功能，有利于实现党的十九大报告提出的“健全自治、法治、德治相结合的乡村治理体系”目标。

四是特别注意保护小农户利益，避免“平均数掩盖大多数”。到 2015 年，我国农村承包地流转水平超过 30%，也就意味着将近 70% 的农村耕地仍然由小农户耕作经营，“家家包地、户户务农”仍然是我国农业生产经营组织方式的常态，小农户与现代农业发展所要求的市场体系、金融体系、法律体系、科研体系之间的矛盾仍然非常突出。必须正视这一问题并且实事求是地提出应对解决办法，而不是一味地推进土地流转，扶持规模经营。一方面，小农户经营在我国人地关系高度紧张的国情下有天然的合理性。实践证明，在当前普遍较为粗放的生产经营方式和低下的管理水平下，较大规模经营几乎无法做到土地产出率、资源利用率和劳动生产率同步提高，往往导致单产下降，浪费宝贵耕地资源。而“半耕半工”的家庭生计模式，在解决农村中老年人就业的同时，充分发挥精耕细作的传统农业优势，在保障粮食安全方面作用巨大。因此，不能在观念上将小农户和新型经营主体对立起来，贴上绝对的落后与先进的标签，必须立足中国国情，走中国特色的现代农业道路。另一方面，土地流转水平其实是城镇化水平在农村土地上的投影，换言之，有多少农村人口永久离开土地进入城市生活，决定了农村土地流转水平。因此，提高农村土地流转水平、实现农业规模经营不是一厢情愿的事情，而是决定于城镇化水平这一基本约束条件。必须以大力发展各种新型经营主体，实施多种创新形式缓解小农户经营导致的土地细碎化带来的一系列问题，但是也必须要以城乡人口结构、农村人地关系结构作为建立政策体系的依据和出发点。党的十九大报告指出“实现小农户和现代农业发展有机衔接”，切中要害。长期以来，从资金投入上看，由于“项目制”的国家扶持政策和产业资金投放方式，决定了能够承接项目的只能是大户、企业等新型经营主体，政策导向上将大户、新型主体作为先进的、正面的、积极的评价标准，基层政府为了获取项目资金只能扶持大户，作为“大多数”的小农户很难获得直接的政策资金支持；从政策供给上看，努力建立的现代农业体系，包括法律、金融、农业科技、市场流通、农业基础设施建设等政策体系，多数是以规模经营为指向、以满足新型经营主体需求为目的的，较少考虑小农户的需求，客观上损害了小农户的利益。同时要注意到，产业资本承接政策项目资金产生的经济效益往往不能够留在农村地区实现循环拉动，对更直接、更广泛的农民增收作用有限，“平均数掩盖了大多数”，这在一定程度上可以解释为什么国家支农资金投放力度与农村面貌改变程度不相匹配。因此，必须进一步完善农业社会化服务体系，平衡新型经营主体和小农户的关系，设计制定更加符合小农户利益的国家支农资金投放方式，建立能够更好回应小农户需求的政策供给模式，建立更加符合实际的小农户与国家政策的承接对接机制，这样才能真正实现小农户与现代农业的有机衔接。这是实施乡村振兴战略的关键性问题。

五是更加重视新技术革命对现代农业产业体系、生产体系、经营体系的促进作用。落实党的十九大报告指出的“构建现代农业产业体系、生产体系、经营体系”，不能仅仅把眼光局限在良种良法结合、农机农艺配套等具体农业科技上，更要注意到高速互联网的全面覆盖、物联网技术的成熟、人工智能技术的广泛应用，在促进生产力发展的同时对农村生产关系领域的深刻影响。例如蔬菜产业，在传统技术条件下催生出“买全国、卖全国”的寿光模式，以大型蔬菜集散地为中心，鲜活农产品从生产者到消费者要经过长时间储存、远距离运输，经过多层批发零售环节，成本高昂，耗损严重，化学品投入量居高不下。但是由于消费者与生产者之间无法建立直接信息沟通，消费者也无从监控农产品生产过程，生产者无法有效建立质量信誉，也无法以此形成均衡价格，只能依靠大型市场比如“寿光蔬菜”树立品牌形象，也就只能依靠高成本、高损耗的大型市场模式组织生产和销售。在互联网、物联网技术广泛应用的条件下，中小型农产品生产者与若干消费者直接结合成为虚拟社区，甚至形成网上消费合作社等多种组织形式，通过可视技术监控生产全过程，以全程可追溯保证农产品质量信誉，同时实行农产品定制化服务，通过已经极其成熟发达的物流配送网络送净菜进城，极大降低城市垃圾生成量。这就使以小农户、小型家庭农场及其组合为主要形式的生产经营组织替代辐射广大区域的大型蔬菜市场在一定程度上提供了条件，整个鲜活农产品生产经营模式将发生质的变化，使新的农业组织方式、经营方式、农产品流通方式成为可能。又如新出现的分布式小分子垃圾污水处理技术装备，也使原来几乎无解的农村污水问题比较彻底地得以解决，加之农村环保环卫设施存量较少，推行改造起来沉没成本较低，较之城市地区可以发挥“后发优势”，在农民生活设施改善方面实现“弯道超车”，使乡村成为美好生活的家园。这也正是党的十九大报告提出“加快推进农业农村现代化”的应有之意。

第三节 浙江省数字化美丽乡村建设的创新做法和启示

人类社会的进步，都是以开放的姿态接纳所有的新事物为前提的，在此基础上，新创新、新逻辑得以相互参照、相互激励、共同成长。数字化是这个时代最重要的经济发展爆款。

党的十八大以来，党中央、国务院高度重视数字乡村建设，作出大力推进“互联网 +”现代农业、发展数字农业农村等一系列重大部署安排。党的十九届五中全会也明确提出，要强化以工补农、以城带乡，强化农业科技和装备支撑，建设智慧农业，推动农村一二三产业融合发展，为数字技术全面服务乡村振兴指明了方向。随着我国数字乡村战略逐步深化实施，城市数字化建设由省域、市域逐步向县域下沉渗透，数字乡村建设将承接更多政策、技术等红利，进入快速发展的新阶段。近年浙江省在“数字乡村建设”中所采取的创新举措，有效缩小城乡差距，取得显著成效。其经验值得总结推广。

一、基本内涵

“数字乡村建设”是“数字中国建设”的重要组成部分，更是实现乡村振兴的有效手段。从全国来看，长三角地区是我国数字经济最为发达的地区，数字经济规模能够占到全国的 30%。而且目前互联网和数字经济加快下沉的趋势十分明显，我省农村发展将迎接一次重大的变革。在 2020 年 6 月，长三角地区的多名领导在浙江省湖州市召开座谈会，会议提出要研究编制《数字长三角建设方案》，并就未来的发展达成基本共识。因此，浙江省也应以乡村振兴为核心目标，通过产业数字化、治理数字化以及服务数字化等多项举措，建设一批数字乡村的典型示范区，为全省各地“数字乡村建设”积累宝贵的经验。

二、创新之处

浙江省在“数字乡村建设”的过程中，创新之处主要体现在以下几个方面。

第一，通过提升乡村数据汇总以及服务能力、推动智能化农业生产经营手段以及完善农产品质量安全追溯体系，为全省农产品电商的发展注入了新的活力。如杭州市的临安区在浙江省“数字乡村建设”过程中，已经形成了较为成熟的农产品电商产业销售体系，建立了数百个电商服务站点，形成了以“互联网 + 农产品”为特色的临安电商模式。

第二，通过数字信息技术保障当地特色农产品的高质量生产，为全省农业品牌的建设提供强有力的支撑。例如金华市的浦江县，在“数字乡村建设”的带动下深挖葡萄产业价值，并且以乡村产业大数据中心为基础，推动葡萄产业的数字化应用，着力推动深加工技术研发项目的持续开展。

第三，通过不断打造和完善信息化平台内容来推动“农旅融合”的发展。以安吉县为例，该县通过不断建设完善的信息化平台，来推动乡村的“农旅融合”产业的发展。安吉县借助完善的信息网络系统，大力发展乡村旅游，并创新性的将休闲农业与乡村旅游相结合，充分将当地的田园风光、生态资源以及民俗文化等利用起来，把“互联网 + 乡村旅游”密切地结合到一起。

第四，通过数字化技术着力构建绿色生产体系，开展绿色生产技术工程和生态系统监测工程，创新性地将“互联网 + 农业”相结合，提升乡村治理水平、深化绿色产业制度和完善乡村人居环境治理体系。未来我省在推动数字化乡村建设的过程中要始终坚持充分利用“新零售”来促进乡村振兴、“新金融”来支撑乡村振兴、“新技术”来驱动乡村振兴、“新农人”来服务乡村振兴，推动乡村数字化发展。

三、重要启示

未来浙江省将紧紧围绕农业农村现代化，扩大数字技术在农业生产、流通营销、行业监管、公共服务和乡村治理五个领域的融合应用，继续保持数字农业农村发展的全国领先地位。

第一，未来要进一步提升信息承载能力。“数字乡村建设”要着力完善乡村信息基础设备，建设更高速率和更快处理速度的乡村通信技术网络。在提升软件质量的同时，也要逐步优化乡村网络的硬件设备质量，支持部分有条件和有需求的地区加快5G网络的全覆盖建设，并充分利用5G网络在农业生产、加工和销售等众多环节上的应用。

第二，未来要进一步整合相关平台的资源。“数字乡村建设”要整合相关平台资源，针对不同的服务平台，为村民办事提供一站式服务，尽量将复杂且多余的手续有效地进行缩减，全面提升在线行政服务的智能化水平，尤其是对那些不能够熟练使用智能手机的农户，更要开展有针对性的教学培训，帮助他们掌握基本的使用方法。

第三，未来要继续吸引和培养优秀的数字人才。“数字乡村建设”要高度重视人才的作用，以多重政策来吸引和培养人才，争取留住人才并积极服务于我省的“数字乡村建设”，建立薪资、教育和医疗等多方面且具有高度竞争力的待遇体系，为引入的人才分配与其专业能力高度契合的岗位，确定合理的人才晋升渠道。

第四，未来要积极建设多元化的融资体系，并对已有成效的乡村继续支持，对具有潜力的乡村重点扶持，对暂时落后的乡村进行专项护持。未来浙江省将针对“数字乡村建设”中的部分服务功能提供培训和相关志愿服务，进一步弥补城乡数字鸿沟，充分释放数字红利，进而加快农业农村经济社会的数字化转型。

数字乡村建设是乡村振兴的战略方向，更是数字中国落地的重要支撑。围绕扩大内需、加快要素流动、顺畅国内大循环的紧迫需求，推进数字乡村建设提档升级已迫在眉睫。数字城市在市场空间、发展环境、核心技术和监管保障等方面形成了良好的基础和优势，成为数字乡村发展的核心引领和重要保障。

数字化乡村建设就是让浙江省的乡村依托数字经济的发展，以现代信息网络为载体，以数字技术创新为乡村振兴的主要驱动力，进而实现乡村生产的数据化、乡村治理的数据化和乡村生活的数据化，不断提高传统产业数字化智能化水平，加速重构经济发展和农村治理模式的新型经济形态。未来应当全面贯彻和落实党的十九大及十九届五次全体会议精神，以数字产业化和产业数字化为发展红线把乡村作为主战场，将互联网大数据人工智能与农村产业深度融合，积极培育新产业、新业态和新模式，大力打造数字化乡村发展新模式。

参考文献

陈丹，2019. 美丽乡村视角下的创客培育探究——以浙江省绍兴市柯桥区为例［J］. 改革与开放（5）：35-37.

陈国胜，2019. 乡村振兴温州样本［M］. 北京：中国农业大学出版社 .

陈青红，2013. 浙江省“美丽乡村”景观规划设计初探［D］. 浙江农林大学 .

新华社，2018. 中共中央、国务院印发《乡村振兴战略规划（2018—2022 年）》［EB/OL］.（2018-09-26）［2018-10-10］.http: /www.gov.en/zhengce/2018 — 09/26/content_5325534.htm.

姜长云，2018. 科学理解推进乡村振兴的重大战略导向［J］. 管理世界（4）：17-24

刘守英，2018. 土地制度与中国发展［M］. 北京：中国人民大学出版社 .

叶兴庆，2018. 多措并举做实农业农村优先发展［J］. 农家书屋（2）：38-39.

邓大才，2018. 以规划引领乡村振兴［J］. 乡镇论坛（4）：9.

陈伟军，2018. 建设如诗如画美丽乡村——浙江省绍兴市全域土地综合整治助力乡村振兴战略的探索与思考［J］. 自然资源通讯（23）：35-36.

陈亚，李彐佳，2019. 浅析浙江美丽乡村建设经验［J］. 山西农经（12）：44-44.

党浩，2018. 统筹城乡发展视域下美丽乡村建设的浙江实践及启示［J］. 浙江理工大学学报：社会科学版（2）：206-212.

丁赛姮，高亚佳，吴珊珊，2020. 结构功能理论视阈下乡村旅游与美丽乡村建设的协同发展路径探索——以绍兴市新昌县为例［J］. 无锡职业技术学院学报（2）：6.

付洪良，曹永峰，于敏捷，2018. 浙江美丽乡村生态文明建设动力机制的实证研究［J］. 生态经济（05）：218-223.

胡生富，2020. 浙江美丽乡村建设中社区治理标准化途径探析［J］. 现代交际（8）：238-240.

黄志友，崔国辉，2019. 乡村振兴探索丛书有机乡村［M］. 石家庄：河北人民出版社 .

江苏省住房和城乡建设厅，2017. 乡村规划建设第 7 辑［M］. 北京：商务印书馆 .

李爱香，2014. 浙江美丽乡村建设的调查与评估［J］. 浙江农业科学（11）：1657-1659.

倪妍，2018. 浙江美丽乡村建设中的水环境保护研究［J］. 包装世界（3）：85-89.

荣先恒，2013.“美丽广西·清洁乡村”全面展开：以更大的力度加快推进“美丽广西·清洁乡村”建设——浙江美丽乡村活动的启示［J］. 广西经济.

汪彩琼，2012. 新时期浙江美丽乡村建设的探讨［J］. 浙江农业科学（8）：0-1207.

王佳桐，朱甜甜，2018. 河长制视阈下浙江美丽乡村建设的经验与对策——以绍兴市新昌县为例［J］. 杭州学刊（2）：188-195.

王韬著，王竹，2019. 主体认知视角下乡村聚落营建的策略与方法［M］. 南京：东南大学出版社.

王永昌，2019. 浙江奇迹发生的地方［M］. 杭州：浙江人民出版社.

萧淑贞，2019. 生态乡村［M］. 石家庄：河北人民出版社.

许灿，2019. 基于乡土文化传承的美丽乡村规划设计研究——以绍兴市皋埠镇吼山村为例［J］. 商情（28）：291-292.

杨晓光，余建忠，赵华勤，2018. 从“千万工程”到“美丽乡村”浙江省乡村规划的实践与探索［M］. 北京：商务印书馆.

叶培红，2019. 文化乡村［M］. 石家庄：河北人民出版社.

叶阳昇，吴淑晶，2018. 涂鸦文化在绍兴美丽乡村建设中的作用研究［J］. 美与时代：城市（4）：51-52.

佚名，2015. 浙江美丽乡村［M］. 杭州：浙江摄影出版社.

张弛，2018. 论“宜居”概念在美丽乡村产业体系建设中的重要性——以绍兴孙端建设为例［J］. 中国商论（17）：157-158.

张晶晶，2018. 乡村旅游学研究［M］. 北京：冶金工业出版社.

张晓春，2018. 最美乡村当代中国乡村建设实践［M］. 桂林：广西师范大学出版社.

赵海丽，2014.“两山”理论指引下的绍兴市美丽乡村建设全域提升思考［J］. 南方农业（29）：3.

朱挺峰，2014. 采用天地一体全景展现浙江美丽乡村［J］. 浙江国土资源（7）：43-44.

邹欢昂，2017. 加快打造美丽乡村升级版的对策与思考［J］. 新农村（6）：5-7.